합동성, 전쟁을 바꾸는 힘
합동성 강화를 위한 전략코드: 합동군의 핵심가치와 리더십

합동성, 전쟁을 바꾸는 힘

초판 1쇄 인쇄 | 2025년 09월 23일

지은이 | 조태근

펴낸이 | 이재욱(필명:이승훈)

기획·홍보 | 양은숙

펴낸곳 | 해드림출판사

주 소 | 서울 영등포구 경인로82길 3-4(문래동1가 39)
　　　　센터플러스빌딩 1004호(07371)

전 화 | 02-2612-5552

팩 스 | 02-2688-5568

E-mail | jlee5059@hanmail.net

등록번호　제2013-000076

등록일자　2008년 9월 29일

ISBN　979-11-5634-652-4

Jointness, The Power to Change War

합동성, 전쟁을 바꾸는 힘

합동성 강화를 위한 전략코드:
합동군의 핵심가치와 리더십

조태근 지음

해드림출판사

서문

"합동성, 사람에서 시작되어 사람으로 완성된다."

　1991년 육군 장교로 임관하여 약 34년 동안 전·후방 전투부대, 정책부서, 전투지원부대, 교육기관 등 다양한 부대에서 수많은 전우와 함께 임무를 수행해 왔습니다. 그 여정 속에는 도전과 긴장, 성취감이 반복되었고, 임무의 결과보다 더 뿌듯했던 순간은 바로 **사람들과의 신뢰와 팀워크가 빛났던 기억**들이었습니다.

　그중에서도 군 생활의 마지막 시기를 보낸 합동군사대학교에서의 시간은 특별했습니다. 장차 우리 군을 이끌어갈 젊은 장교들과 함께 호흡하며, 우리 군의 미래를 **희망의 시선**으로 바라볼 수 있었습니다. 그들의 열정과 호기심, 그리고 성장을 향한 진지한 태도는, **군을 움직이는 힘은 결국 '사람'임을 다시금 깨닫게** 해주었습니다.

　이 책은 바로 그 깨달음에서 시작된 질문에서 시작되었습니다.
- "역대 정부와 우리 군은 오랜 시간과 노력을 들여 합동성을 강화하려 했지만, 왜 여전히 낮은 수준에 머무르고 있는가?"

- "우리 군이 진정으로 강해지기 위해서는 무엇이 필요한가?"

오늘날 **합동성(Jointness)은 선택이** 아니라 **생존과 승리의 전제 조건**입니다. 미국은 이미 수많은 전쟁과 작전을 통해 합동성의 중요성을 인식했고, 1986년 '골드워터-니콜스 법'을 통해 제도적 기반을 마련한 후, 걸프전쟁에서 합동성의 위력을 증명했습니다. 그 이후 합동성은 단순한 군사적 개념을 넘어 **미국 군사사상의 핵심축**이 되었습니다.

우리 군은 1990년 합동군제 도입을 시작으로 제도적 개선을 꾸준히 추진해 왔습니다. 합동성 강화 종합추진계획 수립, 무기체계 발전, 부대 창설, 지휘구조 보완 등 다양한 시도와 노력이 이어졌으며, 성과도 있었습니다. 그러나 아쉽게도 **합동성의 실질적인 수준은 여전히 낮은 단계**에 머물러 있습니다. 여러 차례 시행된 합참의 평가 결과에 따르면, 우리 군은 5단계 중 2단계 수준인 '협력' 단계에 머물고 있는 실정입니다.

이러한 현실을 직시하며, 저는 다음과 같은 본질적인 질문을 던지게 되었습니다.
- "합동성을 제약하는 진짜 원인은 무엇인가?"
- "무기체계와 기술의 발전, 조직구조를 바꿨는데도 왜 변화가 일어나지 않는가?"

그 해답은 의외로 **무기체계나 조직이 아닌 바로 '사람' 안에 있었습니다.**

많은 합동작전의 실패와 비효율은 '제도'의 부재보다는 '인식'과 '문화'의 벽에서 비롯되었습니다. **각 군의 전략사상, 문화적 차이, 자군 중심주의와 같은 요소들은 단순한 갈등을 넘어 합동성의 구조적 제약**으로 작용하고 있었습니다.

이 책은 이러한 문제를 **'심리적 합동성(psychological jointness)'의 관점**에서 접근한 결과물입니다. 우리는 합동성을 조직개편, 무기체계, 부대창설 등 **물리적 요소** 중심으로 이해해 왔습니다. 하지만 **건강한 육체만으로 건강을 말할 수 없듯, 합동성 역시 심리적 건강이 뒷받침되어야 온전한 작동이 가능**합니다.

심리적 합동성은 소통과 신뢰, 존중, 협력, 팀워크, 공동의 정체성 위에서 형성됩니다. **미군도 합동성을 "서로 의존하고 협력하며 작전하려는 심리적 상태"라고 정의**하고 있으며, **그 기반으로 '합동군의 핵심가치'를 제시하고 있습니다.** 이는 단순한 가치의 나열이 아니라, 교육과 조직문화, 리더십 전반에 걸쳐 실천되고 있습니다.

그러나 우리 군에는 아직 **'합동군의 정신'을 담아낼 공통의 핵심가치 체계가 없습니다.** 각 군 고유의 전통과 문화를 존중하되, 그 위에 **합동군의 정체성과 연대감을 형성할 수 있는 가치체계**

가 필요합니다.

이 책은 바로 이러한 가치 기반 합동성의 정착을 핵심 제안으로 삼고 있습니다.
합동군의 핵심가치를 정립하고, 이것을 인식·이해-신념화-실천의 과정으로 정착시키는 일. 그리고 이를 이끌 합동 리더들의 역할과 조직 차원의 문화변용까지 함께 논의하고자 합니다. 이 과정은 쉽지 않겠지만, 반드시 가야 할 길입니다. 왜냐하면, **무기보다 사람이 전투력의 본질**이기 때문입니다.

이 책은 단순히 이론을 말하지 않습니다.
군 경력 34년을 넘기며 보고, 느끼고, 경험했던 현실과 이상 사이의 간극을 메우기 위한 고민의 산물입니다. **합동성을 향한 더 깊은 이해와 실천을 원하는 독자들과 함께, 우리 군의 더 강하고 단단한 미래를 설계**하고 싶습니다.

끝으로, 지금 이 순간에도 조국의 전·후방과 바다, 하늘, 사이버 공간에서 묵묵히 국가 안보를 위해 헌신하는 육·해·공군, 해병대 장병 여러분께 진심 어린 감사를 전합니다.

2025년 9월, 국사봉 연구실에서
조태근

차례

서문 4

제1장
합동성, 전쟁의 승패를 좌우하다

제1절 우리 군의 합동성 수준은 왜 낮은가? 18

제2절 합동성 문제를 풀기 위한
　　　접근법과 연구 프레임 25

　　1. 기존 접근의 한계와 새로운 시각 25
　　2. 연구의 방향성과 질문 26
　　3. 연구 범위 26
　　4. 분석 방법 27
　　5. 분석 프레임 29
　　6. 책의 전체 구성 31

제3절 기존 논의 검토와 이 책의 차별성 32

제2장
합동성을 이해하기 위한 4가지 관점

제1절 국방조직의 이해   39

   1. 국방조직: 복합적 시스템의 이해   39
   2. 군구조: 전투력을 구성하는 기본 골격   44
   3. 군제 유형   46

제2절 합동성과 합동군의 본질   54

   1. 합동성 개념   54
   2. 합동성의 영역   67
   3. 합동군과 합동작전   72

제3절 핵심가치와 합동성   76

   1. 핵심가치 개념   76
   2. 조직문화와 핵심가치   78
   3. 핵심가치와 합동성의 상관관계   83

제4절 합동성 진단을 위한 조직 분석 틀   87

   1. 사일로 효과(Silo Effect)   87
   2. 맥킨지 7S 모델   92
   3. 샤인의 조직문화 모델   97

제3장
합동성, 왜 아직도 제자리인가?
(문제의 근원과 우리 군의 현주소)

제1절 합동성 문제의 근원   108
     1. 각 군의 전략사상과 문화의 차이   109
     2. 조직이론과 자군 중심주의   117
     3. 인간 심리와 집단 응집성의 이중성   120

제2절 합동성 강화를 위한 노력과 수준   125
     1. 정부 차원의 합동성 강화 시도   125
     2. 합동성 강화를 위한 노력 분석   141
     3. 우리 군의 합동성 수준   152

제3절 핵심정리:
     무엇이 문제이고, 어디부터 바꿔야 하는가?   159

제4장
핵심가치, 조직성과와 통합을 이끄는 내적 동력 -
일류기업 및 군사 선진국의 사례 분석

제1절 일류기업의 핵심가치 실천사례   164

  1. 애플(Apple)   164

  2. 삼성전자(Samsung Electronics)   175

  3. 스타벅스(Starbucks)   182

제2절 군사 선진국의 핵심가치 적용사례   190

  1. 美 합동군   191

  2. 英 합동군   200

  3. 이스라엘 방위군   207

제3절 핵심정리: 우리 군의 변화를 위한 교훈   214

제5장
핵심가치 기반 합동성 강화방안

제1절 합동 문화변용(Joint Acculturation)   221
  1. 합동 문화변용 개념   221
  2. 핵심가치를 공유하는 합동군   228

제2절 합동군의 핵심가치 접근   232
  1. 합동군의 핵심가치 요건과 접근방법   232
  2. 핵심가치 선정 시 고려사항   236

제3절 핵심가치 선정과 실천을 통한 합동성 강화   247
  1. 합동군의 핵심가치 선정   248
  2. 핵심가치 실천을 통한 합동성 강화   253
  3. 합동 리더십 발휘   258

제6장
결론: 합동성 강화를 위한 가치 중심의 전환   265

주(註)   277
참고문헌   291

〈표 목차〉

표 1-1. 주요 선행연구와 접근방향		34
표 2-1. 군정과 군령		43
표 2-2. 군 구조의 구성		45
표 2-3. 미국의 합동성 정의		58
표 2-4. Silo Effect 극복전략		91
표 2-5. 샤인의 조직문화 모델		100
표 3-1. 노무현 정부의 『국방개혁 기본계획 2006~2020』 성과		127
표 3-2. 국방개혁 관련 합동성 강화 법령·훈령		128
표 3-3. 이명박 정부의 『국방개혁 기본계획 2009~2020, 2012~2030』 성과		131
표 3-4. 박근혜 정부의 『국방개혁 기본계획 2014~2030』 성과		134
표 3-5. 문재인 정부의 『국방개혁 2.0』 성과		138
표 3-6. 7S 모델을 통한 역대 정부와 우리 군의 합동성 강화 노력 분석		150
표 3-7. 합동성 수준 설문 참여 인원		155
표 3-8. 연도별 우리 군의 합동성 수준 평가 비교		156
표 3-9. 합동성을 저해하는 요인		157
표 4-1. 삼성전자의 가치체계		178
표 4-2. Message From The Chairman		193
표 4-3. 이스라엘군의 윤리강령 및 핵심가치		210
표 5-1. 베리의 문화변용 모델		222
표 5-2. 각 군의 핵심가치		243
표 5-3. 합동군의 핵심가치(안)		252

〈그림 목차〉

그림 1-1. 분석의 흐름	30
그림 2-1. 조직의 정의	41
그림 2-2 국방조직 5대 요소	42
그림 2-3. 군종체제 중심의 분류	47
그림 2-4. 지휘체제 중심의 분류	51
그림 2-5. 전쟁패러다임의 변화	65
그림 2-6. 합동의 대상 확대	66
그림 2-7. 합동성의 영역	71
그림 2-8. 합동작전에 대한 인식	74
그림 2-9. 조직문화의 구성요소	80
그림 2-10. 핵심가치와 합동성의 상관관계	86
그림 2-11. 곡식 저장창고를 닮은 기업의 일반적인 조직도	88
그림 2-12. 맥킨지의 7S 모델	95
그림 2-13. 7S 모델의 Soft 요소와 Hard 요소	96
그림 3-1. 개인 간 심리적 갈등의 확장	121
그림 3-2. 합동성 수준	153
그림 3-3. 우리 군의 합동성 수준 단계별 변화	156
그림 4-1. 애플의 Think different 광고	169
그림 4-2. 애플의 핵심가치	170
그림 4-3. 스타벅스의 핵심가치	184
그림 4-4. 美 합동군의 핵심가치	196
그림 4-5. 전투력 구성요소	204

그림 5-1. 합동 문화변용 이전 군종별 가치 그래프	226
그림 5-2. 합동 문화변용 이후 군종별 가치 그래프	227
그림 5-3. 핵심가치 수립의 3단계	248
그림 5-4. 합동군의 핵심가치(안) 선정	249
그림 5-5. 핵심가치 실천단계	254
그림 5-6. 핵심가치 신념화를 위한 교육과정 로드맵	256

제1장

합동성, 전쟁의 승패를 좌우하다

걸프 전쟁
(출처: https://en.wikipedia.org/wiki/Gulf_War)

제1절 우리 군의 합동성 수준은 왜 낮은가?

'인류의 역사는 전쟁의 역사'라는 말이 있다. 미국의 철학자이자 역사학자인 윌 듀런트(Will Durant)는 "지난 3,421년 동안 전쟁이 없었던 기간은 단 268년으로, 전체의 7.8%[1]"에 불과하다고 분석했으며, 미래학자인 앨빈 토플러(Alvin Toffler)는 "1945년부터 1990년까지 2,340주 동안 지구촌이 평화로웠던 시기는 단 3주뿐[2]"이라고 그의 저서에서 강조했다. 이처럼 인류는 끊임없이 전쟁 속에서 살아왔으며, 2025년 현재도 세계 곳곳에서 전쟁이 계속되고 있다.

인류의 역사와 함께한 전쟁이 과학기술의 발전에 따라 그 양상이 급변하고 있다. 과거 육지와 바다, 하늘에서의 전쟁이 우주, 사이버, 전자기스펙트럼 영역까지 확장되었으며 최근에는 인간의 인지영역(Cognitive Domain)에서의 전쟁, 인지전(Cognitive Warfare)이 강조되고 있다.

최근의 러시아-우크라이나 전쟁, 이스라엘-하마스 전쟁에서는 게릴라전, 참호전, 전차전(Armored warfare), 포격전 등의 재래식 전투수행과 사이버전(Cyber Warfare), 드론전(Drone Warfare), 정밀 유도무기, 전투로봇, 인공지능(AI)과 자동화된 무기시스템 등 최신의 전쟁 양상이 공존하고 있다. 이러한 변화에 군종(Military Branch) 또한 전통적인 육군, 해군, 공군, 해병대에 추가하여 우주군, 사이버군, 로켓군, 드론군까지 등장하였다.

전장 영역의 확장과 전쟁 방식의 복잡성, 군종의 분화에 따라 각 군종 간의 상호 협력과 효과적인 통합에 의한 시너지(Synergy) 창출, 즉 합동성(Jointness)이 더욱 강조되고 있다.

러시아-우크라이나 전쟁 초기, 세계 제2위의 군사력을 보유한 러시아가 고전한 여러 이유 중 주요한 원인이 통합된 작전계획 미흡, 지상전력과 공중전력의 합동성 부족이었으며 이것은 작전 수행에 큰 지장을 초래하였다[3].

합동성은 일반적으로 "서로 다른 군종의 능력과 노력을 효율적으로 통합하여 시너지 효과(Synergy Effect)를 창출하는 것"을 의미한다. 제1차 세계대전 이후 많은 전쟁은 합동작전(Joint Operations)으로 전개되었으며 걸프전쟁, 이라크전쟁을 통하여 합동성의 중요성을 전 세계가 인식하게 되었다.

인류역사상 가장 큰 규모의 전쟁이었던 제2차 세계대전 시 연합군 사령관으로 활동했고, 미국 제34대 대통령(1953-1961)을 역임했던 아이젠하워(Dwight D. Eisenhower)는 아래와 같이 각 군의 통합된 노력을 강조하였다.

"Separate ground, sea, and air warfare is gone forever. If ever again we should be involved in war, We will fight it in all elements, with all services, as one single concentrated effort."[4]

"분리된 지상·해상·공중에서의 전쟁은 영원히 사라졌으며 우리는 모든 요소와 모든 군종(육·해·공군, 해병대)이 하나의 집중된 노력으로 싸워야 한다."

아이젠하워는 현대 전쟁의 복잡성과 다차원성을 인식하여 전통적인 전쟁방식인 지상, 해상, 공중에서의 독립전투는 끝났다고 선언하고 있으며, 합동성과 합동작전의 중요성을 강조하고 있다. 전쟁에서의 승리는 단순히 한 군종의 능력에 의존하는 것이 아닌 모든 군종이 협력하고 노력이 통합되어 전략적으로 접근해야 가능하다는 메시지를 전달한 것으로 지금까지도 미래의 전쟁 준비에 대한 비전을 제시하고 있다.

아이젠하워의 발언을 조직이론의 '분화와 통합' 측면에서 보면 다음과 같다.

조직의 분화는 기능별, 부서별, 계층별로 세분화하는 과정으로, 이를 통해 업무의 전문성이 향상되고 인적자원이 효율적으로 개발되며, 특정 분야의 변화에도 효과적으로 대응할 수 있다. 하지만 조직이 커지고 복잡해질수록 조직 간 조정과 통합이 더욱 중요해진다. 현대 조직은 빠르게 변화하는 환경에 적응하기 위해 유연성과 협력 능력을 갖춰야 하며, 각 부서와 기능들은 공동의 목표달성을 위해 협력하고 통합되는 것이 필수적이다.

조직은 목표달성을 위해 존재하며 분화를 통해 전문성을 높이고, 협력과 통합을 통해 효율성과 효과성을 극대화할 수 있다. 협력과 통합은 조직 내 다양한 요소들의 노력을 하나로 모으는 과정으로, 이를 통해 장점은 강화되고 단점은 보완되어 시너지 효과(Synergy Effect)가 발생한다. 군대 또한 이러한 조직이론이 적용되는 대표적인 국가 조직 중 하나이다.

전 세계 최고의 전투력을 보유한 미국도 제2차 세계대전 이후 합동성 강화를 위한 노력을 지속해왔다. 베트남 전쟁, 주(駐)이란 미국 대사관 인질 구출작전(Operation Eagle Claw), 그라나다 침공 작전(Operation Urgent Fury) 등 다양한 전쟁과 작전의 실패와 성공을 바탕으로 합동성을 발전시켜 왔다. 특히, 1986년 10월 의회 주도로 골드워터-니콜스 법(Goldwater-Nichols Act)을 제정하여 미군의 합동성 강화를 위한 제도적 틀을 마련하여 걸프전쟁과 이라크전쟁에서 승리를 달성했다.

우리 군에서도 현대전쟁에 있어서 합동성의 중요성을 인식하여 2005년부터 합동성 강화 종합추진계획을 시행하고 있으며, 미국의 골드워터-니콜스 법을 참고하여 2006년에는 국방개혁에 관한 법률을 제정하였고, 합동개념서를 최초 발간하여 합동 차원에서 군사력 운용지침과 군사력 건설 방향을 제시하였다.

2007년에는 국방개혁에 관한 법률 시행령, 합동전투발전업무 훈령 등을 제정하여 미국과 같이 합동성 강화를 위한 제도적 틀을 마련했다. 이후, 합동전문인력관리 제도 시행, 사관학교 통합교육 강화, 서북도서방어사령부 창설, 합동교육 강화를 위한 합동군사대학교 창설, 합참과 국직·합동부대 3군 균형편성 등 많은 노력으로 합동성에 대한 인식은 향상되었으나, 한국군의 합동성 수준은 여전히 낮은 것으로 평가되고 있다.

특히, 2022년 12월 북한의 무인기가 우리 영공을 침범한 도발에 대해 군(軍)은 효과적인 대응을 하지 못해 국민과 언론의 강한 비판을 받았다. 당시 우리 군이 무인기 침투에 즉각적으로 대응하지 못한 주요 원인 중 하나로 지상전력과 공중전력 간의 합동성 부족이 지적되었다.

이 책은 다음과 같은 질문에서 출발한다.

"왜 우리 군은 그렇게 큰 노력과 자원을 들였음에도 불구하고, 여전히 합동성 수준이 낮은가?"

그동안 합동성 강화를 위해 큰 노력에도 그 성과가 미흡하다면, 이제는 그 근본 원인을 면밀히 분석하고 이를 해결할 새로운 접근방법을 모색해야 한다.

이 책의 목적은 여기에 있다. "합동성 발휘를 가로막는 문제의 근본 원인을 밝히고, 그것을 해결할 새로운 길을 제시하는 것."

합동성 강화를 위한 지금까지의 논의는 주로 물리적 요소에 집중되어 있었다. 지휘구조를 어떻게 짜야 하고, 어떤 전력을 발전시킬지, 어떻게 자원을 배분해야 하는가에 초점을 맞춘 것이다. 물론 이러한 노력은 매우 중요하다. 하지만 이것만으로는 충분하지 않다.

생각해보자.

아무리 육체적으로 건강해 보여도, 마음속에 불안과 스트레스가 쌓이면 결국 면역력이 약해지고 병에 걸리기 쉽다. 진짜 건강한 사람은 신체적 건강과 심리적 건강이 균형을 이루고 있듯이, 합동성 역시 물리적 합동성과 심리적 합동성이 균형을 이루어야 비로소 진짜 힘을 발휘될 수 있다.

이 책의 차별성은 이전의 연구와 달리 조직이론 측면에서의 합동성과 합동성 발휘를 제한하는 문제의 근본 원인을 살펴보고, 그 안에 숨겨진 심리적 요인과 문화적 장벽을 짚어본다. 단순히 시스템을 바꾸는 데 그치지 않고, 사람들의 생각과 태도를 어떻게 통합할 것인가, 즉 합동관, 팀워크, 협조의 문화를 어떻게 만들 것인가에 주목한다.

'합동군의 핵심가치'는 무엇이어야 하며, '합동 리더십'은 어떻게 발휘되어야 하는지, 그리고 조직문화 차원에서 심리적 장벽을 어떻게 해소할 수 있는지를 실천적으로 제안하고자 한다.

우리 민족은 역사적으로 유연하게 문화를 융합하고 조화시켜 온 경험이 있다. 대륙과 해양, 전통과 현대가 공존하는 대한민국의 문화적 특성은 군 조직에도 긍정적 영향을 줄 수 있다. 우리는 이미 합동성을 발휘할 수 있는 잠재력을 갖고 있다.

이제는 새로운 방식으로 문제를 진단하고, 다르게 접근해야 할 때다.

'왜 합동성 발휘가 안 되는가?'라는 질문에, 더 이상 지휘구조, 무기체계만을 답으로 제시해서는 안 된다. 이제는 사람의 마음과 조직의 가치를 통합하는 일에 집중해야 한다.

제2절 합동성 문제를 풀기 위한 접근법과 연구 프레임

1. 기존 접근의 한계와 새로운 시각

그동안 우리 군의 합동성 강화는 다양한 연구와 시도를 통해 추진되어 왔다. 세미나, 워크숍, 정책보고서, 제도 개선 등 여러 수단이 동원되었지만, 그 대부분은 지휘구조 개편, 병력 구조 조정, 전력 발전 등 물리적 측면에 집중되어 있었다. 그러나 이러한 물리적 통합 노력에도 불구하고 우리 군의 합동성 수준은 기대에 미치지 못하고 있으며, 여전히 기능적 협력 수준에 머무르고 있다.

기존의 물리적 접근을 넘어, 조직문화와 심리적 요인, 특히 핵심가치 내면화를 통해 합동성 문제의 근본 원인을 진단하고 해결 방향을 제시하고자 한다. 즉, "왜 많은 노력에도 불구하고 합동성 수준은 낮은가?"라는 물음에 대해, 심리적·가치적 결핍이 주요 원인이라는 문제의식을 기반으로 분석을 전개한다.

2. 연구의 방향성과 질문

다음 세 가지 핵심 질문을 중심으로 논의를 전개하며, 이를 통해 우리 군의 심리적 합동성 향상 및 조직문화 통합 방안을 도출하는 데 목적을 두었다.

- **질문 1:** 왜 우리 정부와 군은 다양한 제도적 노력을 기울였음에도 불구하고, 심리적·가치적 합동성은 여전히 부족한가?
- **질문 2:** 핵심가치를 중시하고 내면화한 조직은, 그렇지 않은 조직에 비해 더 높은 조직 효과성과 지속가능성을 갖는가?
- **질문 3:** 합동군 차원의 공통된 핵심가치를 정립하고 이를 구성원이 공유할 경우, 합동성은 실질적으로 강화될 수 있는가?

이러한 질문에 답하기 위해 조직문화 이론, 핵심가치 개념, 일류기업 및 군사 선진국 사례, 그리고 다양한 실증 자료를 기반으로 체계적인 분석을 수행하였다.

3. 연구 범위
- **시간적 범위**

분석의 시간적 범위는 노무현 정부부터 문재인 정부까지로 설정했다. 노무현 정부 시기부터 국방개혁의 일환으로 3군 균형발전과 합동성 강화를 위한 제도적 틀이 본격적으로 구축되었으며, 이후 이명박·박근혜·문재인 정부까지 다양한 방식으로 합동성 강화를 추진해 왔다. 윤석열 정부 관련 사항은 시점상 연구범위에서 제외하였다.

• **공간적 범위**

공간적 범위는 군사 선진국 사례와 한반도 전장 환경을 중심으로 설정했다. 군사 선진국은 풍부한 실전 경험과 발전된 교리를 바탕으로 합동성 발전을 추진해 왔으며, 이들의 핵심가치 적용사례는 우리 군에도 중요한 시사점을 준다. 한반도는 전장 환경의 특수성을 지닌 지역으로, 군사 선진국의 사례를 바탕으로 우리 군이 적용 가능한 교훈을 탐색하였다.

• **내용적 범위**

내용적 범위는 물리적 구조보다는 비물리적·심리적 요소에 집중하였다. 분석대상은 합동성과 핵심가치의 개념, 합동성 문제의 근원, 합동성 강화를 위한 노력과 수준, 일류기업과 군사 선진국의 핵심가치 적용사례, 핵심가치 기반 합동성 강화방안 등이다.

4. 분석 방법

분석은 다음과 같은 방식으로 진행되었다.

첫째, 문헌 고찰(Literature Review) 방법이다. 본 연구 주제와 관련된 국방개혁 및 합동성 관련 역사기록물, 국방백서, 언론보도자료 등을 활용하였고, 합동성의 개념, 합동성 문제의 근본 원인, 핵심가치 적용사례 등은 기존 논문이나 도서, 미국의 최신 연구보고서와 인터넷상에 공개된 군 자료 등을 분석하여 반영하였다.

둘째, 사례연구(Case Study) 방식을 적용해 아래 3가지 사례를 중점적으로 분석하였다.

① **역대 정부의 합동성 강화 노력:** 노무현 정부부터 문재인 정부까지의 주요 정책과 성과를 비교·분석하고, 이를 맥킨지 7S 모델에 적용해 시사점을 도출했다.
② **우리 군의 합동성 수준 변화:** 2010년, 2012년, 2016년, 2023년 합참 설문조사 결과를 기반으로 합동성 수준의 변화와 저해 요인을 분석했다.
③ **일류기업 및 군사 선진국의 핵심가치 적용사례:** 삼성전자, 애플 등 일류기업과 미 합동군 등 선진군대의 핵심가치 적용 사례를 분석하여 우리 군에 적용 가능한 교훈을 도출했다.

이러한 연구방법을 통해 핵심가치 적용이 우리 군의 합동성 강화에 필수적이라는 관점을 강조하고자 한다.

5. 분석 프레임

다음과 같은 조직이론 중심의 분석 틀을 적용하였다.

- **사일로 효과(Silo Effect):** 각 군종 간 정보 단절, 협업 부족, 자군 중심주의 문제를 진단하고, 협력적 조직문화 구축의 필요성을 설명하는 데 활용하였다.

- **맥킨지(McKinsey) 7S 모델:** 공유가치, 전략, 구조, 기술, 시스템, 구성원, 스타일 간의 통합적 관계를 통해 조직의 효과성을 진단하는 도구로, 역대 정부와 군(軍)의 합동성 강화 노력을 분석하는 프레임워크로 활용하였다.

- **샤인(Edgar Schein)의 조직문화 모델:** 리더가 조직을 구조적 차원뿐만 아니라 문화적·심리적 차원에서 이해할 수 있도록 도와주며, 특히 합동성 발휘를 제한하는 숨은 요인들을 설명하는 데 유용하다.

〈그림 1-1〉 분석의 흐름

· 조직이론 · Silo Effect	· McKinsey 7S Model	· 조직문화와 핵심가치 · Schein's Organizational Culture Model

⇩ ⇩ ⇩

○ 軍 조직의 특성
▲ 군종과 병과의 분화
▲ 군종 간 경쟁과 갈등
▲ Silo effect: 조직이기주의 발생

○ 합동성 = 물리적 + 심리적 합동성의 조화

○ 합동성 문제의 근원
▲ 각 군의 전략사상과 문화의 차이
▲ 자군 중심주의 등

⇩

※ 심리적 요인이 크게 작용

⇨

○ 합동성 강화를 위한 노력
▲ 노력 분석(7S 모델)
* 구조, 전략, 시스템 등 물리적 합동성 강화에 집중
→ 심리적 합동성 강화 노력 소홀
(핵심가치 정립, 팀워크 등)

○ 우리 군의 합동성 수준
▲ 설문결과 분석
* 5단계 중 2단계, 협력수준으로미흡
* 타군 이해 부족, 자군중심주의 팽배 등

※ 심리적 합동성 강화 필요

⇨

○ 핵심가치적용사례 분석
▲ 일류 기업:
* 기업의 효과·지속성 달성 (애플, 삼성 등)

▲ 군사 선진국:
* 합동성 강화, 전투력 향상 달성(美·英 합동군 등)

※ 핵심가치 적용으로 심리적 합동성 강화추진

⇩

○ 합동군의 핵심가치 기반 합동성강화방안
▲ 핵심가치 접근방향
▲ 핵심가치 선정과 실천 등

⇨

합동성 강화를 위한 시사점
·
정책 제언

6. 책의 전체 구성

이 책은 위와 같은 접근방식을 바탕으로 다음과 같이 구성하였다.

- 제1장: 합동성 문제를 제기하고 접근방법을 설명한다.
- 제2장: 국방조직과 합동성 관련 이론 및 개념을 정리한다.
- 제3장: 합동성 문제의 근원과 우리 군의 합동성 수준을 평가한다.
- 제4장: 일류기업과 군사 선진국의 핵심가치 적용사례를 분석한다.
- 제5장: 핵심가치 기반 합동성 강화방안을 제안한다.
- 제6장: 분석 결과를 종합하고 정책적 시사점을 제시한다.

기존의 제도적·물리적 접근을 넘어서, 핵심가치의 신념화를 통해 심리적·문화적 측면에서의 합동성 강화라는 새로운 방향을 제시하고자 한다. 군 조직의 내면을 바꾸는 일은 어렵지만, 그것이야말로 합동성을 실질적으로 끌어내는 출발점이 될 것이다.

제3절 기존 논의 검토와 이 책의 차별성

합동성 강화는 그동안 우리 군과 학계에서 활발히 연구되어 온 주제다. 특히 21세기 들어 전장 환경이 빠르게 변화하면서, 단일 군종 중심의 전투 방식이 한계를 드러내고, 합동작전의 중요성이 더욱 강조되고 있다.

이에 따라 다양한 연구자들이 합동성 강화를 위한 여러 방안을 제시해 왔다. 지금까지의 연구들은 지휘구조 개편, 조직 설계, 전력 발전, 합동교육 강화 등의 분야에서 의미 있는 성과를 남겼다.

그러나 실제 합동성 발휘 수준은 여전히 기대에 못 미치며, 실전에서의 합동성 구현에는 여러 장애 요인이 존재한다. 이는 기존 연구가 구조적·물리적 측면에 집중한 반면, 사람과 조직문화, 심리적 요인까지 통합적으로 고려하지 못했기 때문이라고 볼 수 있다.

(1) 기존 연구 흐름 요약

초기 합동성 연구들은 주로 상부지휘구조 개편과 군구조 개선에 초점을 맞추었다. 차동길, 권영근·노영구, 김동삼 등은 합동성을 제고하기 위한 지휘구조의 효율화, 합동군사령부 창설, 지상군 중심 구조의 개선 등을 강조했다.

이후에는 유연한 조직 설계와 전력 발전 방향에 관한 논의가 활발해졌다. 선동익·노명화는 상황적 통합을 위한 국방조직 설계를 제안했고, 김종하·김재엽은 전력 증강의 방향성을 합동성 시각에서 재조명했다.

최근 들어서는 미래 전장 환경 변화에 대응하기 위한 합동성 접근이 등장했다.

장재규는 교차영역 시너지 개념을 소개하고, 특수전·사이버·우주 역량 강화를 제안했으며, 두진호는 러시아-우크라이나 전쟁 사례 분석을 통해 실전적 시사점을 도출했다.

합동교육 강화 역시 중요한 연구 흐름으로 자리 잡았다.

김영래는 장교 교육체계 전반의 내실화를 강조했으며, 박휘락은 현장 중심의 유연한 작전구조와 함께 교육훈련 개선의 필요성을 지적했다.

(2) 주요 연구 사례

그동안의 주요 연구 흐름과 대표적 접근 방향은 아래 표와 같다.

〈표 1-1〉 주요 선행연구와 접근방향

연구자	주요 접근방향
차동길[5]	• 상부지휘구조와 조직 개편을 통해 합동성 강화를 추구
선동익, 노명화[6]	• 상황적 통합을 위한 유연한 국방조직 설계
김동삼[7]	• 강화된 합참기능 구축과 합동 조직 구성
권영근, 노영구[8]	• 지상군 구조 개선 및 해·공군과의 균형 발전
장재규[9]	• 교차영역 시너지 개념 도입, 특수전·사이버·우주 역량 강화
김종하, 김재엽[10]	• 임무수행 적합성 기반의 전력 증강 방향
김인태[11]	• 합동성 강화를 위해 군구조, 인사관리, 교육훈련 등을 검토
서길원[12]	• 소요기획 단계에서 합동능력 중심의 전력 창출 강조
윤세권[13]	• 독자적 군사력 건설과 전력 균형 발전 방향 제시
박휘락[14]	• 합동성 강화를 위해 현장 중심의 유연한 모듈화 작전구조 강조
김영래[15]	• 합동군사교육체계 개선 및 선진국 사례 적용
두진호[16]	• 러시아-우크라이나 전훈 분석을 통한 교리·지휘통제 발전방향

선행연구를 종합해보면 다음과 같은 공통적 특징이 드러난다.

• 연구의 초점은 물리적 합동성(구조, 조직, 전력)에 집중되어 있었다.

- 지휘구조와 조직개편, 전력발전 등 상부구조 개선이 주요한 관심사였다.
- 최근에는 미래 전장 변화에 대응하기 위한 교리발전, 합동교육 개선 등이 논의되기 시작했지만, 조직문화와 심리적 요인에 대한 접근은 부족하였다.

특히 소통, 신뢰, 연대의식, 핵심가치 기반의 합동군, 합동문화 같은 요소는 대부분의 연구에서 비중 있게 다뤄지지 않았다.

(3) 이 책의 차별성

이 책은 기존 연구의 성과를 존중하면서도, 새로운 접근을 시도한다.

그동안의 제도적·물리적 노력에도 불구하고 실전에서 합동성이 기대만큼 발휘되지 않는 이유는 심리적 통합과 조직문화의 부재 때문이라는 문제의식을 바탕으로 한다.

따라서 다음과 같은 세 가지 측면에서 차별적 접근을 시도했다.

- 합동성 발휘를 가로막는 심리적·문화적 요인 분석
- 핵심가치 기반의 심리적 통합 전략을 실천적으로 제안
- 조직이론(사일로 효과, 맥킨지 7S 모델, 샤인의 조직문화 모델)을 적용하여 물리적 요소와 심리적 요소가 균형을 이루는 합동성 강화방안을 제시

지금까지 우리 군은 막대한 자원과 노력을 투입했음에도 합동성 수준은 여전히 낮다는 평가를 받고 있다. 이러한 현실을 극복하기 위해서는 이제 지휘구조나 제도 개편만으로는 부족하며, 조직문화와 사람의 내면을 변화시키는 심리적 통합 전략이 필요하다. 그 대안을 구체적으로 제시하며, 물리적 통합과 심리적 연대가 조화를 이루는 합동성 모델의 출발점이 되기를 기대한다.

제2장
합동성을 이해하기 위한 4가지 관점

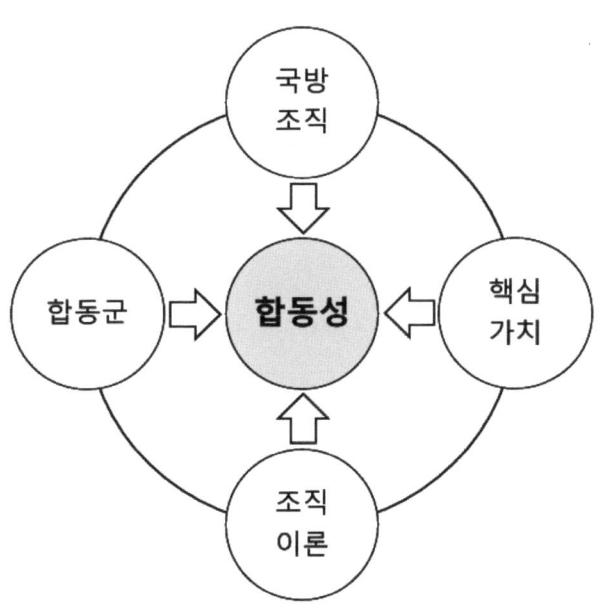

제1절 국방조직의 이해

군대라는 조직은 왜 통합이 어려운가?

합동성은 결코 슬로건이나 구호만으로 이루어지지 않는다. 그 성과는 결국 국방조직이라는 복잡한 시스템 안에서 어떤 식으로 조직이 설계되고 움직이느냐에 의해 좌우된다.

실제로, 군 생활을 하며 작전·전력·교육훈련·인사·군수 등 다양한 분야를 경험하다 보면, 각 군과 기능 조직 간 사고방식과 운영방식의 차이를 체감하게 된다. 그렇다면 왜 우리 군의 조직 구조는 합동적 사고와 협력을 어렵게 만드는가?

이를 이해하려면 국방조직의 기본 구조와 작동 원리부터 살펴볼 필요가 있다.

1. 국방조직: 복합적 시스템의 이해

"인간은 사회적 동물이다"라는 말이 있다. 이 표현은 고대 그리스의 철학자 아리스토텔레스가 제시한 개념으로, 인간은 본질적으로 사회적 존재이며, 공동체를 이루어 살아가는 것이 인간의 본성이라고 생각했다.[17] 인간은 태어나면서부터 가족, 동네, 지역사회에 속하게 되며 성장하면서 학교와 군대, 직장 등 다양한 형태의 조직 속에서 상호 작용하며 살아가는 존재이다. 물론, 요즘 TV에서 '자연인'이라고 명명하여 산속에서 홀로 지내는 사람도 있지만, 사회와 완전히 단절되어 살아갈 수는 없다. 이렇듯 인간과 조직은 불가분의 관계이다.

조직(Organization)에 대한 정의는 학자마다 다양하다. 어원적으로 Organ은 심장, 위장, 폐 등 인체의 장기를 뜻하며 인간이 살아가게 하는 필수적 기능을 담당한다. Organization은 각각의 Organ들이 상호 연결성을 가진 시스템으로 볼 수 있다.

일반적인 조직의 의미는 〈그림 2-1〉에서 보는 바와 같이 "공동의 목표를 달성하기 위하여 체계화된 구조하에서 외부환경에 적응하는 유기체적인 성격을 가진 인간의 사회집단"이다. 조직은 내부적으로 공동의 목표를 추구하기 위하여 구조화된 일(업무)을 체계화하여 인간의 사회집단을 이용하여 기능화를 추구한다. 그리고 외부적으로는 환경에 적응하는 유기체의 모습을 보이며 스스로 구분하는 경계를 가지고 있다.[18] 조직은 개인의 삶과 사회의 구성, 국가적 차원에서도 중요한 기능을 담당하고 있다.

<그림 2-1> 조직의 정의

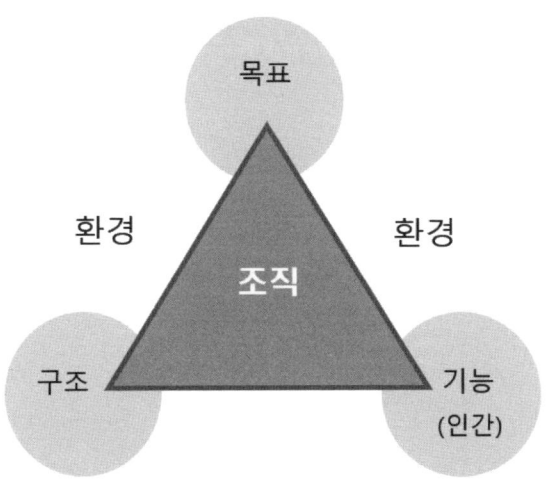

출처: 정동섭, 송경수, 이희옥. 『현대경영조직론』(서울: 탑북스, 2017), p. 28.

  국방조직 역시 그러한 유기체적 성격을 지닌다. 국방조직은 국방목표를 달성하기 위한 임무·기구·기능·정원 등이 유기적으로 결합된 부대 또는 기관의 체계적 총체[19]이며, 헌법과 정부조직법, 국군조직법 등에 근거하고 있다.

  이러한 국방조직은 군정(軍政: 양병 기능)과 군령(軍令: 용병 기능)을 통합하여 국방체계의 구조 내에서 수평적·수직적 권한 활동을 명확히 하기 위해 최고통수권자, 국방정책결정기구(국가안보회의), 국력동원기구(국무회의), 군정·군령 통할(統轄)기구와 집행기구 등의 5대 요소로 구분된다.[20]

<그림 2-2> 국방조직 5대 요소

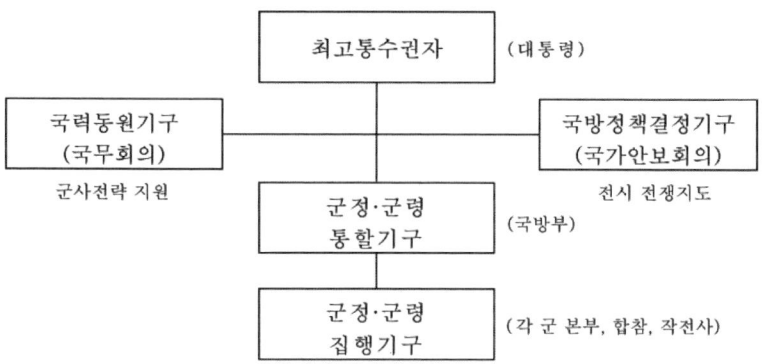

출처: 윤우주, 『한국군의 군제개혁사』p. 36, 합참, 『주요국가 군구조 편람(2023)』 p. 10 재구성

여기서 주목해야 할 점은 국방조직은 수직적·수평적 구조를 동시에 가진다는 것이다.

- 수직적 측면: 대통령 → 국방부 → 합참 / 각 군 본부 → 작전사령부
- 수평적 측면: 대통령을 중심으로 국방정책과 동원 관련 조직은 병렬 존재

또한, 군정(軍政: 양병 기능)과 군령(軍令: 용병 기능)의 이원화된 기능 구조가 존재한다.

〈표 2-1〉 군정과 군령

구분	내용	지휘 흐름
군정 (Military Administration)	국방목표 달성을 위해 군사력을 건설, 유지, 관리하는 기능	대통령 → 국방부장관 → 각 군 참모총장
군령 (Military Command)	국방목표를 달성하기 위해 군사력을 운용하는 기능	대통령 → 국방부장관 → 합참의장 → 작전사령관

출처: 공본. 『2022 외국 군구조 편람』 p. 7.

이러한 수직적 권한 일원화 + 수평적 기능 분화 구조, 군정과 군령의 이원화는 전문성 발전과 책임성을 강화하는 데는 효과적이지만, 합동적 사고·협력적 운영에는 제한 요소로 작용한다.

군사조직은 국방조직의 일부로 주로 군대와 관련된 조직을 의미하며 국방부, 합동참모본부, 각 군 본부, 작전부대 등이며 군사전략·작전계획 수립과 시행, 전투, 훈련 등 직접적인 군사활동을 수행하는 조직을 말한다. 예를 들면, 국방조직에는 국가안보회의, 국무회의, 경찰, 소방, 병무청, 방위사업청 등이 포함되지만 군사조직에는 포함되지 않는다.

군사조직은 다음과 같은 성격을 갖는다.[21]

① 분업과 통합의 합리적 활동 체계

→ 복잡한 군사 문제를 기능별로 나누고, 이를 다시 통합하여 최종 임무를 수행한다.

② **구조와 과정의 동시 존재**
→ 위계적 지휘체계(구조)와 리더십·동기부여(과정)가 함께 작동한다.

③ **경계와 환경과의 상호작용**
→ 조직 내부의 물리적·심리적 경계를 유지하면서 외부 환경 변화에 적응한다.

그러나 이러한 성격들이 군종 간·기능 간 경계를 더욱 고착화시키기도 한다.

2. 군구조(軍構造): 전투력을 구성하는 기본 골격

구조(構造)의 사전적 의미는 부분이나 요소가 어떤 전체를 짜 이룸[22]이다. 구조는 전체와 각 부분, 요소와의 상호작용을 이해하는 데 중요한 역할을 하며 복잡한 조직이나 정보를 체계적으로 정리하여 이해하기 쉽게 도와준다.

군구조는 군사력을 어떻게 편성·운용하는가를 보여주는 틀이다. 이는 전쟁 수행과 상명하복의 특성이 반영된 체계로, 지휘구조·병력구조·부대구조·전력구조로 구성된다.

우리 군에서는 "국방 및 군사임무 수행에 관련되는 전반적인 군사력의 조직 및 구성 관계로서, 육군·해군·공군이 상호 관련되는 체계[23]"로 정의한다.

〈표 2-2〉 군 구조의 구성

구성요소	내용
지휘구조 (指揮構造)	• 국방부로부터 국방부 직할부대, 합동부대, 각 군 예하부대에 이르기까지 지휘관계로 이루어진 체계로 상부지휘구조와 하부지휘구조로 구분[24]
병력구조 (兵力構造)	• 군조직을 형성하는 병종별(육·해·공군, 해병대) 또는 신분별(장교, 부사관, 병, 예비군) 인력의 구성체계
부대구조 (部隊構造)	• 휘통제부대, 전투부대, 전투지원 및 전투근무지원부대, 교육훈련부대로 구분하여 부대를 편성하고 지휘관계 등을 설정한 체계
전력구조 (戰力構造)	• 전략·작전개념과 연계하여 제대별 적정 수준의 무기체계, 장비 등을 편성한 체계

출처: 공본, 『외국 군구조 편람(2022)』 p. 6 재구성.

효율적인 군구조는 전·평시 신속한 의사결정과 각 군 작전의 통합과 협조를 용이하게 하며 이것은 전반적인 전투 수행능력의 향상으로 이어질 수 있다.

그러나 이러한 군구조의 결정은 잠재적 위협과 당면위협, 군사전략 및 작전개념, 기술발전, 정치·경제적 상황, 군 지도자의 리더십 등 다양한 요인에 의해 이루어지며 각 군의 고유 논리와 발전 방향이 다르다. 이로 인해 자원 확보 경쟁, 전력발전 방향 차이, 작전개념 상충 등의 문제가 발생하며, 합동성 구현에 저해 요인으로 작용할 수 있다.

3. 군제 유형

'군제(軍制)'라는 용어는 손자병법의 오사(五事)로 칭해지는 도천지장법(道天地將法)에서 법(法)이라고 말할 수 있다. 손자는 "군의 제도가 얼마나 잘 정비되어 있는가?"에 따라 전쟁의 승패에 영향을 미친다고 보았다. 군제(軍制)는 군사제도의 약칭으로 군(軍)에서 시행되고 있는 '군사 업무와 관련된 모든 제도'를 의미한다고 볼 수 있다.[25] 국가를 방위하기 위해 군대의 구성과 관리, 군정과 군령의 적용 방법 등에 대한 전반적인 틀을 제공하며, 가용한 군사력이 효율적으로 발휘될 수 있도록 군 조직 간의 기능을 유기적으로 체계화한 것이다.

군제는 각국의 역사적 상황, 정치체제, 안보 환경, 지정학적 위치 등 여러 요인의 영향을 받으며, 이러한 요인들이 복합적으로 작용하여 군제를 형성하게 된다. 군제는 군종체제 중심과 군사지휘체제 중심으로 분류할 수 있다.

(1) 군종체제 중심의 분류

군종체제 중심으로 분류하면 일반적으로 3군 병립제, 합동군제, 통합군제, 단일군제의 4가지 유형이 있다.

〈그림 2-3〉 군종체제 중심의 분류

출처: 공본. 『외국 군구조 편람(2022)』 p. 9 재구성

3군 병립제는 국방부 장관이 군정과 군령을 통할하며, 합동참모의장은 군사자문 역할을 수행하고, 각 군의 참모총장이 군정·군령 기능을 위임받아 시행한다.[26] 적용국은 인도, 아르헨티나, 칠레, 페루 등이 있으며 장점으로는 3군 균형발전, 각 군 자율성 보장, 각 군의 전통과 특성 유지, 권한의 집중 방지 및 문민통제에 기여한다는 것이다. 단점으로는 작전지휘의 일원화가 제한되며, 3군 간 지나친 경쟁으로 조정통제가 어려울 수 있다.

　합동군제는 국방부 장관이 군정과 군령을 통할하고 합동참모의장을 경유하여 군령권을 행사하고 각 군 참모총장이 군정권을 시행하는 제도이다.[27] 적용국은 한국, 미국, 일본, 러시아, 영국, 프랑스, 독일, 이탈리아, 스페인, 대만 등이 있으며 장점으로는 작전지휘 일원화로 합동작전이 용이하며 3군 병립제의 장점을 유지할 수 있다. 단점으로는 합동작전을 위한 일사불란한 지휘가 제한되며, 합참에 근무하는 장교들이 자군 중심적 사고로 협력적 업무추진이 제한될 수도 있다. 아울러 제한된 예산과 자원을 두고 각 군이 추구하는 전력과 작전개념의 우선순위를 두고 경쟁하면서 갈등이 발생할 수 있으며, 합동군 체계를 유지하기 위한 합동연습, 교육훈련, 합동교리, 합동지휘체계 구축 등의 추가 비용이 발생할 수 있다.

　합동군제가 성공하기 위해서는 자군 중심주의를 탈피하고 공동의 목표를 향한 협력의지, 팀워크가 필수적이다. 우리나라는 합동군제를 채택하고 있지만, 합동군사령관은 없으며 합참의장이 그 역할을 하고 있다. 본 논문에서 다루고 있는 합동성, 합동군, 합동군 핵심가치 등에 관한 사항은 우리 군이 합동군제를 채택하고 있기에 논의하는 주제이다.

통합군제는 국방부 장관이 군정·군령을 통할하고, 통합군사령관이 전 부대에 대한 군사 지휘권을 행사한다. 각 군은 존재하지만 각 군의 본부와 참모총장이 없거나, 명칭이 있더라도 그 기능은 매우 제한적이며, 각 군의 고유 지원기능을 제외한 전군 공통지원 기능은 통합하여 운영된다. 각 군 사령관은 통합군사령관의 지휘체계 내에서 각 군을 지휘하며 각 군을 대표한다.[28] 적용국은 스웨덴, 캐나다, 튀르키예, 이스라엘, 폴란드, 태국, 인도네시아 등이 있으며 장점은 작전지휘의 일원화로 군사력의 통합 운용이 용이하며 신속한 상부의 의사결정이 구현될 수 있다. 아울러 다양한 전투상황에서 전략적 유연성을 기대할 수 있으며 정보의 공유를 촉진하여 군종 간의 협력을 높일 수 있다. 단점으로는 각 군의 전문성 저하가 우려되며 권한 집중으로 문민통제의 권한이 약화될 수도 있다.

군사적 상황에 따라 특정군에게 자원이 집중되어 3군의 균형 발전이 저해될 수도 있으며, 각 군종의 문화와 운영방식이 다르기에 통합지휘 과정에서 갈등이 발생할 수 있다. 통합군제는 특히, 각 국가의 정치·경제·사회적 상황과 안보 환경, 군사적 능력에 맞는 적절한 통합 수준과 운영 체계를 설정하는 것이 중요하다. 우리 군에서도 합동군제와 통합군제 사이에 많은 논의와 갈등을 겪어왔다.

단일군제는 국방부 장관이 군정과 군령을 통할하고 총사령관이 육·해·공군의 구분 없이 모든 작전부대를 지휘하는 체제이다. 소규모 군대를 보유하고 있는 캐나다에서 채택했으나, 이후 통합군제로 전환한 군제이다. 장점으로는 작전지휘의 일원화, 군사력 통합운영 및 신속한 의사결정이 가능하다. 단점은 권한이 지나치게 집중되고 각 군종의 특성과 전문성을 보장할 수 없으며 연합작전 또는 다국적 작전 수행에 제한을 받을 수 있다.[29]

(2) 군사지휘체제 중심의 분류

군사지휘체제에 의한 분류는 비통제형 합동참모의장제, 통제형 합동참모의장제, 합동형 합동참모의장제, 단일 참모총장제의 4가지 형태가 있다. 이 구분방식은 군정과 군령의 기능 분배에 따라 합참의 권한 범위와 각 군 본부의 영향력 정도가 달라지는 점에 주목하고 있다.[30]

비통제형 합동참모의장제는 전통적인 3군 체제를 기반으로 국방부 장관이 군정·군령을 통할하여 각 군을 지휘하고, 합동참모의장은 국방부 장관에 대한 순수한 군령보좌 역할만 하도록 하는 제도로서 문민통제에 가장 중점을 둔 제도이다.[31] 이 유형은 육·해·공군의 전통과 특수성을 유지하고, 권한의 집중을 방지할 수 있으나, 통합전투력 발휘가 곤란하고, 조직의 중복현상을 초래하며, 각 군간 이해관계 상충으로 합리적인 의사결정에

제한을 주는 측면이 있다.[32]

통제형 합동참모의장제는 국방부 장관이 군정·군령을 통할하면서 합참의장의 권한을 강화한 것이다. 군정은 국방부 장관을 거쳐 각 군 참모총장으로 이어지며, 군령은 국방부 장관이 합참의장에게 부여하여 각 군의 작전부대를 지휘하는 구조이다. 비통제형 합참의장제보다는 통합전력 발휘를 부분적으로 제고시킬 수 있도록 개선한 제도로, 군종체제 중심의 분류에서 합동군제와 비슷한 개념이다.[33]

〈그림 2-4〉 지휘체제 중심의 분류

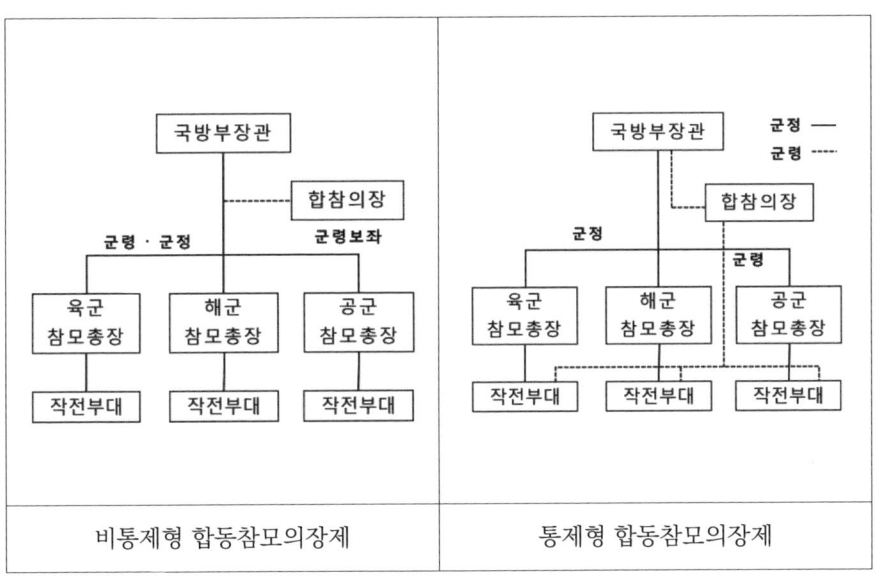

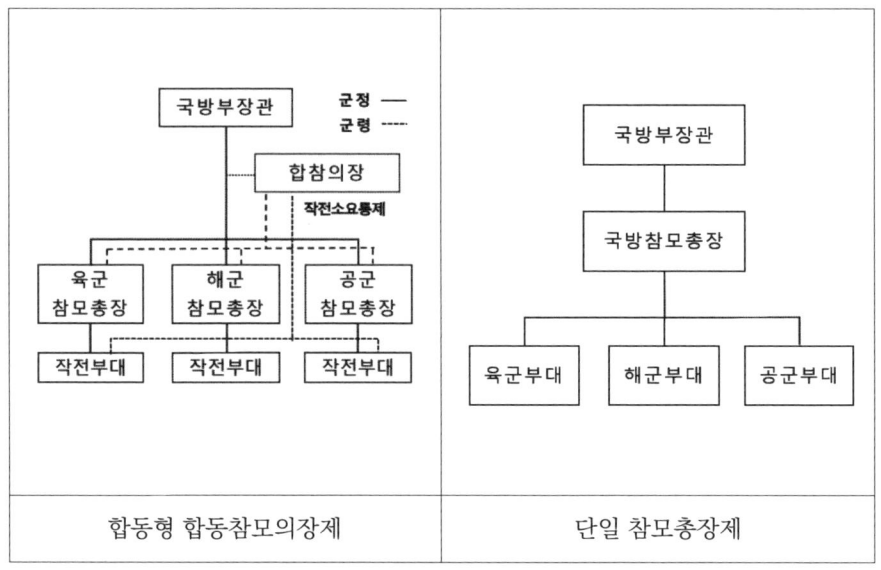

| 합동형 합동참모의장제 | 단일 참모총장제 |

출처: 공본, 『외국 군구조 편람(2022)』 p. 10 재구성.

합동형 합동참모의장제는 합동작전에서 통합전투력 발휘를 강화하기 위한 개념으로, 군종체제 중심의 분류에서 합동군제와 유사하다. 통제형 합동참모의장제가 군령 차원에서 작전부대에 대한 작전지휘에 집중한다면, 합동형 합동참모의장제는 합참의장의 권한을 더욱 강화하여 군정권 일부를 행사할 수 있도록 하고 있다. 즉, 합참의장이 작전소요 통제 권한을 행사하여 군사력 운용의 통합성과 즉응성을 높이고, 국방자원의 효율적 활용을 가능하게 한다.[34]

단일 참모총장제는 국방부 장관이 군정·군령을 통할하는 국방참모총장(총참모장)을 두고 국방참모총장은 국방부 장관의 지휘·감독하에서 군정과 군령을 행사하는 군제이다. 이 유형은 강력한 통합지휘와 효율적인 운영이 가능할 수 있으나, 문민통제 기반에 우려를 줄 수 있으며 3군의 전문성 발전에 지장을 초래할 수 있다.

지금까지 군제(軍制)의 유형에 대해 살펴보았다. 군제의 각 유형은 각각의 장단점이 있으며 "어느 군제가 가장 좋다"라는 것은 없으며 각국의 안보환경, 정치·경제·군사·문화적 상황 등의 여건에 따라 각 국가가 결정하는 것이다. 우리나라는 합동군제, 통제형 합동참모의장제를 운용하고 있다.

군 조직은 기능적 분화와 군종별 독립성이라는 설계 원리를 내재하고 있다.

이는 전문성 향상과 조직 안정성 측면에서는 효과적이지만, 합동성 구현이라는 측면에서는 구조적 한계와 긴장을 만든다.

따라서 합동성을 강화하려면 제도적 구조 변화만으로는 충분하지 않다.

조직문화 변화, 신뢰 구축, 공동의 핵심가치 내재화가 반드시 병행되어야 한다.

그렇다면 합동성이란 실제로 무엇을 의미하며, 어떤 영역에서 발휘되어야 하는가?

다음 절에서는 합동성의 본질과 실제 적용 영역을 깊이 있게 살펴보도록 하자.

제2절 합동성과 합동군의 본질

1. 합동성 개념

(1) 합동성(Jointness)의 정의

'합동성'이라는 용어는 우리 군에서 군사력 건설과 운용 측면에서 광범위하게 사용되고 있으며 역대 정부의 국방개혁에서 늘 화두가 되어왔다. 합동성에 기초한 미래 전력건설, 합동성에 기반한 군사력 운용방안, 합동성 측면에서의 전쟁사례 분석, 합동성과 미래전 등 어디서 보았던 낯익은 문구들이다. 자주 이야기된다는 것은 그만큼 중요하다는 의미와 그 수준이 만족스럽지 않다는 것이다. '합동성' 의미를 이해하기 위해서는 우선 '합동(Joint)'의 의미를 알아야 한다.

'합동'의 사전적 의미는 "둘 이상의 조직이나 개인이 모여 행동이나 일을 함께함"[35]을 의미하고 군사적 의미는 "동일 국가의 2개 군 이상의 부대가 동일 목적으로 참가하는 각종 활동, 작전, 조직을 지칭"하는 용어이다.[36] 선행어로 사용될 때는 육·해·공군 각 군종을 포함하는 의미로 사용되기도 한다. 미군의 정의도 우리와 같은 의미로 사용하고 있다.

미국에서 '합동'이라는 개념은 오래전에 존재했다. 1789년 창설된 미국 전쟁성은 내각 중 하나로 육군의 조직과 작전, 운영에 대한 책임이 있었고, 해군의 운영도 담당했다. 1798년 해군성이 설립되어 전쟁성의 해군 운영업무는 해군성으로 이관되었다. 분리된 육군과 해군은 독자적으로 발전을 추구했으며 의회로부터 각각 예산을 배정받았다. 이후, 시어도어 루스벨트(Theodore Roosevelt) 대통령은 육군과 해군의 협조를 위해 1903년 육·해군 합동위원회(Joint Board)를 설치하여 운영했으나 권한이 없어 실질적인 성과는 거두지 못했다.

합동 개념이 중요하게 대두된 시기는 제1차 세계대전 전·후이다. 제1차 세계대전 시 육군과 해군이 각각 항공기를 운영함에 따라 작전개념과 공간 운영의 중복으로 갈등이 발생했다. 1931년 1월, 당시 육군참모총장 맥아더와 해군참모총장 프렛은 '맥아더-프렛 협정(MacArthur-Pratt agreement between the Army and the Navy)'을 체결하여 육군항공과 해군항공의 역할을 조정하고, 육군항공의 해안방어 및 정찰 임무 확대를 추진했다. 그러나 이 협정은 개인적 차원의 합의였으며 법적 구속력은 없었다.[37]

제2차 세계대전 이후에는 합동작전의 중요성이 보편화됨에 따라 제도적 기반이 마련되었다. 1947년 국가안보법(National Security Act) 제정으로 국방부와 공군성이 창설되었고, 합동참모회의(Joint Chiefs of Staff)가 법적으로 규정되면서 합동 개념이 법적 틀 안에서 발전하게 되었다.

그렇다면 '합동성(Jointness)'이라는 용어는 왜 따로 등장했을까?

이것은 단순히 합동작전의 물리적 통합만으로는 설명이 부족하다는 문제의식에서 비롯되었다. 합동성이라는 말은 군사작전에서 각 군의 단순한 협력 수준을 넘어 군 간 통합, 효과적인 조정 그리고 시너지 효과를 추구하는 포괄적이고 심도 있는 개념을 의미하게 된 것이다.

합동성이라는 개념은 냉전 시기에 미국에서 본격적으로 발전했다.

제2차 세계대전 이후 미국 국방조직은 방대한 규모로 팽창했고, 각 군(육·해·공군)의 협력과 통합 운용에 대한 요구가 증가했다. 그러나 기존의 방식으로는 이러한 '합동적 수요(Joint Demand)'를 효과적으로 처리하기 어려웠다.

이에 따라 미국에서는 합동성을 바라보는 새로운 관점과 가치체계가 필요하다는 인식이 확산되었다. 이를 위해 만들어진 개념이 바로:

- 합동관(Joint Perspective): 군종 간 이기주의를 넘어서 국가 전체 관점에서 가치중립적이고 통합적인 시각으로 국방기획 활동을 수행하는 사고방식.

- 합동적 가치(Joint Value): 국가 차원의 사고와 전문가적 식견으로 군종 간 협력과 조정을 이끌어낼 수 있는 역량과 자질.
- 합동사안(Joint Matters): 육·해·공군의 전력을 통합 운용하는 데 관련된 주요 주제들로, 국가안보 전략, 군사전략, 우발계획, 전투사령부 예하 지휘, 합동군 발전 사항 등을 포함한다.[38]

즉, 미국은 합동성을 단순히 조직구조의 문제로 보지 않고, 생각의 방식(관), 추구하는 가치(Value), 실제 적용 대상(사안)까지 포괄적으로 바라보며 발전시켜 온 것이다.

과거에는 '합동사안'이 육·해·공군력의 통합 운용 문제로 인식되었으나, 최근에는 지상·해상·공중뿐만 아니라 우주와 정보 환경까지 포함한 작전에서 다수의 군대가 통합적으로 행동하는 것과 관련된 개념으로 정의되고 있다.[39] 이는 합동 개념이 군종 중심에서 작전영역 중심으로 전환되고 있음을 보여준다.

역사적 경험도 합동성 개념의 발전에 중요한 교훈을 주었다.

1980년 이란 주재 미 대사관 인질구출 작전과 1983년 그레나다 침공작전의 실패는 합동성이 부재할 때 발생하는 문제를 적나라하게 보여주었다. 이란 작전에서는 단일 지휘계통 미확립, 사전 합동훈련 미비로 치명적인 사고가 발생했고, 그레나다 작전에서는 군 간 협력이 미흡해 아군 간 오인사격으로 많은 인명

피해가 발생했다.[40]

이러한 교훈을 바탕으로 1986년 골드워터-니콜스법(Goldwater-Nichols Act)이 제정되었다. 이를 통해 미군은 합동지휘체계를 확립하고 합동전문 군사교육을 강화하며, 합동성을 법제화하기에 이르렀다. 오늘날 미군에서 합동직위 근무 경험은 장군 진급에 필수 요건이 되었다.

미국의 군사교리, 군 전문가, 민간 학자의 다양한 합동성 정의를 정리하면 아래 표와 같다.

〈표 2-3〉 미국의 합동성 정의

구분	정의
美 합참지 (1998년)	2개 군(Service) 이상의 강점과 고유한 특성을 통합하여 더 큰 효과(Synergy)를 창출하는 것
美 전투실험서 (2004년)	서로 다른 군의 능력을 결합하여 부분의 합(合)보다 큰 효과를 창출하는 기술(Art)
美군사기본교리 (2017년)	개별요소의 능력보다 합(合)이 더 큰 시너지 효과가 있는 교차군종의 조합(Cross-Service Combination)
콜린 파월(Colin Powell) 前 美 합참의장(1989년)	합동전(joint warfare)은 팀전(team warfare), 한 팀으로 싸우고 이기는 것
뎁튤라(David A. Deptula) 美 예비역 공군중장 (2010년)	모든 우발사태나 전쟁에 있어서 각 군의 군사력을 균등하거나 의무적으로 사용하는 것이 아닌, 주어진 상황을 해결하기 위해 가장 효과적인 군사력을 사용하는 것

뎀프시(Martin E. Dempsey) 前 美 합참의장 (2012년)	합동성은 다양성을 기반으로 발휘되는 강점이며, 각 군의 문화와 역량의 통합에서 비롯되며, 편협성에 구애받지 않고 국가안보의 이익을 위해 모든 군종과 각 부서 간의 팀워크가 필요
데이비스 (Charles M. Davis) 美 전략 학자(2017년)	합동성은 각 군의 핵심적 믿음과 가정을 초월하는 신뢰와 이해, 각 군의 능력과 강점의 효과적인 통합 운용으로 만들어지는 군사적 환경
로버츠(Ted G. Roberts) 美 군 사작전·교육 전문 가(2022년)	합동성은 모든 지역의 미국 군대에서 기본적인 조직 구성요소이며, 미군이 응집력 있는 팀(team)으로 운영될 때 그 능력은 개별요소의 능력보다 강하게 됨

출처: 조태근. "한국군의 합동성 강화를 위한 새로운 접근."『군사논단』통권 제115호(2023), p. 103 내용 재구성.

위에서 고찰한 바와 같이 미국의 군 교리와 저명한 군사전문가, 학자들의 다양한 정의가 존재한다. 교리적인 면에서는 서로 다른 군종의 능력을 결합하여 시너지 효과를 발휘하는 것을 말하고 있고, 전쟁의 경험이 있는 前 미군 고위 장성들은 군종 간 팀워크, 각 군의 문화와 역량의 통합 등을 강조하고 있다. 군사학자들은 신뢰와 이해, 응집력 있는 팀(team)을 중요시하고 있다. 결론적으로 미국의 합동성은 각 군종의 능력을 통합하여 시너지(Synergy)를 창출하는 것뿐만 아니라, 문화의 통합, 팀워크, 이해와 신뢰를 기반으로 한 구성원 간의 심리적 연대를 통한 시너지 발휘도 중요하게 여기고 있다.

그렇다면 우리 군은 어떨까?

우리 군에서는 2005년 합동성 강화계획에 합동성 개념이 사용되었으며 2006년에는 합동성 강화 관련 내용을 '국방개혁에 관한 법률'에 명시하여 추진 여건을 조성하였다.[41] 한국의 합동성 정의를 살펴보면 다음과 같다.

- 국방개혁에 관한 법률(2006): "첨단과학기술이 동원되는 미래 전쟁의 양상에 따라 총체적인 전투력의 상승효과를 극대화하기 위하여 육군·해군·공군의 전력을 효과적으로 통합 발전시키는 것"
- 국방전력발전업무훈령(2006): "미래 전쟁 양상에 부합한 합동개념을 발전시키고, 이를 구현하기 위한 군사력을 건설하며, 각 군의 전력을 효과적으로 통합 발휘시킴으로써, 전투력의 상승효과를 극대화시켜 전승을 보장하는 것"
- 합동·연합작전 군사용어사전(2024): "전장에서 승리하기 위해 지상·해상·공중 전력 등 모든 전력을 기능적으로 균형 있게 발전시키고 이를 효율적으로 운용함으로써 상승효과를 달성할 수 있게 하는 능력 또는 특성"

한국의 정의는 각 군의 전력을 효율적으로 통합 운용하여 시너지 발휘를 한다는 것은 미국과 동일하다. 그러나 합동성을 바라보는 시각이 미래 전쟁양상에 초점을 두고 있고, 합동개념 구현을 위한 군사력 건설, 모든 전력의 균형발전 등이 강조되고 있다. 그러나, 팀워크 발휘, 이해와 신뢰, 문화의 통합 등 인간의 심리적·정서적 연대를 통한 시너지 발휘에 관한 사항은 없다. 이러한 차이는 미국군과 한국군의 역사, 전쟁의 경험, 군대의 규모와 구조적 특성에 기인한다고 볼 수 있다.

한편, 흥미롭게도 AI(Artificial Intelligence)에게 합동성 개념을 물어본 결과는 다음과 같았다:

> '합동성(Jointness)'은 각 군 및 관련 조직들이 특정 임무나 목표를 달성하기 위해 상호 협력하고, 자원을 공유하며, 조화롭게 작전하는 능력과 상태를 의미합니다. 이는 단순히 한 군의 독립적인 작전이 아니라, 서로 다른 군의 강점을 통합하여 효율성을 극대화하고 임무 성공률을 높이는 데 중점을 둡니다. 군대에서의 합동성은 현대전쟁 및 작전환경에서 성공을 좌우하는 핵심 개념으로, 다양한 군대가 '하나의 팀'처럼 움직이도록 하는 데 초점이 맞춰져 있습니다(ChatGpt, 2024. 12. 6. 검색).

AI의 정의에서도 협력, 강점 통합, One Team 의식이 핵심 요소로 강조되고 있다는 점이 흥미롭다. 이는 현대 합동성의 본질이 단순한 물리적 통합이 아니라 심리적·문화적 통합까지 포괄하는 방향으로 진화하고 있음을 시사한다.

이 책에서는 이러한 흐름을 반영하여 합동성을 다음과 같이

정의하고자 한다:

"전(全) 전장 영역의 전력을 효율적으로 발전시키고 통합 운용하여 상승효과를 달성하게 하는 군사적 능력과 합동팀을 지향하는 합동군 구성원의 상호이해와 존중, 협조와 팀워크 등의 심리적 성향"

여기서 '전(全) 전장'은 지상, 해상, 공중, 우주, 사이버, 전자기 스펙트럼 영역을 말하며 '합동팀'은 육·해·공군 각 구성원이 합동군으로서 하나의 팀(One Team) 의식, 연대의식을 갖는 것을 의미한다. 이것은 앞으로 우리가 지향해야 할 합동성의 진정한 모습이며, 한국군도 이러한 방향으로 합동성을 확장해나가야 할 것이다.

(2) 합동성의 속성

앞에서 살펴본 바와 같이 합동성은 전쟁의 복잡성, 군 조직의 분화에 따른 효율적 통합의 필요성에 의해 등장했으며 전쟁과 작전의 성공과 실패의 경험을 바탕으로 발전되었다. 특히, 미국에서는 의회 주도로 1986년 10월 '골드워터-니콜스 법'을 제정하여 미군의 합동성 강화와 국방체계에 큰 변화를 가져왔으며 이러한 변화를 토대로 걸프전쟁을 승리로 이끌었다. 변화된 작전환경 속에서 2009년 사이버사령부(USCYBERCOM) 창설과 2019년 우주군(USSF) 설립은 합동성을 우주와 사이버 영역까지 지속적으로 확장하려는 노력이다.

이러한 흐름 속에서, 합동성에 내재한 네 가지의 속성에 대해 살펴보면 다음과 같다.

① 합동성은 목적 그 자체가 아닌 전쟁준비와 작전수행의 합리적 수단이다.

효과적인 합동작전을 위해 태어난 합동성 개념은 역대 정부의 국방개혁과 국방혁신에 있어서 주요 화두가 되어왔다. 노태우 정부의 8·18 국방개혁 이후 합동군제를 채택하여 군사력 건설과 싸우는 방법을 지속해서 발전시켜 왔지만, 어느 순간 합동성이 그 목적이 된 듯한 느낌이다. 수단으로서의 합동성은 평시 합동작전개념 구현을 위한 군사력 건설에서 효율적으로 추진할 이유를 제시하고, 합동작전 수행 면에서 군사적 능력·노력의 통합(Integration)과 구성원들의 팀워크 발휘, 긴밀한 협조를 통해서 상승효과(Synergy Effect)를 창출하는 것이다.[42]

② 합동성은 각 군종의 능력과 전문성을 토대로 발휘된다.

각 군종을 이해한 가운데 각 군종의 능력을 활용하여 상황에 맞는 최적의 조합(Combination)을 구성하는 것이다. 육군은 적 위협의 완전한 제거, 적과의 근접전투 수행, 해군은 기동성, 전력의 투사성과 현시성, 공군은 고도, 속도, 거리라는 고유의 특성이 있다. 이러한 각 군의 특성을 잘 연결하고 조합하여 상승효과를 달성해야 한다.⁴³ 여기에서 '각 군종을 이해'한다는 의미는 타 군종의 전통과 문화, 군종의 전략사상을 알고 존중하며, 타 군종의 작전개념, 무기체계와 능력을 이해하여 합동작전 수행 간 활용할 수 있는 상태를 말한다.

③ 합동성은 효과와 유연성을 추구한다.

전장상황에 적합하지 않은 기계적, 산술적, 균등적 합동은 효과를 낼 수 없다. 앞에서 언급한 것처럼 합동성은 수단이며, 군종의 전문성 조합(Combination)으로 효과를 추구한다. 합동성은 적(敵)의 육지와 바다, 공중, 우주, 사이버 영역에서의 다양한 위협에 대응할 수 있도록 다차원적 접근방식을 제공하여 효과를 증진할 수 있다. 예를 들면, 지상군의 작전을 지원하기 위해 우주군이 군사정보와 통신을 지원하고, 공군이 적의 공중 위협을 제거하며, 해군이 해상에서 화력 및 병참지원을 할 수 있다. 또한, 합동성은 상황 변화에 따라 계획을 수정하고 우발계획을 시행할 수 있는 유연성을 제공한다. 기상 악화로 인해 공중기동과 화력이 제한된다면 지상기동과 지상·해상 화력의 선택을 제공할 수 있다.

각 군을 모든 장소에서 항상 균등하게 운용하거나, 각종 활동이나 자원의 균등한 할당, 각 군간 균질성 등은 합동성이라고 할 수 없다. 합동성은 위기상황에서 올바른 장소에, 정확한 시간에 부대를 적절하게 결합하여 유연성을 가지는 것이다.⁴⁴

④ **합동성은 지속해서 확장·진화하는 개념이다.**

군사기술의 발전에 따라 전쟁 패러다임이 변화하고 있으며 이에 따라 합동의 대상이 확대되고, 합동성의 개념 확장을 요구받고 있다.

〈그림 2-5〉 전쟁 패러다임의 변화

출처: 국방부, 『미래혁신구상 및 국방비전 2050』.

과거 합동의 대상이 육·해·공군·해병대이었다면 지금은 우주, 사이버, 전자기스펙트럼 영역, 나아가 민간영역까지 확장되고 있다. 현대의 전쟁은 기존의 전통적 육·해·공군·해병대만이 수행하는 것이 아닌 사이버 위협, 테러리즘, 비대칭 위협, 심리전, 인지전 등 평시부터 다양한 위협에 통합적으로 대응하는 전략적 통합이 더욱 중요해지고 있다. 합동성 또한 이러한 위협에 대비할 수 있도록 다양한 분야에서 협력하는 방향으로 개념이 확장되고 있다.

특히, 최근에는 인공지능(AI)을 활용하여 작전적 수준에서 지상·해상·공중·우주·사이버 등의 작전공간을 통합하는 기반으로 활용하려는 시도와 합동성을 제약했던 교차영역(Cross domain)의 정보적·체계적·전술적 회색지대를 통합하려는 노력과 혁신이 추진되고 있다.[45]

미군의 경우 2008년 국가방위전략(National Defense Strategy)에서 이라크전쟁과 아프가니스탄의 전쟁을 교훈 삼아 새로운 합동성(A New Jointness)을 제시하였는데, 핵심은 군사력 운용에 있어 민간역량, 범정부적 차원, 동맹국·국제기구 등 다국적 차원에서의 노력의 통합(Unify of Effort)을 강조했다.[46]

〈그림 2-6〉 합동의 대상 확대

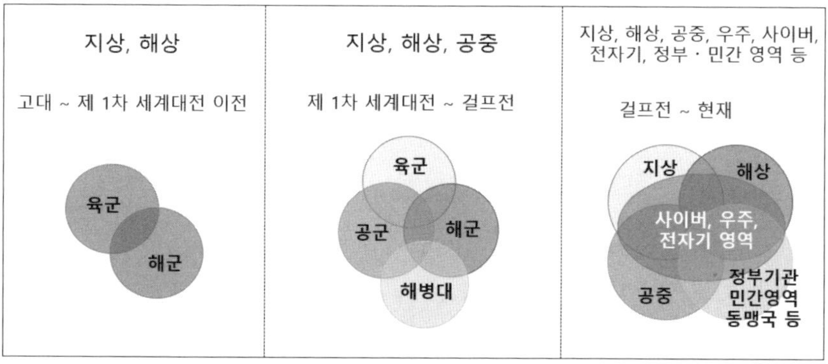
지상, 해상
고대 ~ 제 1차 세계대전 이전
육군
해군
지상, 해상, 공중
제 1차 세계대전 ~ 걸프전
육군
공군
해군
해병대
지상, 해상, 공중, 우주, 사이버, 전자기, 정부 · 민간 영역 등
걸프전 ~ 현재
지상
해상
사이버, 우주, 전자기 영역
공중
정부기관 민간영역 동맹국 등

출처: 조태근. “한국군의 합동성 강화를 위한 새로운 접근.”『군사논단』제115호, p. 108 재구성.

결론적으로, 합동성은 고정된 개념이 아니다. 전장의 변화, 기술의 발전, 작전환경의 복잡성에 따라 계속해서 진화하는 개념이다. 그리고 그 중심에는 언제나 각 군종의 전문성 통합, 효과 중심의 유연성, 심리적 연대와 팀워크가 자리하고 있다.

2. 합동성의 영역

합동성의 개념을 정의하고, 이를 실전에서 구현하기 위해 가장 중요한 것은 '어디서' 합동성이 작동하는지를 파악하는 것이다. 저자는 합동성을 "전(全) 전장 영역의 전력을 효율적으로 발전시키고 통합 운용하여 상승효과를 달성하게 하는 군사적 능력과 합동팀을 지향하는 합동군 구성원의 상호이해와 존중, 협조와 팀워크 등의 심리적 성향"으로 정의했다. 이 정의는 곧 두 가지 축, 즉 '물리적 영역'과 '심리적 영역'의 조화가 합동성의 본질이라는 것을 의미한다.

■ **히딩크와 클린스만, 그리고 팀워크의 교훈**

2002년 한일월드컵에서 대한민국 축구대표팀은 4강 신화를 달성했으며, 그때만큼 우리나라의 모든 국민이 한목소리로 응원한 적도 없었다. 대표팀의 성공 요인에는 다양한 분석이 있지만, 공통적으로 무명의 신인을 포함해 두루 인재를 등용하고 충분한 시간을 들여 팀워크(Teamwork)를 다진 히딩크의 리더십, 남미의 기술과 유럽의 체력에 대응할 수 있는 선수들의 강력한 일체감과 조직력, 붉은 악마로 상징되는 전 국민의 염원 등이 성공 요인으로 꼽혔다.[47] 특히, 히딩크 감독은 선수들 간의 의사소통과 팀의 조직력 즉, 팀워크 강화에 우선적인 노력을 기울였으며, 이후 전술적인 부분을 숙달시켰다.

2024년 2월 AFC 아시안컵 축구대회에서 클린스만(Jurgen Klinsmann) 감독의 한국 대표팀은 4강에서 요르단 축구팀에 0-2로 패배하여 64년 만의 아시안컵 우승 도전이 실패로 돌아갔다. 손흥민(토트넘), 이강인(파리 생제르맹), 김민재(뮌헨) 등 유럽 빅리거들이 배치되며 역대 최강 전력이라는 평가를 받았고, 우승 기대감이 그 어느 때보다 컸다. 그러나 결국 우승 도전은 좌절되었으며, 한국은 이 대회 6경기에서 10실점을 기록하며 수비 조직력에 문제를 드러냈다.[48]

이후 언론 보도에 따르면, 준결승 전날 대표팀 선수들 간의 물리적 충돌과 갈등이 있었으며, 이로 인해 요르단과의 경기에서 한국팀의 팀워크가 무너졌다. 2002년 6월의 한국 축구대표팀과 2024년 2월의 대표팀을 비교했을 때 가장 큰 차이는 팀워크와 조직력이다. 축구, 야구, 배구와 같은 구기 종목에서는 몇 명의 뛰어난 선수가 있더라도 팀워크와 원팀 정신이 뒷받침되지 않으면 승리하기 어렵다.

▪ 물리적 합동성: 구조와 시스템이 뒷받침하는 작전 역량

2024년 우리 군 교리상 합동성 정의는 "전장에서 승리하기 위해 지상·해상·공중 전력 등 모든 전력을 기능적으로 균형 있게 발전시키고, 이를 효율적으로 운용함으로써 상승효과를 달성할 수 있게 하는 능력 또는 특성"[49]이다. 이 정의에서 능력과 특성이 무엇을 의미하는지 명확하지 않아 별도의 설명이 필요하다. 여기서 능력은 각 군의 다양한 전력을 효율적으로 통합 운용하여 상승효과(Synergy Effect)를 달성할 수 있게 하는 군사적 능력을 말하며 크게 네 가지로 정리할 수 있다.

① **지휘 및 부대구조:** 효율적인 지휘 및 부대구조는 작전의 일관성과 적시성, 전력 통합에 효과적이며 적보다 빠른 결심과 대응을 가능하게 한다.

② **합동 C4I 체계[50]:** 다양한 전력을 효과적으로 연동시키기 위해, 각 군의 실시간 정보 공유와 명령체계가 통합되어야 한다. C4I는 단순한 정보체계가 아니라, 합동작전의 신경망이다.

③ **합동연습과 교육:** 평시 연습은 작전계획을 현실에서 검증하는 과정이며, 교육은 각 군의 전략과 무기체계, 조직문화를 이해하는 과정이다. 이 두 가지는 군종 간 협력 능력의 바탕이 된다.

④ **합동교리:** 전력의 효율적 운영과 작전적 수준의 통합, 전력의 최적화를 위한 합동교리는 우리 군의 중요한 군사적 능력이다.

이러한 요소들은 모두 정량화 가능한 능력이며, 장비와 조직, 제도를 통해 실체를 갖는다. 즉, 물리적 합동성은 작전수행의 기반이 된다.

■ **심리적 합동성: 진짜 합동성을 가능하게 하는 보이지 않는 힘**

하지만 '특성'이라는 단어가 내포한 의미는 이와 다르다. 여기서 말하는 특성은 곧 구성원들의 심리적 태도와 성향, 다시 말해 심리적 합동성을 의미한다.

군은 본질적으로 분화된 조직이다. 부서와 병과는 서로 다른 목표와 언어, 문화, 기준을 가지고 있다. 이처럼 칸막이로 나뉜 구조는 필연적으로 사일로 효과(Silo Effect)[51]를 유발한다. 사일로 효과는 시간이 지날수록 '심리적 사일로'로 전이된다. 정보는 공유되지 않고, 부서 간 소통은 단절되며, 협력보다는 경쟁이 우선되기 시작한다.

이러한 환경에서는 아무리 뛰어난 물리적 시스템이 갖춰져 있어도, 효과적인 합동작전은 불가능하다. 합동성의 진정한 발휘는 '상호이해와 존중', '소통과 신뢰', '협조와 팀워크' 같은 심리적 가치 위에서 가능하다.

여기서 주목할 개념이 바로 '합동관(Joint Perspective)'이다. 이는 자군중심주의에서 벗어나, 국가와 합동군 전체의 이익을 고려하는 가치중립적 태도를 의미한다. 작전적 성과를 위해 군종 간 이기주의를 내려놓고, 협력과 연대의 문화를 받아들이는 심리적 전환이 필요하다.

■ 물리적 합동성과 심리적 합동성의 조화

건강한 조직은 육체와 정신이 균형을 이루듯, 물리적 합동성과 심리적 합동성이 동시에 작동해야 합동성을 발휘할 수 있다. 이것은 아래의 표로 요약된다.

〈그림 2-7〉 합동성의 영역[52]

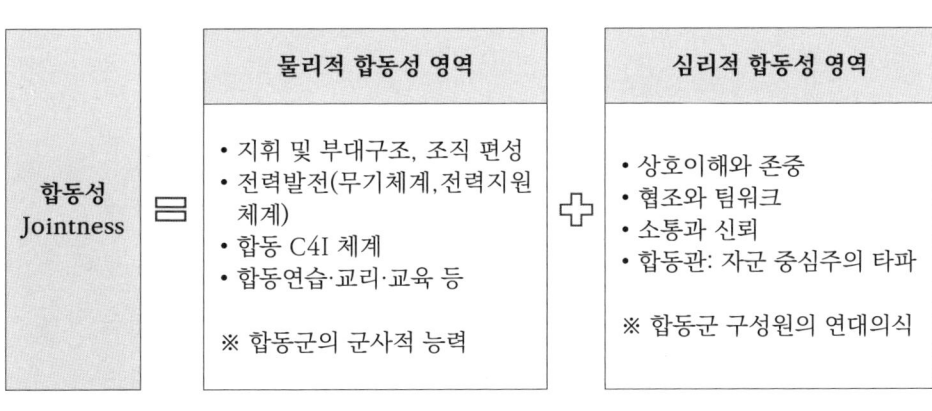

미국의 군사학자 찰스 데이비스(Charles Davis)와 크리스티안 스미스(Kristian E. Smith)는 "합동성은 구성원들이 공동의 임무 완수를 위해 서로 협력하고, 신뢰하며, 상호 의존적으로 작전하려는 심리적 상태(Psychological state)"라고 정의했다.[53] 이들은 합동성의 진정한 주체가 결국 사람이라는 점을 강조한다. 아무리 뛰어난 무기와 체계를 갖춰도, 그것을 작동시키는 사람이 협조하지 않으면 조직은 분열될 수밖에 없다.

합동성(Jointness)은 〈그림 2-7〉에서 보는 바와 같이, 물리적 영역과 심리적 영역이 조화롭게 결합된 상태를 의미하며, 군 조직 전체가 통합적으로 작전과 임무를 수행할 수 있도록 한다. 합동성은 단순히 물리적 통합이나 심리적 연대의식 중 하나만으로 달성될 수 없다. 구성원들의 연대의식과 신뢰는 물리적 통합의 한계를 보완하며, 물리적 영역은 심리적 유대감과 신뢰를 강화하는 역할을 한다.

3. 합동군과 합동작전

국군조직법 제2조 1항 "국군은 육군, 해군 및 공군으로 조직하며, 해군에 해병대를 둔다." 2항에 "각 군의 전투를 주 임무로 하는 작전부대에 대한 작전지휘·감독 및 합동작전·연합작전을 수행하기 위하여 국방부에 합동참모본부를 둔다"라고 규정하고 있다.[54] 이것은 곧 합동작전이 단순한 협조 차원을 넘어, 국가 차원의 법제화된 군사작전 체계라는 점을 보여준다.

육·해·공군은 국군조직의 일원으로서 각 군 작전을 수행하기 위하여 병과를 구분하여 전문인력을 육성하고 부대를 편성하며 무기와 장비를 갖추어 교육훈련을 실시한다. 각 군은 국군조직의 일원임과 동시에 합동군의 주인이다. 합동군이라는 용어를 사용할 수 있는 것은 노태우 정부의 '장기국방태세 발전 방향(818 계획)'에 의거 합동군제를 채택한 후, 현재까지 유지하고 있기 때문이며 합참의장이 군령권을 행사하기에 가능하다.

'합동군'의 사전적 의미는 "동일 국가의 육·해·공군에서 차출된 상당 규모로 구성된 부대로 단일 지휘관의 통합지휘 또는 작전통제 하에 작전하는 부대"로 정의하고 있다.[55] 우리 군의 군사용어사전에는 등재되어 있지 않으나 2010년 합참에서 발간한 「2012~2026년 합동개념서」에서는 합동군의 정의를 "전·평시 합동참모의장의 지휘 또는 작전지휘를 받는 합동작전부대의 총칭"으로 정의했다.[56]

여기에서 합동작전부대의 범위에 합참이 포함되지 않는 문제가 발생한다. 미군은 합동군(Joint force)을 "단일의 합동군사령관 예하에 2개 또는 그 이상의 군(軍)들이 예속 또는 배속되어 구성된 부대"[57]로 정의하고 작전 및 연습 등 일상에서 자연스럽게 이 개념을 적용하고 있다.

따라서 우리 군도 '합동군' 개념에 대한 명확한 정의와 분류가 필요하다. 예를 들어, 광의의 의미로는 '합동작전을 수행하는 모든 부대의 총칭'으로, 합참을 포함한 합동지휘체계 전체를 포괄하는 정의가 적절할 것이다. 여기에 포함되는 것은 각 군의 작전부대, 합동부대, 합동기동부대 등이다. 협의의 의미에서는 '단일 지휘관의 지휘를 받는 2개 이상의 군으로 구성된 부대'로 한정 지어, 전술적 수준에서 사용하는 개념으로 정립할 수 있다.

합동작전(Joint Operation)은 육·해·공군 중 2개 이상의 군, 합동부대 또는 필요시 편성되는 합동기동부대가 공동의 작전목적을 달성하기 위하여 수행하는 군사활동을 의미한다.[58] 합동작전은 본질적으로 전투수행에 관한 것이며, 국군이 특정한 임무에서 목표를 달성하는 기본적인 방법은 합동작전이다. 국군은 합동군으로 전쟁을 수행하기에 단합된 합동팀으로 작전하는 역량이 강점이라고 할 수 있다.[59]

〈그림 2-8〉 합동작전에 대한 인식

출처: 합참. 『2023년 합동성 강화 대토론회 발표 자료』 p. 53.

효과적인 합동작전을 위해서는 각 군은 합동군의 일원으로서 작전에 참여한다는 것을 알아야 하며, 각 군의 작전은 합참의장이 합동군사령관의 지위에서 지휘하는 '합동작전의 일부'라는 큰 그림(Big Picture)을 볼 수 있어야 한다.

 합동작전은 2개 군 이상의 통합된 작전뿐만 아니라, 각 군이 별도로 수행하는 작전도 궁극적으로 합동작전의 목적 달성에 기여할 경우에는 합동작전의 일부로 보아야 한다. 왜냐하면, 각 군의 작전부대가 부여된 임무를 달성하기 위해 독립된 작전계획을 수립하여 시행할 때도 합참의장의 작전지침에 근거하여 작전을 수행하고, 타군 부대로부터 정보를 제공받고, 경계 및 필요한 지원을 받기 때문이다.

 2025년 4월, 현재 진행 중인 러시아-우크라이나 전쟁에서 볼 수 있듯이 현대전은 대부분 합동작전으로 수행되기 때문에 각 군의 능력을 효과적으로 통합하여 전투력의 시너지를 발휘해야 한다.

 기존의 육군 박스(Army Box), 해군 박스(Navy Box), 공군 박스(Air force Box)라는 고정된 사고의 틀을 벗어나, 군종을 뛰어넘는 '합동적 사고'가 필요한 시점이다.

제3절 핵심가치와 합동성

1. 핵심가치 개념

조직이 존재하는 목적과 운영 원칙을 설명할 때 '핵심가치'는 가장 중심에 놓이는 개념이다.

사전적으로 볼 때 '핵심'은 중앙에 위치하는 부분이나 중요한 요점이며 '가치'는 사물이나 대상이 지닌 쓸모 또는 중요성, 인간의 요구나 관심의 대상 및 목표가 되는 것들을 통틀어 말한다. 그런데 가치는 갈림길의 이정표와 같이 평가와 선택을 좌우하기 때문에 여러 조직이나 사회에 일괄적으로 적용할 수 없다.[60]

따라서 각 조직은 존재 목적, 구성원의 신념, 역할, 조직문화에 따라 자신만의 가치를 정한다. 이 가치는 그 조직에서 일이 어떤 방식으로 이루어져야 하는지에 대한 기준이 된다. 특히 핵심가치란 조직이 가장 중요하게 여기는 가치를 의미한다.

핵심가치는 조직과 구성원들의 내면에서 최우선 순위를 차지하는 가치로, 조직 내 많은 구성원이 공유하고 실천하는 행동 기준이다. 이 가치는 핵심적(Core)이며 윤리적(Ethic) 내용을 포함해야 하고, 구성원들의 공감과 지지를 얻어 오랜 기간 유지될 수 있어야 한다.[61] 핵심가치는 의사결정, 행동, 조직문화 형성에 중요한 역할을 하며, 조직의 정체성과 방향성을 정의하는 데 이바지한다.

전(全) 세계의 일류기업과 조직은 자신들만의 핵심가치를 유지하며 실천하고 있다. 많은 전문가는 일류기업과 그렇지 않은 기업의 근본적 차이 중 하나가 핵심가치의 전사적인 공유 여부에 있다고 분석한다. 미국 미시간 대학 티치(N.Tichy) 교수는 "일류기업은 핵심가치를 유지하고 조직 전체에 전파·공유하는 데 집중하지만, 평범한 기업은 주로 대외 이미지 관리를 위해 이를 활용한다"라고 말한 바 있다.[62]

핵심가치는 글로벌기업들이 위기를 극복하고 재도약하는 데 중요한 역할을 했으며, 대표적인 사례로 1982년 시카고에서 발생한 존슨 & 존슨 사(社)의 타이레놀 독극물 사건이 있다. 타이레놀 독극물 사건은 시카고의 한 정신병자가 타이레놀에 독극물을 주입하여 이를 복용한 7명의 시민이 이틀 사이에 모두 사망한 사건이다. 이에 회사는 막대한 손해를 무릅쓰고 자체적으로 모든 재고 물량을 처분했으며, 전국에 걸친 자발적 리콜을 시행하였다. 이러한 자발적인 조치의 근거는 1943년 제정된 기업윤리 강령의 원조가 된 우리의 신조(Our Credo)에 근거한 것이었다.[63]

이 신조는 소비자에 대한 태도, 직원에 대한 기업의 책임, 사회 공동체에 대한 직원들의 역할, 회사 주주에 대한 책임 등 네 가지로 구성되어 있다. 위의 사건에서 볼 수 있듯이, 어떤 희생이 따르더라도 사회적 책임을 다하고 고객의 신뢰를 지키려는 고객 중심의 사고(思考)는 존슨 & 존슨 사(社)가 세계적인 일류기업으로 성장하는 데 기반이 되었다. 이후 핵심가치는 윤리경영의 주요 이슈가 되었으며, 경영 환경이 변화함에 따라 그 중요성이 더욱 강조되고 있다. 특히 2000년대 이후 핵심가치는 다양성 관리와 윤리성 확보의 기본요소로 자리 잡으며, 현재는 기업의 경쟁력과 성공의 중요한 기반으로 인식되고 있다.[64]

결국, 핵심가치는 조직의 생존과 발전을 위한 토대이며, 구성원 개개인의 의식과 태도를 조직의 목표와 일치시키는 '보이지 않는 규율'이라 할 수 있다. 성공적인 조직일수록 핵심가치를 명확히 정의하고, 이를 일관되게 실천하며 구성원 간 공유된 언어로 자리 잡게 만든다. 이것이 바로 핵심가치가 단지 존재하는 것이 아니라, '살아 움직이는 가치'가 되어야 하는 이유이다.

2. 조직문화와 핵심가치

(1) 조직문화와 핵심가치의 관계

사람은 혼자 존재하지 않는다. 인간은 태어날 때부터 타인과의 관계 속에서 살아가며, 다양한 상호작용을 통해 공동체를 이루고, 그 공동체의 가치와 전통, 관습, 신념을 받아들이며 성장한다. 이렇게 축적된 경험과 지식은 특정한 문화로 형성되고, 각 조직은 자신만의 문화를 발전시켜 나간다.

조직문화(organizational culture)는 그 조직이 어떻게 일하고, 어떻게 생각하며, 무엇을 중요하게 여기는지를 드러내는 가장 중요한 '조직의 성격'이다. 학자들에 따라 조직문화에 대한 정의는 다양하다. 오석홍은 "조직을 구성하는 사람들이 공유하는 생활양식이나 행동 양식의 총체이다."[65]라고 정의했으며, 샤인(Edgar Schein)은 "조직이 외부환경에 적응하고 내부를 통합하는 과정에서 특정 집단이 고안·발견·형성한 기본 신념으로, 오랜 기간 내부 구성원들에게 마땅하고 타당한 것으로 인식되었으며, 새로운 구성원에게는 조직의 내부 및 외부 문제를 해결하는 올바른 방식으로 학습되는 것"으로 정의하였다.[66] 또한 로빈스(S. Robbins)는 "조직 구성원들이 공유하는 조직에 대한 공통된 인식으로, 특정 조직을 다른 조직과 구별하는 기본적 특성이다"라고 정의한다.[67]

이처럼 다양한 정의를 종합해보면, 조직문화란 "조직 구성원들이 공유하는 가치, 신념, 관습, 규범, 행동 양식, 전통 등을 포함하는 종합적인 체계"로 정의할 수 있다. 이는 단순히 조직 내부의 분위기나 운영방식에 영향을 미치는 것이 아니라, 조직의 정체성을 형성하고 구성원 간의 상호작용 방식을 규정하는 중요한 요소로 작용한다. 특히, 조직문화는 구성원들의 사고방식과 행동을 조율함으로써 조직의 목표달성에 직접적인 영향을 미치며, 효율적인 의사결정, 원활한 협업, 강한 결속력을 통해 조직이 전략적 목표를 효과적으로 실현할 수 있도록 돕는다.

이러한 조직문화의 구성요소는 〈그림 2-9〉에서 보는 바와 같이 세 가지 분야로 구성된다. 첫째, 구성원의 사고와 행동 판단의 기준이 되는 핵심가치, 국가관, 직업관 등으로 이루어진 가치문화, 둘째, 구성원의 행동을 규제하고 조직 운영의 제도적 장치로 기능하는 규범 문화, 셋째, 무기체계, 기술과 같은 물질문화로 분류된다.[68]

〈그림 2-9〉 조직문화의 구성요소

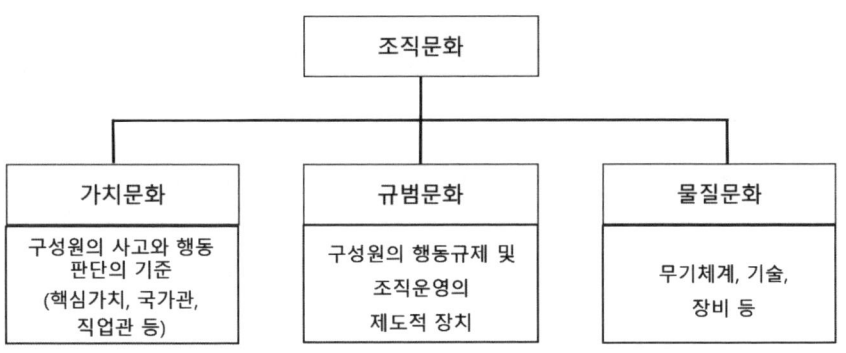

출처: 해군, 『해군 핵심가치 지침서(2015)』 p.14.

조직문화의 구성요소 중 특히 중요한 것은 가치문화로 조직의 구성원들에게 핵심가치, 국가관, 직업관 등이 광범위하게 형성되어 공동의 인식이 확산되면, 이것은 조직의 신념이 되며 이러한 조직은 가치 기반의 공동체로 성장할 수 있다.

조직문화가 강하냐 약하냐의 문제를 생각해보면, 강한 문화는 직원들의 행동에 더욱 강력한 영향을 미치는 문화이다. 강력한 조직문화가 있는 곳은 그 조직의 이직률이 낮다는 것이 일반적으로 받아들여지고 있다. 조직에서 가장 중요하게 생각하는 '핵심가치'를 받아들이고 조직과 자신을 동일시하는 경우, 이직률이 매우 낮아진다. 예를 들어 삼성의 경우, "조직 구성원들은 이러이러해야지"라는 나름의 기준을 스스로에게 부과하는 경향이 더욱 강하며, "이러이러해야지"에 해당하는 것이 그 조직의 핵심가치이다. 그렇게 강력한 소속감과 충성심을 불러일으키는 조직일수록 강한 문화를 가진 조직이 된다.[69]

조직문화와 핵심가치의 관계는 〈그림 2-9〉에서 보는 바와 같이 핵심가치는 조직문화의 하위 개념이지만 핵심가치는 조직문화의 강함과 약함을 좌우하는 중요한 요소이다. 결국, 핵심가치는 조직문화의 근본적인 요소로서 조직이 중요하게 여기는 가치와 신념을 나타낸다고 할 수 있다.

미군의 현대화에 큰 기여를 한 제32대 미국 육군참모총장 고든 설리번(Gordon R. Sullivan)은 핵심가치가 조직문화의 본질임을 강조하면서 "효율적인 지도자가 되려면 조직 구성원 내부에 깊숙이 뿌리내린 핵심가치가 조직문화의 본질이자 거대한 '힘의 원천'이라는 사실을 이해해야 한다."[70]고 강조한 바 있다.

(2) 핵심가치의 역할

핵심가치의 역할은 크게 3가지로 볼 수 있다.

첫째, 조직이 나아가야 할 방향을 제시하는 나침반의 역할이다. 조직이 추구하는 궁극적인 목표와 방향성을 명확히 하기 위해서는 이것을 뒷받침할 가치관이 필요하다. 예를 들어 '창의'라는 핵심가치를 가진 회사는 시장을 선도할 혁신적인 아이디어를 가진 인재 육성과 신기술 개발에 중점을 둘 것이고 이를 바탕으로 경쟁력을 확보할 것이다.

세계적인 컨설팅 기업인 베인 & 컴퍼니(Bain & Company)의 오릿 가디시(Orit Gadiesh) 회장은 "거친 파도를 만난 항해사가 북극성을 따라서 올바른 방향(True North)을 찾듯이, 기업이 생존을 위협받는 위기 속에서도 기업의 CEO는 기업의 항해 방향을 알려주는 내부 나침반이 필요하며, 그것이 바로 핵심가치다. 이는 기업 전 구성원이 공감하고 신뢰하는 핵심 원칙, 신념, 가치"라고 강조했다.[71]

둘째, 핵심가치는 구성원들의 정서적 몰입을 유도한다. 조직의 가치에 공감하고 그것이 자신에게 의미 있다고 느낄 때, 구성원은 조직에 더욱 충성하고 열정을 다해 일하게 된다. 피터 드러커는 "가치관이 없는 조직은 단순한 사람들의 집합일 뿐이며 존재할 수 없다"라고 했고, IBM의 전 CEO 토마스 왓슨 2세는 "핵심가치는 구성원의 재능과 열정을 끌어내는 원동력"이라고 강조했다. 결국, 핵심가치는 구성원들이 조직에 몰입하게 만들고, 자신이 하는 일에 자부심을 느끼게 해준다.

셋째, 핵심가치는 구성원들의 팀워크를 강화한다. 동일한 가치를 추구함으로써 구성원들은 감정적 유대감을 느끼게 될 뿐 아니라, 명확한 기준이나 규칙이 없어도 핵심가치에 기반하여 서로 간에 기대하는 바를 묵시적으로 알 수 있기 때문이다. 핵심가치는 구성원 개별역량을 높임은 물론, 구성원 간 팀워크를 강화하여 조직 전체의 인적자원 역량을 높이는 역할을 한다고 볼 수 있다.[72]

결국, 핵심가치는 조직과 구성원들이 나가야 할 방향을 제시하고, 구성원들의 감정적 몰입을 유도하여 자신이 소속된 조직에 자부심을 느끼고 더욱 적극적으로 일하게 유도하며, 팀워크를 강화시켜 목표와 성과를 달성하게 한다. 조직의 홈페이지에만 존재하는 가시적인 핵심가치는 의미가 없다. 최근의 일류조직들은 핵심가치를 다양한 방식으로 적용하여 조직의 성과 창출과 발전, 사회적 책임과 연계하여 지속적인 경영을 도모하고 있다.

3. 핵심가치와 합동성의 상관관계

핵심가치는 단지 추상적 개념에 머무르지 않는다. 그것은 구성원들의 내면 깊숙이 자리 잡아 행동을 이끄는 기준이 되며, 조직의 응집력과 통합된 실행력을 만들어내는 실질적인 동력이다. 합동성 역시 마찬가지다. 복잡한 군사환경 속에서 성공적인 작전 수행을 가능하게 하는 핵심 요소이며, 단순한 조직 운용을 넘어 전쟁의 승리를 결정짓는 요인이다. 이 둘은 결코 분리될 수 없는 상관관계를 갖는다.

앞에서 살펴보았듯이, 핵심가치는 구성원들의 정체성과 행동 기준을 형성하며, 감정적 몰입과 유대감, 협업과 팀워크를 강화하는 역할을 한다. 이러한 속성은 합동성을 이루는 심리적 기반과 직접적으로 맞닿아 있다. 합동성은 흔히 지휘구조, C4I, 무기체계 등 물리적 요소로 설명되지만, 그것이 실질적으로 작동하기 위해서는 심리적 합동성이 뒷받침되어야 한다.

지금까지 우리 군은 물리적 합동성, 즉 지휘구조와 무기체계의 통합을 위해 많은 노력을 기울여 왔다. 반면, 합동성의 또 다른 축인 심리적 영역, 즉 신뢰와 소통, 협조와 팀워크에 대해서는 상대적으로 간과해온 측면이 있다. 그러나 합동성의 작동 주체가 결국 '사람'이라는 점을 고려하면, 심리적 합동성의 중요성은 물리적 요소 못지않다.

건강한 사람이란 신체적 건강과 심리적 건강이 조화를 이루는 사람이다. 마찬가지로 합동성도 지휘구조나 무기체계 같은 물리적 시스템과 구성원 간 신뢰와 협업을 바탕으로 한 심리적 조건이 함께 작동해야만 진정한 효과를 발휘할 수 있다.

미국 군사학자들은 이러한 점을 일찍이 강조해왔다. 윌커슨(Wilkerson)은 "합동성의 본질은 이해와 신뢰[73]에 있으며, 이는 심리적 영역에서 작동한다"라고 주장했고, 데이비스와 스미스(Davis & Smith)는 합동성을 "구성원들이 공동의 임무를 완수하기 위해 서로를 신뢰하고 협력하려는 심리적 상태(Psychological state)[74]"라고 정의했다. 이들은 한결같이 합동성이란 인간의 심리적 토대 위에서 발휘된다는 것을 강조한다. 아무리 뛰어난 무기와 기술이 있어도, 합동성을 발휘하는 주체는 사람임을 잊지 말아야 한다.

이러한 인식은 실전에서 더욱 분명하게 드러난다. 예를 들어 이라크전쟁 당시 미 합참의장 리처드 마이어스(Richard Myers) 대장은, "미군은 군사변환을 통해 각 군의 이기적 요소를 제거하고, 상호 신뢰를 기반으로 합동성을 실현했으며, 장비는 도구일 뿐이었다"라고 언급한 바 있다.[75] 그가 강조한 것은 상호이해와 존중, 팀워크와 신뢰라는 합동성의 심리적 영역을 강조한 것이다.

핵심가치와 합동성의 상관관계는 아래 〈그림 2-10〉과 같이 표현할 수 있다. 조직의 핵심가치는 구성원 개개인의 사고와 행동에 영향을 주며, 조직에 대한 몰입, 구성원들 간의 유대감, 팀워크를 강화한다. 그리고 이는 자연스럽게 심리적 합동성을 증진시킨다. 심리적 합동성이 탄탄할수록 물리적 합동성과의 조화도 잘 이루어지며, 결과적으로 전체 합동성이 강화된다. 합동성은 조직의 상승효과를 달성시키며, 나아가 전승(戰勝)을 보장하는 지름길이 될 것이다.[76] 이처럼 핵심가치는 합동성을 강화하는 내적 기반이 되는 것이다.

〈그림 2-10〉 핵심가치와 합동성의 상관관계

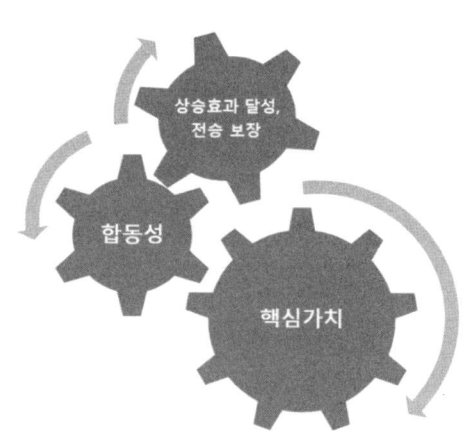

출처: 조태근, 윤대엽. "합동군의 핵심가치 제정을 통한 합동성 강화방안." 『국방연구』 67권 3호(2024), p. 100.

제4장에서 자세히 살펴보겠지만 미국·영국 등 군사 선진국에서는 군사기본교리에 군의 전문성 내용과 핵심가치를 반영하여 교육하고 있다. 이것은 합동작전을 위한 전문성 개발과 합동군의 정신(spirit), 즉 핵심가치를 신념화하여 합동성 강화를 추구하기 위함이다. 이제 우리 군에서는 '합동군의 핵심가치'를 명확히 정의하고 합동성 강화와 연결하는 전략적 접근이 필요하다.

제4절 합동성 진단을 위한 조직 분석 틀

조직이론(organization theory)은 조직을 연구대상으로 하며 조직을 보다 바람직하게 유지·발전시키는데 도움을 주고자 체계화한 이론을 말한다. 조직에 관한 이론은 분석의 단위에 따라 크게 두 가지로 나눌 수 있다. 하나는 조직 내의 개인이나 소집단의 행동을 연구하는 것으로 조직행동론으로 구분하며 또 하나는 조직 자체의 내부적, 대 환경적 행동을 연구하는 분야로 통상 조직구조론으로 분류된다.[77] 본 논문의 핵심 의제인 합동성에 대해 접근할 수 있는 관련 이론에 대해 고찰한다.

1. 사일로 효과(Silo Effect): 협업을 제한하는 구조적 단절 현상
(1) 사일로 정의

조직의 장벽과 부서 이기주의를 의미하는 경영학 용어로 '사일로 효과(Silo Effect)'라는 말이 있다. 사일로는 본래 곡식을 저장해두는 굴뚝 모양의 창고를 이르는 말이다. CEO 아래 사업부별로 늘어선 부서들이 외부와의 교류를 단절하고, 다른 부서와의 협력과 소통 없이 내부적인 이익만을 추구하는 모습이 마치 사일로와 유사하다는 데서 비롯된 표현이다.[78] 생각과 행동을 가로막는 편협한 사고의 프레임, 심리상태를 의미하기도 한다.

〈그림 2- 11〉 곡식 저장창고를 닮은 기업의 일반적인 조직도

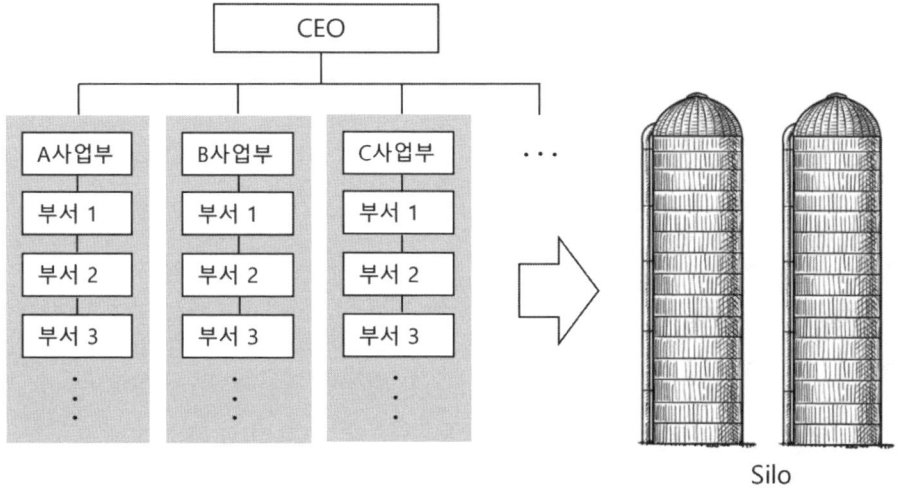

출처: 강진구. "조직 장벽을 극복하는 비결."『LG 주간경제』(2007. 5.), p. 3 재구성.

조직 내 사일로 현상이 발생하는 원인은 첫째, 위 그림에서 보는 바와 같이 수직적인 계층구조에서 자주 발생한다. 수직적인 계층의 구조에서는 업무와 정보의 흐름이 수직적으로 발생하게 되고, 자신이 속한 부서에 자족하면서 인접 부서와의 소통과 협조에 소홀하게 된다. 둘째, 조직의 확장에 따른 근무지의 전국적

인 분산에 따라 의사소통이 제한되고, 구성원들 간의 교류가 줄어들기 때문이다. 교류가 줄어든다는 것은 인접 부서에 관심이 떨어지고 나중에는 의도적 회피로 발전될 수 있다. 셋째, 경쟁과 성과만을 지향하는 조직문화다. 각 부서가 자신의 성과 창출에 급급하여 외부로의 정보 유출을 통제하고, 타 부서원을 배척하며 자신의 부서 구성원들의 단합만을 강조하는 데서 사일로 현상이 발생한다. 이러한 조직문화에서는 협력보다는 갈등이, 소통보다는 정보 단절을 가져오며 그 조직은 점점 병(病)들어가게 된다.

조직이 존재하는 한 사일로는 불가피한 현상이다. 전문화의 원리, 부성화의 원리[79], 계층제의 원리[80], 분업의 원리 등으로 형성된 전통적인 조직은 말할 것도 없으며, 이를 극복하기 위한 수평적인 조직이나 매트릭스 조직 등 동태화된 조직(Dynamic organization)에서조차 여전히 사일로(칸막이)는 존재하고 서로를 제약하는 상황에까지 이르고 있다.[81]

조직이론에서 사일로(Silo) 단어와 유사한 용어가 많다. 칸막이, 관할권 다툼, 할거주의, 집단 이기주의, 종족주의 등 다양하다. 조직은 전문화와 계층제로 인해 점차 복잡해지며, 전체 조직 내에서 자신이 속한 부서의 임무와 권한만을 중요시하게 되는 사일로(칸막이)에 빠지게 된다. 사일로(칸막이)는 다른 조직과의(부서, 부처) 협업보다는 간섭배제나 자원경쟁을 하려는 속성을 지닌다.[82] 이러한 이유는 조직 또한 인간이 만든 것이기에 자기 보호본능(Self-Preservation)이 작동하여 조직 내에서도 집단적 이기주의로 발전하기 때문이다.

이러한 사일로 현상은 조직 분화와 생존이라는 문제뿐만 아니라, 인간의 이기주의적 성향과 깊이 연결되어 있다. 사일로 현상이 지속되면 조직 사일로(Organized silo)에서 심리적 사일로(Psychological silo)로 발전되어 다른 조직에 대한 의도적인 무관심, 정보 및 의사소통 단절 등 조직의 쇠퇴로 이어질 수 있다.

(2) 사일로 효과(Silo Effect) 극복 대책

1990년대 전 세계 혁신의 아이콘이었던 소니(Sony Group Corporation)의 몰락에는 여러 원인이 있지만, 대표적인 이유는 사일로(Silo)였다. 사일로로 인해 부서 간 협력이 제한되고, 시장 변화에 대응이 늦어지는 등의 문제로 이어진 것이다. 쇠퇴하는 소니의 구원투수 역할을 맡은 하워드 스트링거(Howard Stringer)는 그의 연설에서 "소니에는 사일로가 너무 많다"라며 이를 제거하고 통합된 조직으로 변화할 것을 강조했다.[83]

조직의 특성을 고려할 때, 사일로의 병폐를 완벽하게 제거할 수는 없을 것이다. 그러나 사일로가 조직의 성과 창출과 지속적인 번영에 큰 장애물이라는 것을 함께 공유할 때, 그것이 해결의 출발점이 될 수 있다. 사일로 효과를 극복하는 전략은 아래 표와 같다.

〈표 2-4〉 Silo Effect 극복 전략

구분	극복 대책
접근방법	구성원에게 silo를 제거하는 것이 조직(부서)의 발전을 위한 큰 도전과제임을 인식시키고, 개인과 조직(부서)에 더 큰 이익을 준다는 방식으로 접근
핵심목표 설정	구성원들이 다 함께 공유할 수 핵심목표를 설정하여 부서 이기주의를 극복할 수 있는 명분(just)과 이유를 제시
과제할당	공동목표를 기반으로 부서 과제할당을 하여 다른 부서 구성원과 상호작용을 유발하고, 협력하도록 유도함
사회적 상호작용	문화활동, 스포츠 등과 같은 사회적 활동을 통하여 다른 부서 구성원들과 조직화될 수 있으며 이러한 상호작용은 업무를 촉진할 수 있음
조직 구성원 간의 의사소통	개방적이고 수평적인 소통문화 조성, 부서 간 협업을 촉진하는 정기적 커뮤니케이션 기회와 디지털 소통도구 적극 활용, 타 부서 경험 공유 및 이해를 증진하는 노력이 필요
협업적 조직문화 구축과 리더의 역할	• 조직의 silo 문화를 협업적 조직문화로 전환해야 함. 각 부서의 벽을 넘어 조직 구성원들의 일체감, 동질감을 형성하여 협력의 창(window)을 열어줘야 하며 정보시스템을 통합하여 소통 여건을 보장해야 함 • 경쟁에서 얻은 성과뿐만 아니라 협력의 과정과 그 결과도 중요하게 평가하고 보상해야 경쟁 속에서도 협력이 가능해지며, 이때 부서와 조직 리더의 리더십이 중요한 역할을 함

출처: 김윤곤, 오시영. "조직 칸막이 형성요인과 극복 방안에 관한 연구."『한국조직학회보』, p. 55 재구성.

〈표 2-4〉의 극복 전략을 종합적으로 검토하면 사일로 효과를 극복하기 위해서는 2가지 측면에서 접근해야 한다. 첫 번째는 조직의 특성에서 발생하는 사일로 효과를 억제하는 방법이며, 두 번째는 사일로 현상을 극복할 수 있는 협업의 조직문화를 만드는 것이다.

첫 번째 사일로 효과를 억제하는 방법으로는 부서 간의 공간을 통합하여 자주 접하고 교류할 수 있는 환경을 제공하고, 업무가 분화되어 중복되는 부분은 협업조직으로 전환하는 것이다. 아울러 조직 리더의 효율적인 과제와 자원할당, 각 부서장 간의 의사소통 활성화 등이 그 방법이 될 수 있다.

두 번째 협업의 조직문화를 만드는 방법으로는 무엇보다도 자유로운 소통의 흐름이 보장되어야 한다. 수직적 소통을 넘어 수평적 소통이 이루어질 때 협업이 가능해진다. 아울러, 협업을 강조하는 성과평가제도를 도입하고 공동 TF팀을 구성하여 업무를 추진하는 문화를 촉진해야 한다. 이러한 조직문화 형성에는 리더의 역할이 중요하다. 조직의 목표와 비전, 핵심가치를 명확히 제시하고 리더십을 발휘하여 협력시스템을 구축하고 심리적으로 동료의식을 강화시켜야 한다.

2. 맥킨지 7S 모델: 효과성 제고를 위한 통합적 진단 도구

조직의 효과성과 지속적인 성장을 위해서는 단순히 구조적 요소만이 아니라, 조직문화와 구성원 간의 상호작용을 아우르는 복합적인 이해가 필요하다. 이러한 통합적 접근을 가능하게 하는 대표적인 분석틀이 바로 맥킨지(McKinsey)의 7S 모델이다.

7S 모델은 톰 피터스(Thomas J. Peters)와 로버트 워터먼(Robert H. Waterman Jr.)이 저서 『초우량 기업의 조건(In Search of Excellence)』에서 처음 제시하였으며, 이후 맥킨지 컨설팅사에 의해 발전되어 조직 진단과 개발 분야에 널리 활용되고 있다.

(1) 7S 요소의 정의와 상호작용

7S 모델은 공유가치(Shared Value), 전략(Strategy), 기술(Skill), 시스템(System), 구성원(Staff), 스타일(Style), 구조(Structure)로 구성되는데, 각 요소가 공유가치를 중심으로 긴밀하게 연결되어 있음을 알 수 있다. 각 요소의 정의는 아래와 같다.[84]

- 공유가치(Shared Value): 〈그림 2-12〉에서 보는 바와 같이 다른 조직문화 구성요소의 중앙에 위치하여 타 요소에 큰 영향을 미치고 있다. 가장 중심적인 요소로, 조직 구성원들의 생각과 행동을 이끄는 원칙과 신념, 기준을 의미한다. 비전과 핵심가치가 여기에 포함되며, 조직문화 전반을 아우르는 철학이라 할 수 있다.
- 전략(Strategy): 조직의 장기적 방향성과 목표달성을 위한 실행 계획, 이를 달성하기 위한 실행계획과 자원의 배분을

포함한다.

- 기술(Skill): 조직이 보유한 핵심역량과 기술을 의미하며, 목표관리와 예산관리 등에 사용하는 관리기법을 포함하는 개념이다.
- 시스템(System): 조직 내 주요 의사결정과 업무 프로세스와 절차, 조직 운영을 위한 제도를 의미한다.
- 구성원(Staff): 조직의 인적자원을 의미한다. 여기에는 구성원들의 능력과 전문성, 경험, 그리고 교육수준 등이 포함된다.
- 스타일(Style): 구성원들을 이끌어 나가는 전반적인 리더십 스타일과 소통방식을 뜻한다. 구성원들 간의 상호관계와 조직 분위기에 영향을 미친다.
- 구조(Structure): 조직의 조직도, 권한 분배, 정보의 흐름, 부서 간 관계 등 물리적·형식적 틀을 의미한다. 구조는 전략 수행을 위한 기본적인 틀이라 할 수 있다.

〈그림 2-12〉 맥킨지의 7S 모델

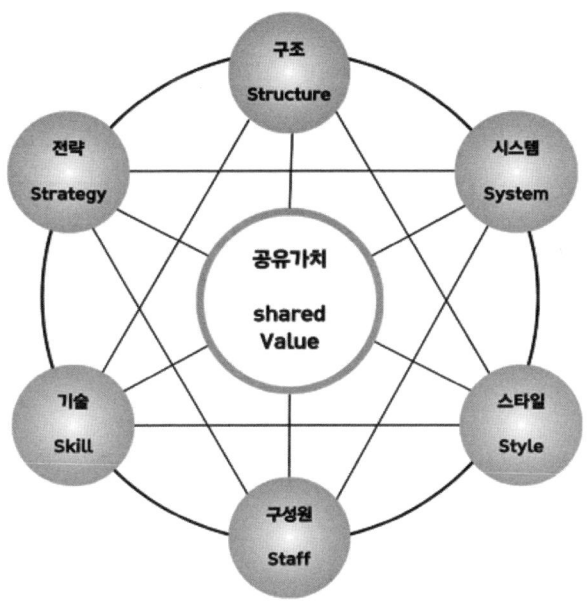

출처: 톰 피터스, 로버트 워터먼. 이동현(역). 『초우량 기업의 조건』(서울: 더난, 2005), p. 38.

위 그림의 7S는 소프트 S요소(Soft S Elements)와 하드 S요소(Hard S Elements)로 구분되며 소프트 요소는 공유가치(Shared Value), 스타일(Style), 구성원(Staff), 기술(Skill)이며 하드 요소는 전략(Strategy), 구조(Structure), 시스템(System)이다. 전략, 구조, 시스템은 소프트 요소와 비교할 때 식별하고 관리하기가 쉬운 하드 요소이다. 반면에 소프트 영역은 관리하기가 더 어렵지만, 조직의 기반이며 지속적인 경쟁 우위를 창출할 가능성이 더 크다.[85] 조직에서 소프트 요소와 하드 요소는 조직의 효과성과 번영에 필수적이며 상호작용하고 있다.

<그림 2-13> 7S 모델의 Soft 요소 및 Hard 요소

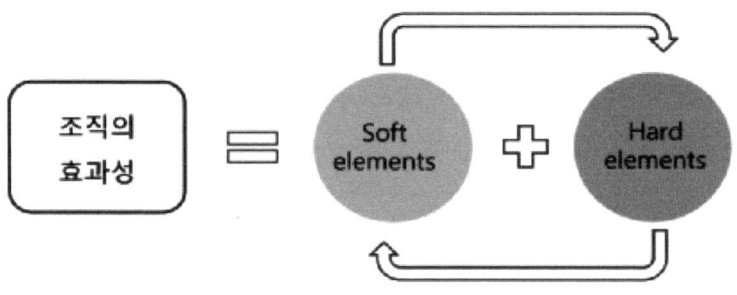

(2) 7S 모델의 시사점

톰 피터스와 로버트 워터먼은 그들의 저서 『초우량 기업의 조건』에서 7S 모형의 의의에 대해 다음과 같이 언급하였다.[86]

"7-S 모형의 의의는 전 세계의 학자와 경영자들에게 기업을 구성하는 요소 중에서 소프트한 요소들의 중요성을 상기시킨 데 있었다. 업무가 잘 진행되고 있는지를 알아보기 위해 소프트한 S에 주의를 기울이는 것은 공식적인 조직구조나 전략에 주의를 기울이는 것 못지않게 중요한 일이다. 이것을 무시하는 것은 어리석은 일이다."

이와 같은 언급은 조직의 효과성과 성장을 위해서는 하드 요소뿐 아니라 소프트 요소의 중요성을 간과해서는 안 된다는 점을 분명히 한다. 특히 공유가치, 즉 조직의 핵심가치는 구성원 전체의 방향성과 일체감을 형성하는 결정적인 요인으로 작용한다.

오늘날 세계적인 일류조직들은 자사의 경쟁력을 유지하고 강화하기 위해 강력한 핵심가치를 중심으로 한 조직문화를 정립하고 있다. 이처럼 7S 모델은 조직이 일관된 성과를 유지하고, 다양한 환경 변화 속에서 유연하게 대응할 수 있는 기반을 제공한다.

특히 우리 군 조직의 경우, 7S 모델은 합동성 강화라는 과제와 관련하여 실질적인 시사점을 제공한다. 그중에서도 합동성의 심리적 영역, 즉 소통, 신뢰, 공동의 가치 형성 등은 소프트 요소와 밀접한 관련이 있다. 조직 내 공유가치의 확립은 부대 간 통합적 협업을 촉진하며, 조직 효과성과 전투력 발휘의 기반을 마련한다.

3. 샤인의 조직문화 모델: 변화 관리를 위한 내면의 문화 분석 틀

조직문화 분야의 세계적 권위자인 에드가 샤인(Edgar H. Schein)은 조직문화를 다음과 같이 정의한다.

"조직문화는 한 조직이 외부 환경에 적응하고 내부를 통합하며 문제를 해결하는 과정을 통해 익히고 공유한 기본 가정의 패턴이다."

- Edgar H. Schein, Organizational Culture and Leadership, 3rd ed. (2004), p.17 -

이 정의는 조직문화가 단지 외형적인 표출만을 의미하는 것이 아니라, 시간이 지나며 구성원들 간에 공유되고 내면화된 깊은 신념과 전제들로 구성된다는 점을 강조한다.

샤인의 조직문화 모델은 조직문화를 세 가지 수준으로 구분하며, 각 수준은 상호작용을 통해 조직 내 문화의 성립과 발전을 설명한다.

(1) 샤인의 세 가지 조직문화 수준

샤인은 조직문화를 다음 세 단계로 설명한다:

■ **인공물 및 창조물(Artifacts and Creations)**

이 단계는 구조화된 물리적·사회적 환경으로 물리적 공간, 그 집단의 기술적 산출물, 사용하는 문자와 언어, 예술품, 그리고 그 집단구성원들의 외면적 행위 등을 포함한다. 이들은 문화를 겉으로 드러나게 하는 요소이지만 그 이면에 있는 가치를 설명하기에는 곤란할 수도 있다.[87] 예를 들어, 특정 조직의 회의 방식, 유니폼, 조직구조, 제도 등은 모두 인공물에 해당하며, 이러한 요소들은 문화의 외적 표현으로 나타나지만 그 안에 숨겨진 가치와 믿음을 반드시 설명해주지는 않는다.

■ 가치관(Values)

가치관은 의식적 수준(Awareness Level)에 해당하며, '무엇이 옳고 바람직한가'에 대한 구성원 간의 합의된 신념을 의미한다. 이는 조직이 문제 상황에 직면했을 때 적용하는 판단 기준이자 행동 지침으로 작용한다. 가치관은 물리적인 환경하에서 옳고 그름을 가려낼 수 있는 것이며, 사회적인 합의에 의해 검증이 가능하다.[88]

이 수준에는 조직이 공식적으로 채택한 미션, 비전, 핵심가치, 행동 강령 등이 포함되며, 구성원들에게 기대되는 바람직한 행동 양식을 제시한다. 그러나 명시된 가치와 실제 행동 사이에 괴리가 존재할 수 있으며, 이는 조직문화의 일관성 문제로 이어질 수 있다. 따라서 조직문화 개선을 위해서는 구성원들이 진정으로 공감하는 가치관을 개발하고 내면화하는 과정이 중요하다.

〈표 2-5〉 샤인의 조직문화 모델(문화의 단계 및 상호작용)

인공물 및 창조물 (artifacts & Creation)	가시적 수준(Visible Level)
기술, 예술작품, 보고 들을 수 있는 행동양식	관찰가능하나 가끔 의미 파악이 어려울 때도 있음

가치관(Values)	의식적 수준(Awareness Level)
물리적 환경하에서 옳고 그름을 가려낼 수 있는 것, 구성원들의 합의에 의해서 옳고 그름이 결정되는 것	인식의 수준이 높아짐

기본적 가정 (전제·믿음: Basic Assumptions)	잠재적 수준 (Preconscious Level)
환경과의 관계에 대한 가정, 사실, 시간, 공간에 대한 가정, 인간 본성에 대한 가정, 인간 행동의 본질에 대한 가정, 인간관계의 본질에 대한 가정	무형으로 잠재의식 속에 흡수된 수준, 당연한 것으로 간주되며 관찰 불가

출처: Edgar H. Schein 저. 김세영(역).『조직문화와 리더십』(교보, 1990) p. 42 재구성.

■ **기본적 가정(Basic Assumptions)**

3단계는 기본적 가정으로 이 단계는 잠재적 수준(Preconscious Level)에 해당하며, 구성원들이 무의식적으로 공유하는 신념과 전제이다. 여기에는 시간과 공간에 대한 인식, 인간 본성, 인간 행동의 본질, 인간관계에 대한 기본 가정 등이 포함된다. 기본적 가정은 오랜 시간 동안 반복적으로 검증되며, '너무나 당연하여 의심하지 않는 사실'로 받아들여지게 된다. 이 때문에 관찰하거나 변화시키기가 매우 어렵고, 조직문화의 가장 뿌리 깊은 구조로 기능한다.[89]

샤인은 다음과 같이 설명한다.

"기본적 가정이 강력하게 자리 잡은 조직에서는, 그와 다른 가정에 기반한 사고나 행동은 상상조차 할 수 없다."
- Edgar H. Schein 저. 김세영(역).『조직문화와 리더십』(서울: 교보문고, 1990), pp. 42 – 52.

(2) 조직문화 개선을 위한 실천전략

샤인의 모델은 조직문화의 진단과 개선에 유용한 틀을 제공한다. 리더와 관리자는 단계별 문화요소를 분석함으로써 조직의 목표와 방향성, 그리고 실천 간의 불일치를 파악하고 개선 방안을 도출할 수 있다.

이 모델은 구글, 애플과 같은 세계적 기업들이 핵심가치를 정립하고 조직문화를 형성하는 데 있어 깊은 영향을 미쳤으며, 조직의 성공이 전략이나 구조보다 문화적 요소에 더욱 의존한다는 통찰을 제공하였다.

▪ 인공물 및 창조물의 개선

조직의 물리적 환경을 핵심가치에 부합하도록 재구성하는 것이 첫 단계이다. 예를 들어 '협업'을 중시하는 조직은 수평적 조직구조를 채택하고, 부서 간 소통을 촉진하는 공간 디자인, 팀 기반 운영방식을 도입할 수 있다.

정기적인 워크숍, 사내 동아리, 팀 빌딩 프로그램을 통해 직원 간 유대감과 공동체 의식을 강화하고, 온라인 협업 도구(예: 실시간 커뮤니케이션 플랫폼)를 활용함으로써 물리적 거리의 제약을 극복하는 것도 효과적인 전략이 될 수 있다.

▪ 가치관의 개발과 신념화

문화프레임 2단계인 가치관(Values)의 개발과 신념화를 통해 조직문화를 효과적으로 개선할 수 있다. 이를 위해 조직의 미션(Mission)과 비전(Vision)에 부합하는 핵심가치를 정립하고, 조직 구성원들이 이를 명확히 이해하고 공감할 수 있도록 해야 한다. 핵심가치가 단순히 선언적인 의미에 그치지 않기 위해서는 구성원들의 자발적인 공감대 형성이 필수적이며, 이를 위해 다음과 같은 실천이 필요하다.

- 핵심가치 중심의 교육 프로그램 운영

- 리더들의 솔선수범과 일관된 리더십
- 성과 평가 및 보상체계와의 연계

본 책에서 강조하는 바가 샤인의 문화프레임 2단계 '가치관(Values)'의 개발을 통해 군(軍)의 합동성을 강화하자는 것이다. 지금까지 우리 군은 문화프레임 1단계 '인공물 및 창조물(Artifacts and creation)'에 집중해왔으나, 조직의 지속적인 발전을 위해서는 핵심가치의 명확화와 공유가 필수적이다. 핵심가치가 조직 구성원들에게 명확히 인식되고 공유될 때, 공동의 목표를 향한 협력이 활성화되며, 이는 팀워크와 협업을 촉진하여 조직의 성과 향상으로 이어진다. 반면, 가치가 불명확하거나 서로 상충할 경우, 조직 내 갈등이 발생하고 효과성이 저하될 위험이 커진다.

■ 기본적 가정(Basic assumptions)의 재정립

문화프레임 3단계 '기본적 가정'의 재정립을 통해 조직문화를 개선할 수 있다. 조직문화 개선을 위해 기본적 가정을 탐색하고, 필요시 재정립하는 과정이 필요하며 이를 통해 목표와 일치하도록 조정할 수 있다. 기본적 가정은 구성원들이 공유하는 신념이 조직의 문화에서 가장 깊은 뿌리를 형성하고 있으며, 이를 이해하고 다루는 것이 조직의 성공적인 변화와 발전에 필수적이

다. 그러나 기본적 가정은 잠재의식 속에 존재하며 비가시적이고 변화가 쉽지 않다.

기본적 가정은 우리가 합동성을 저해하는 요인을 이해하는 데 중요한 요소이다. 조직 내에서 업무 간 소통이 제한되는 경우가 많은데, 이는 각 구성원이 서로 다른 기본적 가정을 갖고 있기 때문이다. 이러한 기본적 가정은 너무나 당연하므로 스스로 인식하지 못하는 경우가 많다. 특히, 각 군의 고유한 문화적 배경을 지닌 육·해·공군의 영관장교, 장성들 간의 대화 시 각자가 전제하는 가정이 다르기에 원활한 소통이 제한될 수 있다.

저자가 합참 및 합동부대에서 근무했던 경험에 따르면, 일부 장교들은 "타군 장교들과는 말(言)이 잘 통하지 않는다"거나 "내 말(言)을 이해하지 못한다"라는 표현을 자주 했다. 이러한 현상의 주요 원인은 각 군이 지닌 고유한 문화와 전통에 깊이 몰입한 결과, 자신이 속한 군종의 문화와 전략개념이 보편적이고 당연하다는 확신이 강하기 때문이다. 특히, 타군의 조직문화와 작전개념에 대한 이해 부족은 상호 간의 소통을 어렵게 만들며, 심리적 요인과 선입견이 더해지면서 갈등을 심화시키는 요인으로 작용한다.

(3) 샤인의 조직문화 모델의 시사점

현재 우리 군 조직은 주로 1단계 인공물 수준의 개선에 집중해왔지만, 지속적이고 실질적인 조직 발전을 위해서는 2단계 가치관의 명확화와 공유가 필수적이다.

명확한 핵심가치는 공동의 목표에 대한 구성원의 공감을 형성하며, 팀워크와 협업을 촉진하고, 조직성과의 향상으로 이어진다.

반면, 불분명하거나 상충하는 가치관은 조직 내부의 갈등을 유발하고, 합동성과 효과성을 저해할 수 있다. 또한, 기본적 가정에 대한 탐색과 재정립은 군 조직의 심리적 통합을 위해 반드시 필요한 과정이다. 타군 간 개념 차이, 문화 간 간극은 단순한 용어의 차이가 아닌, 문화적 배경과 전제 차이에서 비롯되기 때문이다.

제3장

합동성, 왜 아직도 제자리인가?
(문제의 근원과 우리 군의 현주소)

> "**합동성**의 주체는
> 제도, 무기체계가 아니라
> **사람**이다."

제1절 합동성 문제의 근원

합동성을 강화하기 위해서는 단편적·일시적인 조치보다 합동성 발휘를 제한하는 문제의 근원을 파악하여 접근해야 한다. 여기에서 근원(根源[90])의 사전적 의미는 "물줄기가 나오기 시작하는 곳", "사물이 비롯되는 근본이나 원인"이다. 예를 들면 나무의 근원은 눈에 보이는 아름다운 꽃이 아닌, 보이지 않는 땅속의 뿌리에 있다. 뿌리가 살아 있어 겨울을 견디고 다시 꽃을 피울 수 있는 것이다.[91] 합동성이라는 꽃을 피우기 위해서는 이러한 관점이 필요하다.

제2장에서 살펴본 바와 같이 합동성 발휘를 제한하는 문제해결을 위해 보이는 것, 물리적인 것에만 집중하는 것은 적절하지 않다. 합동성은 보이지 않는 상호이해와 존중, 협조와 팀워크, 신뢰 등의 인간의 심리적 토대를 기반으로 하고 있기 때문이다.

1. 각 군의 전략사상과 문화의 차이

우리가 모델로 삼고 있는 미군의 전략사상을 고찰하면 합동성 문제의 근원을 파악하는 데 도움이 된다. 미국은 태평양과 대서양에 접한 해양국가로서, 북쪽은 캐나다, 남쪽은 멕시코와 국경을 맞대고 있다. 그러나 이들 국가와의 국경은 역사적으로 안정되어 있어, 외부 침략 위협이 적은 유리한 지정학적 위치를 갖고 있다.

육군은 전 세계에 배치된 해외 군사 기지와 연합작전 능력을 통해 신속한 병력 전개와 전투준비태세 유지가 가능하며, 해군은 세계 곳곳에 신속히 군사력을 투사할 수 있는 항공모함 전단과 해상 기동성을 보유하고 있으며, 공군은 전 세계 공군기지 네트워크와 글로벌 기동성, 전략적 타격 능력을 보유하고 있다. 이러한 각 군의 역량은 미국의 패권을 군사적으로 강력하게 뒷받침하고 있다.

미국 육군과 해군은 1775년 창설된 이후, 영국과의 독립전쟁, 남북전쟁, 제1차 세계대전 등을 거치며 크게 발전했다. 1947년에는 공군이 창설되었으며, 각 군은 지상, 해상, 공중이라는 서로 다른 작전환경에 맞춰 전략을 발전시키고 군사력을 건설하고 운용해왔다.

- **미국 육군**은 조미니(Antoine Henri Jomini)의 『전쟁술』, 클라우제비츠(Karl von Cluasewitz)의 『전쟁론』, 루덴도르프(Erich Ludendorff)의 『총력전』 사상의 영향과 프로

이센 육군의 영향으로 기동(Maneuver)과 집중(Mass), 지휘의 통일(Unity of Command), 결정적 작전(Decisive operation)을 중시하는 군사전략을 발전시켰다.

- **미국 해군**은 알프레드 마한(Alfred Thayer Mahan)의 『해양력이 역사에 미친 영향』과 『해군전략』 사상의 영향을 받아 국가의 생존과 번영을 위한 해군력의 중요성을 인식하고, 제해권(Control of Sea) 확보와 해상교통로(Sea Line of Communications) 보호를 중심으로 전략개념을 발전시켰다.
- **미국 공군**은 제1차 세계대전 이후 급격히 발전했으며, 줄리오 두헤(Giulio Douhet)의 『제공권』과 윌리엄 미첼(William L. Mitchell)의 『항공력에 의한 국방』 사상의 영향을 받아 제공권(Air Supremacy)과 전략폭격(Strategic Bombing)의 중요성을 강조하며 전쟁 수행방식을 발전시켰다.[92]

이처럼 미국의 각 군은 서로 다른 사상적 배경을 바탕으로 고유한 전략과 문화를 형성해왔다. 한국군 또한 6·25전쟁 이후 미군의 군사교리를 수용했으며, 미군 위탁교육과 연합훈련을 통해 자연스럽게 이러한 영향을 받았다.[93]

(1) 육군의 전략사상과 조직문화

육군은 지상에서 작전과 전투를 하는 군종이다. 지상은 인간이 필요로 하는 식량과 식수 등 필수적인 자원을 제공하며, 인간은 땅 위에 집을 짓고 공동체를 형성하여 사회생활을 영위한다. 더 나아가 인류문명은 강을 끼고 있는 비옥한 땅 위에서 발전해 왔다. 또한, 땅은 경제적 자원의 중요한 요소이며 정치 권력과도 연계되어 있다.

2025년 4월, 현재 진행 중인 러시아-우크라이나 전쟁 또한 땅을 더 많이 차지하기 위한 소모전 양상으로 전개되고 있다. 이렇듯 지상은 인간의 생활과 인류의 문명에 근간이 되며, 이러한 이유로 육군이 각 군종 중 제일 먼저 조직되었다. 일반적으로 국가의 3요소는 영토, 국민, 주권을 의미하며 육군은 영토를 방어하고 국민을 보호하며 주권을 수호하는 임무를 하게 된다.

육군의 일반적 역할은 영토를 방어하고 이를 위해 평시에 국경을 경계하며 위협요소에 대해 감시와 정보를 수집한다. 공군과 해군도 영토를 방어하고 영해와 영공을 지키는 임무를 수행하지만, 최종적으로 전쟁과 작전에서 승리의 깃발을 세우는 것은 육군의 기능이다. 전쟁 후에도 전후 기반시설 복구 및 질서유지, 인도적 지원을 위해 안정화 작전[94]을 수행하며 자연재해나 위기 상황에서는 재난구호 및 인도적 지원활동을 전개한다.

지상작전에 전문화된 육군은 장기적인 작전을 수행할 수 있도록 다양한 제대를 편성하고 지상의 많은 마찰을 극복할 수 있도록 다양한 병과, 숙련된 병력, 장비를 갖추도록 설계되었다. 경험적으로 자신이 전쟁종결에 결정적인 군(軍)이라는 신념을 가지고 있다. 육군은 작전이 시작되면 종결될 때까지 전투 현장에서 동시적이고 연속적인 전투를 수행한다. 이에 따라 대부분의 육군부대는 해군이나 공군처럼 고정된 기지(Base)를 두지 않으며, 작전이 중지되거나 전투 임무가 일시 해제될 경우 전투 현장에 주둔하며 차후 작전을 준비한다. 지상에서의 작전은 무기·장비 등 유형적 요소의 전력도 중요하지만, 근접전투를 시행하는 지휘관과 장병의 전투의지, 능력, 리더십이 중요하다. 육군은 사람의 전투력이 근간인 조직이다.[95]

육군의 조직문화는 명확한 수직적 지휘계통의 확립, 제대별 작전 책임구역 지정, 임무완수를 위한 리더십 발휘, 명령과 규율에 대한 복종, 효율과 실적 중심의 신속한 업무추진, 조직의 목적 달성을 위한 개인의 희생을 요구하는 특성과 명예의 중시, 임무 중심의 문화가 잘 발달되어 있다. 이러한 특성은 평시부터 조직과 병력관리를 중요시하게 하고 있으나, 중·소대장 이하 장병과 대대급 이상 지휘조직 사이의 이질적 가치관으로 가치와 목표에 대한 공감대 형성이 요구되고 있다.[96] 아울러 복잡한 작전환경 하에서 통합작전을 위한 민·관·군·경·소방 등 제반 작전요소와의 긴밀한 협조와 유대를 강조하고 있다.

(2) 해군의 전략사상과 조직문화

해군은 바다에서 작전과 전투를 수행하는 군종이다. 바다는 지구의 약 70%를 차지하고 있으며 인류의 생활에 큰 영향을 미치고 있다. 아직도 바다는 탐험과 도전의 대상이 되고 있으며, 역사적으로 교통과 무역에 있어 중요한 역할을 했고, 인류에게 중요한 식량자원을 제공해왔다. 농업과 함께 어업은 전 지구상에서 중요한 식량 확보의 수단이 되고 있다. 또한, 바다에는 많은 광물과 석유 등 풍부한 자원과 휴양, 과학연구, 생태계 보전 등 다양한 이유로 국가와 더 나아가 인류에게 필수적인 공간이다.

해군의 일반적 역할은 영해를 방어하고 해상교통로를 확보하여 국가와 국민을 보호하고 해양에서 주권을 유지하는 것이다. 이를 위해 해상작전과 바다에서 지상으로 전력을 투사하는 상륙작전 등을 시행하며 평시부터 해양에서 정보수집 및 정찰을 실시한다. 또한, 자연재해나 인도적 위기 시에는 해상에서의 신속한 지원과 대량의 구호물자 수송을 통해 인도적 지원을 시행한다. 특히, "바다를 지배하는 자가 세계를 지배한다"라는 말은 해양의 중요성과 해군력이 국제정치 및 경제에 미치는 영향을 잘 대변하고 있다.

해군은 상륙작전을 포함한 해양작전을 수행하며, 해병대는 상륙작전을 주 임무로 한다. 적 해군 세력을 격멸하고 해양활동을 차단하여 해양우세를 확보하며, 전력투사와 전략적 타격을 통해 전구 작전의 결정적 승리에 기여한다.[97] 함정 근무자들은 좁고 불편한 공간에서 장기간 함께 생활하며 근무해야 한다. 동일한 함정에 동승한 공동운명체로서, 끊임없이 변화하는 해양환경과 전장 상황에 유기적으로 대응해야 한다.[98]

해군의 조직문화는 전략사상과 해상이라는 작전환경으로부

터 많은 영향을 받는다. 해군의 기본적인 전투단위는 함정이다. 그러므로 해군 문화의 특징은 함정생활에서 비롯된 것이 많다. 함정은 대양을 항해하면서 늘 바다라는 대자연의 위력 앞에 왜소함을 느끼며, 이에 따라 안전항해와 무사귀환을 바라는 생활방식과 관습들이 생겨났다. 함정은 복합무기체계로서 협소한 공간에 다수의 상하 계급자들이 함께 생활하고 있으며, 이에 따른 함정 예절을 중시하는 가운데, 전문기술을 가진 부사관의 분업적 역할과 그들의 전문적 의견을 존중하고 있다. 즉, 해군의 조직문화는 전통과 관습, 예절에 대한 중시와 함께 전문기술 중시라는 특징이 있으며, 지휘통솔 방식에 있어서 집권화를 중시하면서도 동시에 분권화를 추구하고 있다.[99]

아울러 해군의 군함은 소속국 정부의 군사적 임무를 수행하는 국가기관으로 완전한 국가의 주권과 독립을 상징하고 있다. 공무집행 중인 군함 승무원의 지위는 외국에서 군함이 누리는 특권과 면제를 향유하게 된다.[100]

(3) 공군의 전략사상과 조직문화

공군은 하늘(Air)과 우주(Space)에서 작전을 수행하는 군종이다. 고대(古代)의 하늘이라는 공간은 인간에게는 근접할 수 없는 신성한 곳이었으며, 그리스-로마신화, 단군신화에서 볼 수 있듯이 신(神)들이 사는 공간으로 인식했다. 신화 속의 많은 이야기는 인간의 존재와 삶을 조명하는 철학과 예술에도 큰 영향을 미쳤다. 과학과 항공기술의 발전으로 하늘(Air) 공간의 신비함이 해소되고 인간의 삶에 능동적으로 이바지하는 공간으로 탈바꿈하였다. 빠르고 쉽게 세계 곳곳으로 이동할 수 있으며 문화 교류의 기회를 확대했으며 '지구촌'이라는 개념을 등장하게 했다. 현재는 이러한 결과들이 우주로 조금씩 확대되어 가고 있으며 항공과 우주를 선점하는 기업과 국가는 번영을 위한 더 많은 기회를 창출할 것이다.

공군의 일반적인 역할은 국가의 영공을 방어하며 육군과 해군의 작전을 공중에서 지원하는 것이다. 이를 위해 감시 및 정찰을 실시하여 정보를 수집하며 공중수송을 시행한다. 인도적 위기나 위험지역에 있는 우리 국민의 안전한 후송을 위하여 전략적 수송의 임무를 수행하기도 한다. 공군은 육·해·공군과 비교하여 역사는 짧지만, 과학기술을 기반으로 전략과 작전수행 개념 등이 빠르게 발전한 군종이다.

공군은 항공우주작전을 주 임무로 하며 공중우세 확보를 최우선 과업으로 수행한다. 공중우세 확보는 제반 작전의 여건을 보장하고 전쟁의 승패를 결정하는 전제조건이다. 또한, 공군은 전략공격을 통해 적의 군사력, 전쟁수행 의지, 그리고 잠재력을 파괴하거나 무력화할 수 있다.[101] 비교적 역사가 짧고 군사기술을 중시하는 공군 장교들은 학습해야 할 제도적 전통이 적어 새로운 사고에 빠르게 적응할 수 있다. 이에 따라 독립성이 강하며 항공력만으로도 전쟁에서 승리할 수 있다고 신봉한다.[102]

공군의 조직문화는 전략사상과 공중이라는 작전환경으로부터 많은 영향을 받는다. 항공작전을 주 임무로 하는 공군의 기본적인 전투단위는 항공기이다. 항공기를 이용하여 공중에서 전투와 작전을 실시하는 특성은 공군 문화를 형성하는 근본요인으로 작용한다. 이러한 연유로 공군에서는 조종사를 양성하는 데 높은 비용과 노력을 기울이고 있으며 조종사 중심의 부대 운용·유지가 되고 있다. 또한, 임무수행 과정에서 조종이나 정비의 작은 실수 하나는 치명적인 결과를 초래한다. 공군의 이러한 특성은 지휘통제에 있어서 분권화를 강조하면서, 동시에 집권화를 필요하게 하며, 기술군으로서 전문성을 중시하는 문화를 형성한다. 전문성을 중요시하는 문화는 조종사 개인주의에 의한 화합과 단결을 저해하는 결과를 초래할 수 있으며, 유연한 사고와 다양성을 인정하는 가운데 조직의 화합을 추구할 필요가 있다.[103] 공군은 짧은 역사에도 불구하고 우리 군의 핵심전력으로 성장했으며 제4차 산업혁명과 우주 영역의 인식 등으로 공군력의 중요성은 더욱 증대되고 있다.

이렇듯 서로 다른 공간의 작전환경은 각 군의 독자적인 전략사상과 조직의 문화를 발전시키며 전쟁과 작전을 바라보는 상이한 관점과 시각을 형성한다. 합동성 강화의 첫걸음은 서로 다른 작전환경, 군사전략과 문화를 이해하는 데서 출발하는 것이다.

(4) 상이한 전략사상과 조직문화가 합동성에 미치는 영향

각 군은 고유의 전략사상과 조직문화를 바탕으로 전쟁과 작전을 바라보는 시각이 다르며, 이는 결국 합동성 발휘에 제약 요인으로 작용한다. 육군은 중대·대대 등 전투조직 중심의 지상 플랫폼을, 해군과 공군은 기술 기반의 함정과 항공기 중심 플랫폼을 운영하며, 이로 인해 병력과 장비, 전력 구성에 대한 접근법도 다르다.

또한, 작전환경 측면에서도 자연장애가 비교적 적은 해상과 공중에서는 기술이 결정적 역할을 하지만, 지상에서는 자연 장애와 인적 요소 등 다양한 변수를 고려해야 한다. "해·공군은 장비에 사람을 배치하고, 육군은 사람을 장비로 무장시킨다"라는 영국 격언은 각 군의 관점을 잘 설명한다. 이처럼 서로 다른 군사 문화와 작전환경은 개인의 가치관과 심리에 큰 영향을 미치며, 전쟁과 작전을 바라보는 다양한 시각을 형성한다. 결과적으로, 이러한 차이는 합동성 발휘에 제한적 요소로 작용하게 되는 것이다.[104]

2. 조직이론과 자군 중심주의

조직이론(Organization Theory)은 조직을 연구하는 학문이다. 조직은 공동 목표를 추구하기 위해 의도적으로 구성된 사회적 체계로, 규모가 크고 복잡하며 공식화된 분화와 통합의 구조,

과정, 규범을 포함한다. 또한, 조직은 지속적인 성격을 가지며, 경계를 통해 외부 환경과 교호작용(交互作用[105])한다.[106]

조직의 분화 현상은 조직구조의 복잡성(Complexity)에 바탕을 둔다. 조직구조의 복잡성은 수평적 분화, 수직적 분화, 그리고 장소적 분산으로 나뉜다. 구조를 분화시키는 것은 조직이 수행하고 있는 임무를 특정한 기준에 따라 나누어 담당하도록 하는 것이다. 조직구조가 분화되면 될수록 조직의 통합은 어려워진다. 따라서 조직의 통합을 해치지 않을 정도로 분화하는 것이 합리적이다. 그렇지만 그 경계선을 발견하기는 매우 어렵다. 조직은 부문(Department)으로 분화되는 순간부터 독자성을 보이며 부문 간에 경계가 생기고 부문의 이해관계를 추구하게 되는데, 이 과정에서 부문 할거주의(Departmentalism)[107]가 발생하기 쉽다.[108]

우리 군도 다양한 조직으로 구성되며, 각 조직은 경계를 가진다. "평시에는 전쟁과 도발을 억제하고, 유사시에는 전쟁 승리와 도발을 격퇴한다"라는 군(軍) 조직의 목표를 달성하기 위해 분화된 조직과 이를 통합하는 구조를 갖추고 있다. 조직의 분화 측면에서 육·해·공군 3군 체제를 유지하며, 해병대는 해군에 소속되면서도 위임된 범위 내에서 자율성을 보장받고 있다.[109] 각 군종에서는 과학기술의 발달과 전쟁 양상의 변화에 대응하여 직무의 전문성을 강화하기 위해 다양한 병과(兵科)를 운용하고 있다. 병과는 조직과 개인의 전문성을 연결하는 역할을 한다.[110] 분화된 군종을 통합하는 제도로 우리 군은 합동 군제를 채택하여 운용하고 있다.

영토·영해·영공에서 국가방위라는 큰 목표로 조직된 각 군은 목표와 임무 완수를 위해 권력을 확대하고 인력, 예산 등의 자원을 끊임없이 조달해야 한다. 권력 추구와 제한된 자원을 두고 서로의 요구가 충돌하게 되고, 권력 크기의 차이와 각 군종 간 문화적 차이 등은 의사소통을 방해하고 갈등을 발생시키며, 협업을 방해한다. 이러한 상황은 자연스럽게 조직 이기주의 심리(Silo mentality)를 유발한다.

육·해·공군은 각자의 고유한 정체성과 문화를 가지며, 국방환경의 변화, 과학기술의 발전에 따라 역할 확대와 지위 변화를 추진하고 있다. 조직이론과 합동군제의 특성을 고려할 때, 각 군이 미래 전장 환경에 맞는 작전개념을 발전시키고, 자군 중심의 전력 건설과 전력 운용방법을 개발하는 것은 당연한 과정이다.[111]

'자군 중심주의'라는 용어는 전쟁과 작전을 수행하는 방식과 이에 필요한 전력건설을 자군 위주로 고집하는 사고방식과 태도를 의미하며, '자군 이기주의'를 순화한 표현이다. 조직 간의 건전한 경쟁과 적절한 갈등은 긴장감을 유지하고 생산성을 높일 수 있다. 그러나 전쟁 승리를 위한 합동 작전개념 구현과 합동성을 저해하는 자군 중심주의는 철저히 배척해야 한다.[112]

이러한 자군 중심주의를 타파하기 위해서는 제2장에서 제시된 바와 같이 구성원들이 다 함께 공유할 수 있는 목표와 핵심 가치를 설정하여 자군 중심주의, 조직 이기주의를 극복할 수 있는 명분을 제시해야 하며, 조직 구성원 간 원활한 소통을 위해 공간과 시간을 제공하여 협업의 기회를 마련해야 할 것이다. 또한, 협업적 조직문화 구축과 리더의 역할이 중요하다.

그러나 무엇보다도 중요한 것은 각 군의 전통과 문화, 작전개념, 무기체계, 국가방위에 대한 헌신 등을 이해하고 존중하는 태도가 자군 중심주의 척결의 출발점이다. 이러한 '이해와 존중'은 심리적 친밀감을 형성하고 신뢰 구축의 기초가 되며, 개방적 소통과 협업을 촉진하여 갈등을 해결하는 효과적인 수단이 된다. 각 군간 또는 합동부대에서 업무협조가 필요할 때, 협조 대상이 심리적으로 친밀하고 신뢰하는 관계일수록 업무 진행이 더 빠르게 이루어진다는 것은 잘 알려진 사실이다.

3. 인간 심리와 집단 응집성의 이중성

합동성 발휘를 제한하는 문제의 근원(根源)에 인간의 심리가 깊게 자리 잡고 있다는 것은 군대뿐만 아니라 모든 조직에서 나타나는 공통적인 현상이다. 조직에서는 목표의 차이, 자원의 제한, 개인의 업무 성향 등 다양한 원인으로 인해 갈등(葛藤)이 유발되는데 위계(位階)와 역할이 명확히 구분된 군 조직에서는 개인의 성향이 부대의 업무수행 방식에도 크게 작용한다. 즉 개인의 가치관, 성향, 태도, 신념 등 심리적 부분에 기초하여 업무가 추진되며 이 과정에서 개인 간의 심리적인 갈등이 발생하게 된다. 이러한 개인 간의 심리적인 갈등은 조직의 갈등으로 확장되며 협업이 제한되고 신뢰는 훼손된다.[113]

〈그림 3-1〉 개인 간 심리적 갈등의 확장

개인 간 심리적 갈등	조직의 업무 갈등	조직성과 달성 제한
가치관, 감정과 태도, 신념 등 심리적 요인	자원 배분, 업무우선순위, 업무 수행방식 등	팀워크·협업 제한, 신뢰 상실

출처: 조태근. "한국군의 합동성 강화를 위한 새로운 접근."『군사논단』 2023, p.112 재구성.

상명하복을 중요시하는 군 특성상 지휘관과 부서장의 업무 스타일, 가치관은 그 부대(서)의 업무성과와 이미지 형성에 큰 영향을 미친다. 인접 부서와의 소통과 협력을 중시하는 부서장, 인접 부대와 타 군종과의 협력과 교류를 중시하는 지휘관의 태도는 합동성을 창출하는 토대가 될 것이다. 예를 들면, 합리적이고 협력적 리더십, 합동관을 가진 육군 지휘관은 인접 육군부대, 작전지역에 위치한 해·공군 부대와도 소통과 협조를 촉진하여 시너지를 발휘할 것이다.

합동성을 저해하고 반대하는 행위는 모두 격렬한 인간 정서의 공통적인 토양에 뿌리를 두고 있다. 성격 결함, 욕구, 괴팍성 등 "개성의 상호작용(Interplay of personalities)"과 같이 보이지 않는 요인들이 전시나 위기 시에 통상적으로 돌출하여 합동성을 저해한다.[114] 물론, 심리적 요인과 더불어 구조적으로 합동성을 저해하는 요인이 존재한다. 서로 다른 지휘체계와 업무절차로 인한 소통 제한, 정보공유 제한, 자원의 제한 등이다.

합동성의 출발에는 각 군의 전통과 문화, 역할 등을 이해하고 존중하는 개인적 태도, 성향이 중요함을 인식해야 한다. 육·해·공군 장교들 간의 개인적 친밀함은 육·해·공군 조직 간의 친밀함으로 발전되며 이것은 업무 갈등을 줄이고 소통과 신뢰를 촉진하여 합동성을 증진시킬 수 있다.[115]

각 군은 적절한 소집단(병과, 특기, 예하 제대)을 형성하면서 임무수행 향상을 위해 그 집단의 친밀도, 단결력과 차별성을 강조한다. 이러한 분위기를 일컬어 집단 응집성(Group cohesiveness)[116]이라 한다. 응집성이 높은 집단의 구성원들은 집단활동에 정력적이고 모임에 빠지지 않으며 집단의 성공과 실패에 동고동락한다.[117]

응집성이 강한 집단은 강한 유대감과 독특한 복장 및 상징물을 보유한 경우가 많다. 이러한 응집성은 내부의 강한 결속을 기반으로 타 집단과의 경쟁에서 우위를 달성하기 위한 효율적 수단으로 활용되며, 강한 조직문화를 형성하여 구성원들의 충성을 유도하기도 한다. 그러나 응집성이 지나치게 강할 경우 집단의 경계가 두터워져 폐쇄성이 강해지면서 인접 부서, 타 집단과 협업이 제한되기도 한다. 우리 군에서도 응집성 강조로 인해 부서 간 협업, 병과 간 협동, 나아가 각 군종의 합동성 발휘를 제한할 수 있다.

■ **합동성 문제의 근원 정리**

지금까지 우리 군의 합동성 발휘를 제한하는 문제의 근원(根源)을 세 가지 관점에서 분석했다.

첫째, 각 군의 전략사상과 문화의 차이이다. 각 군의 작전환경과 문화적 배경은 전쟁과 작전에 대한 시각을 달리하게 하며, 구성원 간 인식 차이를 유발한다.

둘째, 조직 특성에 따른 자군 중심주의이다. 목표달성을 위해 분화된 조직은 권력 확대와 제한된 인력·예산 확보를 위해 경쟁하게 되며, 이 과정에서 조직 이기주의와 부서 이기주의 심리(Silo mentality)가 형성된다. 우리 군에서는 이를 '자군 중심주의'라는 용어로 순화하여 사용하고 있다.

셋째, 집단 응집성의 이중성이다. 응집성은 임무 수행의 결속력을 강화하는 장점이 있으나, 과도할 경우 외부와의 협업을 차단하는 폐쇄성으로 작용한다.

이들 세 가지 요인의 공통점은 모두 구성원의 가치관, 심리, 행동 양식 등 비가시적 인간 요인에 뿌리를 두고 있다는 점이다.

우리는 흔히 합동성의 문제를 구조적 요소, 예컨대 지휘체계나 제도에서 찾지만, 더욱 본질적인 문제는 사람과 사람 사이의 심리적 요인에 있다는 점을 깊이 인식해야 한다.

제2절 합동성 강화를 위한 노력과 수준

역대 정부에서는 합동성 강화를 위하여 지휘 및 부대구조 개선, 전력 증강, 법령 제정, 합동 군사교육 강화 등 다양한 노력을 기울여 왔다. 본 연구에서는 이러한 노력을 살펴보고, 맥킨지 7S 모델을 적용하여 각 분야에서 중점을 둔 부분과 상대적으로 소홀했던 부분을 살펴보고자 한다.

우리 군에서 합동성 강화라는 용어는 2005년도 합동성 강화 종합추진계획이 시행되면서 처음으로 사용되었다. 이러한 배경을 기초로 이 책에서는 국방개혁이 본격적으로 시행된 노무현 정부부터 문재인 정부까지의 합동성 강화를 위한 노력을 정리하였다.

1. 정부 차원의 합동성 강화 시도
(1) 노무현 정부의 『국방개혁 기본계획 2006~2020』
국방개혁 기본계획 2006~2020은 안보 상황의 전망과 우리의 역량을 고려하여 2020년을 목표로 국방정책 및 운영, 병영문화, 군구조 등 개혁과제를 선정하여 추진하였다. 이후 과거의 개혁 추진 경험을 고려하여 국방개혁을 지속해서 추진할 수 있도록 법적·제도적·조직적 기반을 마련하였다. 2006년 12월 국방개혁에 관한 법률과 2007년 3월 국방개혁에 관한 시행령을 제정하여 법적 기반을 마련하였다. 2007년 7월에는 국방개혁 추진 기구인 국방개혁실을 장관 직속으로 직제화하여 조직 측면에서도 추진기반을 구축하게 되었다.[118]

이러한 과정에서 국방개혁의 목표를 '국민과 함께하는 선진 정예강군 건설'로 설정하였고, 이를 달성하기 위한 국방개혁의 중점을 다음과 같이 설정하였다. 현대전 양상에 맞는 군구조와 전력체계를 구축하고, 국방 문민 기반을 확대하며, 군(軍)은 전투 임무에 전념할 수 있도록 한다. 또한, 첨단 정보과학군에 적합한 저비용·고효율의 국방관리체제로 혁신하고, 시대적 상황에 맞춰 병영문화를 개선함으로써 국방 전반의 체질을 개선하고 효율적인 국방체제로 전환하고자 하였다.[119] 노무현 정부의 국방개혁 성과는 아래 표와 같다.

〈표 3-1〉
노무현 정부의 『국방개혁 기본계획 2006~2020』 성과[120]

구분	주요 내용
군구조 분야	• 독자적 전쟁기획 및 수행체계 구축 노력 　- 합참 개편으로 전쟁지도 보좌, 정보기능 등 조직 보강 　- 전작권 전환과 연계, 합참 및 미래사령부(가칭) 개편 발전 • 지휘구조 측면에서 합참기능 강화(작전지원 관련 협의 기능 부여, 필요시 장관이 조정), 각 군 본부 개편(효율성 고려 한시조직 정비) • 중간 지휘계선 단축 및 부대 수 축소(사단 및 군단 해체 추진) • 병력구조: 상비병력 단계적 감축, 간부 중심으로 정예화 　- 정원 4만여 명 감축(2004년~2008년) 　- 병 복무제도 조정: 24개월 → 18개월 단축 • 북한위협, 미래위협 대비 적정전력 구비(先 전력증강 後 부대개편 추진) 　- 차기전차, K-9자주포, 차기 잠수함, F-15K, F-X 등 추진
국방운영 분야	• 문민기반 확대(국방부 공무원 비율 2004년 57% → 2008년 65% 확대) • 방위사업법 제정(2006년 1월) • 각 군의 유사 중복된 기능부대 조정, 군 책임기관 운영/민간위탁, 군수시설, 환경분야 발전 　- 군 책임운영기관 지정 운영에 관한 법률(2008년 3월) • 합참, 국직/합동부대 3군 균형 편성 • 여성인력 활용 확대(~2020년): 장교 7%, 부사관 5%

　국방개혁 기본계획 2006~2020에서는 현 합동군 체제하에서 합동성을 강화하기 위해 노력하였다. 우선 제도적으로 합동성 강화 종합추진계획이 시행되었으며 국방개혁에 관한 법률('06. 12)과 국방개혁에 관한 법률 시행령('07. 3.), 합동전투발전업무 훈령('07. 9.)이 제정되었으며 합동직위지정, 합동전문자격부여

로 인력 Pool을 형성한 합동전문인력관리 제도 시행('07. 7.) 등을 들 수 있다. 특히, 국방개혁에 관한 법률은 합동성을 제도적으로 보장하는 법적 기반을 마련했다는 점에서 중요한 의미가 있다.

〈표 3-2〉 국방개혁 관련 합동성 강화 법령·훈령

법령·훈령	주요 내용
국방개혁에 관한 법률(2006. 12)	• 합동성 정의(제3조), 합동직위 지정(제19조) • 합동작전능력 및 합동군사교육체계 강화(제23조) • 합참의장의 작전지원분야 협의 권한(제23조)
국방개혁에 관한 법률 시행령 (2007. 3)	• 합동직위 지정제대 및 전문자격(제10조) • 합동성위원회 운영(제11조) • 합동개념 발전 및 합동전투발전업무 강화(제12조)
합동전투발전업무 훈령(2007. 9)	• 합동전투발전체계 업무수행절차 • 합동성위원회 운영 등

또한, 2006년 10월에 합동개념서[121]를 최초 발간하여 합동차원에서 군사력 운용지침과 군사력 건설방향을 제시하였다. 노무현 정부의 국방개혁은 변화하는 안보환경에 맞는 자주적 방위태세 확립과 합동성 증진이 그 기본정신이라고 말할 수 있다.

(2) 이명박 정부의
『국방개혁 기본계획 2009~2020, 2012~2030』 추진

이명박 정부는 정부 초기 『국방개혁에 관한 법률』에 근거하여 국방개혁 2009~2020을, 정부 후기에는 국방개혁 2012~2030을 추진하였으며, 급변하는 안보환경 하 많은 논란 속에서 큰 성과는 거두지 못했다는 평가가 있다.

군구조 개혁은 한반도 전장환경에 맞는 맞춤형 군구조로 전환하는 데 중점을 두고 추진하였다. 지휘구조는 전시작전통제권 전환, 미래 작전환경의 변화, 군제 발전·선진화 등을 고려하여, 합동성이 강화된 전투임무 중심의 지휘구조로 전환을 추진하였다. 당시, 2015년 전시작전통제권 전환을 대비하여 새로운 연합방위체제 하에서 한국군이 주도하는 작전지휘 및 수행체제를 갖추고자 했던 것이다.[122]

병력구조는 안보위협과 국방환경의 변화요소 및 부대개편 등을 반영하여, 당시 2012년 기준 63.5만 명의 병력을 단계적으로 2022년까지 52.2만 명으로 감축하는 방향으로 계획하였다.

부대구조는 적 위협과 전장환경을 고려하여 개편을 추진했으며, 육군은 네트워크 기반의 통합작전 수행능력 확보에 중점을 두고 군단 중심의 작전수행체계 구축을, 해군은 수상·수중·공중의 입체전력 통합운용 능력 확보에 중점을 두고 잠수함사령부 창설, 특수전전단 편성 보강 등을 추진하였다. 공군은 항공우주작전 수행능력 확보를 위해 전술항공통제단, 항공정보단, 위

성감시통제대 창설을 추진하였다.[123]

전력구조는 안보위협과 국방여건 등을 고려하여 합동성을 기반으로 미래전 수행능력 확보에 중점을 두고 전력증강을 추진하였다. 우리 군은 전력증강을 통해 북한의 위협과 잠재적 위협에 효과적으로 대응할 수 있는 정예 군사력을 건설하고자 했으며, 이는 제대별 감시-결심-타격체계를 네트워크화한 복합전력체계를 구축함으로써 달성하고자 했다.[124]

국방운영 분야의 개혁은 '고효율의 선진국방'을 구현하기 위해 병 복무기간 단축을 6개월에서 3개월로 조정했으며 여성인력 확대를 위해 여성 학군사관 후보생 제도가 시행되었으며, 군사 전문성을 중시하는 인사관리체계 구축을 위해 출신과 기수, 진급 연차 등을 배제한 진급선발이 2011년 시행되었으나, 전문성의 기준이 모호하고 특정분야 특기 위주 선발이라는 평가도 있었다.

합동군사대학교(2011년 12월) 및 국방어학원(2012년 12월)을 창설했으며 육·해·공군 사관학교에 민간교수 비율을 확대(40%)하여 우수한 인재를 확보하는 등 민간인력을 대폭 활용했다. 국방경영의 효율화를 위해 국군수도병원을 비롯한 14개 기관에 대해 군 책임운영기관을 지정하고 운영을 강화했으며, 기관별로 특성에 맞는 민간자원을 활용하였다. 또한, 군 복지 향상을 위해 복지 사업을 확대하고, 신세대 장병의 선호를 반영하여 급식의 질을 개선했으며, 장기 복무 제대군인의 취업 기회를 확대하였다.[125]

이명박 정부의 『국방개혁 기본계획 2009~2020, 2012~2030』

에서 합동성 강화를 위해 초기에는 합동군 체제의 골격을 유지한 가운데 합동성 강화를 추진했으나, 이후 작전부대에 대한 '지휘체제 이원화'라는 문제점을 해소하기 위해 각 군 참모총장에게 작전지휘권 부여를 추진했으나 반대 여론이 많아 좌절되었다. 국방개혁의 성과는 아래 표와 같다.

〈표 3-3〉
이명박 정부의 『국방개혁 기본계획 2009~2020, 2012~2030』 성과[126]

구분	주요 내용
군구조 분야	• 적 도발 및 전면전에 대비한 '적극적 억제 전략'으로 전환 • 서북도서방위사령부 창설(2011년 6월) 및 서북도서 방어 능력 보강 • 합참의 조직 및 기능 강화(전구작전 지휘체계 구축) • 합참의장이 위임 범위 내에서 각 군 군수사에 대한 작전지원 권한 행사 • 상비병력 감축(4만5,000명), 간부 비율(4.7%) 확대 • 사이버사령부 창설(2010년 1월) 및 조직·인력 확대 • 북한의 국지도발 대비 대응전력 보강 • 북한의 비대칭위협 대비 무기체계 적기 확보

국방운영 분야	• 합동군사교육체계 및 교리발전 업무개선
	  - 각 군 대학을 통합하여 합동군사대학교 창설(2011년 12월)
	  - 합동교리 및 전투발전업무 일부 이관: 합참 → 합동군사대학교
	• 병 복무기간 단축 재조정(2010년 12월): 6개월 → 3개월
	• 여성인력 확대(2011년 1월), 여성 학군사관 후보생 선발 제도 시행·전문성 고려 능력 위주 진급 선발제도 도입(2011년)
	• 국방어학원 창설(2012년 12월)
	• 군 책임운영기관 지정 운영(국군수도병원 등 14개 조직)
	• 유사 기능부대 통폐합(각 군 인쇄창, 복지단, 시설조직 등)

이명박 정부에서의 국방개혁의 핵심은 3군 합동성 강화와 상부지휘구조 개편이었다. 이것은 여러 요인이 있었지만, 북한 소행의 천안함 폭침과 연평도 포격도발이 직접적 원인이 되었다. 이명박 정부에서 합동성 강화를 위해 추진한 주요 내용은 서북도서방위사령부를 창설하여 전·평시 북한의 위협에 대비하여 효율적인 합동작전이 이루어지도록 했다. 또한, 합동군사교육체계 발전을 위해 각 군 대학 등을 통합, 합동군사대학교를 창설하여 합동교육과 합동성에 대해 교육할 수 있는 토대를 마련했으며, 3군 사관학교 통합교육을 시행(2012년 3월~)하여 조기에 합동성 마인드를 형성할 수 있도록 했다. 기존에 각 군별로 시행하던 장교 임관식을 통합하여 합동 임관식으로 실시(2011~2017년)하였다.

이명박 정부에서는 합동성 강화와 상부지휘구조 개편을 위해 많은 노력을 기울였으나 상부지휘구조 개편은 국군조직법 개정이 좌절되어 실현되지 못했으며, 그 외의 합동성 강화를 위한 조치들은 의미가 있다고 평가할 수 있다.

(3) 박근혜 정부의 『국방개혁 기본계획 2014~2030』 추진

박근혜 정부의 국방개혁은 전반적으로 이명박 정부의 기조를 유지했으며 2014년 3월, 국방개혁 기본계획 2014~2030을 발표했으며 이후 창조 국방의 방향성과 국내외 안보상황을 평가하여 2017년 2월, 수정1호를 발표하였다.

박근혜 정부의 국방개혁은 북한의 비대칭적인 국지도발과 전면전 위협에 동시에 대응할 수 있는 역량을 갖추는 데 초점을 두었으며, 합동·연합작전 지휘역량 강화, 인력운영의 효율성, 예비전력의 정예화, 군 운영의 혁신 및 국방과학 기술의 발전 등에 중점을 두었다.

군구조 분야에서는 합동참모본부와 육·해·공군 본부의 조직 개편을 통해 합동연합작전 지휘역량을 강화하였다. 아울러, 네트워크 중심의 공세적 통합작전[127]을 수행할 수 있도록 육군의 상비·동원사단을 재편하고, 해군 잠수함사령부, 해병대 9여단, 공군 전술항공통제단을 신설하였으며, 2006년부터 2016년까지 상비병력을 5만 6천여 명을 감축하고, 간부 비율을 6.2% 증가시키는 등 정예화된 병력구조로 개편하였다. 아울러, 북한과 잠재적 위협에 대비하기 위해 K2전차, 한국형 기동헬기, 잠수함, 호위함 및 중거리 지대공유도탄 등을 보강하였다.[128]

국방운영 분야에서는 여군 활용 범위를 모든 병과로 확대하고, 여대 학군단을 기존 2개에서 3개로 증설하였다. 또한, 동원예비전력의 정예화를 위해 간부예비군 비상근 복무제도를 시험 운영하고, 향방예비군의 노후 개인화기를 M16으로 전면 교체하였다. 아울러, 합동 상호운용성 기술센터를 포함한 18개 조직을 군 책임운영기관으로 지정하고, 비전투분야 군용차량을 상용차량으로 대체하여 국방경영의 효율성을 높였다. 창조적인 연구개발 환경을 조성하기 위해 국방 R&D 투자를 단계적으로 확대하였다. 장병들이 군 복무에 대한 자긍심을 가질 수 있도록 병봉급을 인상하고, 병영 내 문화쉼터를 확대하였으며, 군(軍) 어린이집과 공동육아 나눔터 설치를 통해 군 가족의 취약한 보육 환경을 개선하였다. 아울러, 접근성이 떨어지는 GP·해안초소와 같은 격오지에 원격진료체계를 도입하고, 의무후송 헬기를 운용하여 장병들의 진료 여건을 개선하였다.[129] 박근혜 정부의 국방개혁 성과는 아래 표와 같다.

〈표 3-4〉
박근혜 정부의 『국방개혁 기본계획 2014~2030』 성과[130]

구분	주요 내용
군구조 분야	• 합참개편: 작전지휘 조직과 군령보좌 조직으로 편성, 임무수행 완전성 보장 - 합참 1차장: 군령보좌(군사력 건설, 군구조 발전, 합동실험) - 합참 2차장: 작전지휘(정보·작전, 인사·군수, 전략, 지휘통신) • 합참 내 미래사령부(가칭) 조직 편성, 전작권 전환 시 연합지휘능력 강화 • 잠수함사령부(2015년 2월), 전술항공통제단(2015년 12월) 창설 • 네트워크 기반 공세적 통합작전 수행능력 구비 - 상비·동원사단 개편, 해군 잠수함사령부·해병대 9여단, 공군 전술, 항공통제단 창설 • 상비병력 5만6천 명 감축, 군 간부 비율 6.2% 확대 • 한국형 기동헬기·K2전차, 호위함·잠수함, 중거리 지대공 유도탄 보강

국방운영 분야	• 전투근무지원분야 민간자원 활용 확대 　- 군 책임운영기관제도 시행 확대: 2013년 14개 → 2016년 18개 　- 병력감축과 연계 보급부대 근무분야 민간위탁 추진: 2017년 12개 부대 • 여군 활용 전 병과 확충, 여대 학군단 증가(2개→3개) • 간부예비군 비상근 복무제도 시험 적용, 향방예비군 개인화기 M16 교체 • 국방 R&D(연구·개발) 투자 증대 • 격오지 부대 원격진료 시스템 도입, 의무후송 헬기 도입 • 병영문화 선진화 정착 　- 생명 존중의 사고예방시스템 정착, 병영 내 문화시설 확충 　- 장병 인권보장 확대·발전, 군 복무경험의 사회적 보상 확대

　박근혜 정부에서 합동성 강화를 위한 노력은 이명박 정부에서 추진했던 기조를 유지했다. 합동성 발휘를 통한 임무수행의 완전성 보장을 위해 합참을 작전지휘 조직과 군령보좌 조직으로 구분하여 합참 1차장은 군령보좌를, 합참 2차장은 작전지휘를 보좌토록 했다. 또한, 전시 작전통제권 전환에 대비하여 합참 내 미래사령부(가칭) 조직을 편성하였다. 이러한 노력은 합참 중심의 전구작전 지휘 및 수행체계를 구축하기 위함이었다.

　합참은 공세적 통합작전을 기본개념으로 하는 미래합동작전 기본개념서를 발간(2013년 2월)하여 합동성을 기초로 합동전력 운용과 전력건설을 위한 전반적인 방향을 제시하였다.

　또한, 네트워크 중심전(NCW: Network Centric Warfare) 개념을 통해 신속한 정보의 통합과 공유로 전장가시화 달성, 신속한 지휘결심을 통한 효율적인 작전수행을 추구했다.

(4) 문재인 정부의 『국방개혁 2.0』 추진

문재인 정부의 국방개혁 2.0(2019년 1월)은 제한된 국방정책 추진 여건에서 북한위협을 포함한 전방위 안보위협에 대응하고, 기존 국방개혁 추진동력 약화를 극복하기 위해 마련되었다. 기존 국방개혁과의 차이점은 정부 출범 초기에 계획을 수립하여 추진동력을 확보하며, 국방개혁 추진에 필수요소인 전력증강 등에 소요되는 재원을 국방중기계획에 반영하여 적정수준의 국방재원을 확보하는 것이다. 일관되고 지속적인 개혁실행을 보장하기 위해 60여 개의 관련 법령 제·개정 소요를 식별하여 법제화를 추진하며 국방개혁 필요성에 대해 국민의 지지와 범정부적 차원의 공감대 확보를 위한 노력을 강화한다는 점이다.[131]

국방개혁 2.0은 "평화와 번영의 대한민국을 힘으로 뒷받침하는 강한 군대 조기 구현"을 목표로 한다. 여기에서 강한 군대는 전방위 안보위협에 주도적 대응이 가능한 군, 첨단 과학기술 기반의 정예화된 군, 선진화된 국가에 걸맞게 운영되는 군(軍)을 의미한다. 추진 기조는 세 가지로 정리할 수 있다. 첫째, 주도적 방위역량 강화를 위한 체질과 기반 강화, 두 번째, 자원제약을 극복하고 미래 전장환경에 적응하기 위해 제4차 산업혁명과 과학기술을 적극 활용, 세 번째는 국가 및 사회적 요구에 부합하는 개혁을 추진하여 범국민적 지지 확보하는 것이다.[132]

이러한 『국방개혁 2.0』은 군구조 분야에서 전작권 전환과 한미연합사 체제 지속에 따른 합참과 미래 연합사 간 기능 조정 및 편성을 추진하였다. 특히 1·3군 야전군사령부 통합 등 부대 개편을 진행하고 상비병력은 50만 명으로 2022년까지 감축을 완료하였다. 간부 비율은 2017년 기준 31.6%에서 2022년 기준 40.1%로 조정되었으며 민간인력을 확대함으로써 국방인력 구조를 개편하였다. 또한, 육군은 2017년 기준 48.3만 명이었던 상비병력을 2022년 기준 36.5만 명으로 줄였으며, 군단은 8개에서 6개로, 사단은 39개에서 34개로 축소하였다. 합동성에 기초한 전력증강은 고도화되는 북한의 핵미사일 위협에 대해 압도적 대응 및 전 영역 통합작전을 효과적으로 수행하기 위해 계속사업(차륜형 장갑차 등 15개 전력)과 신규 착수사업(전투원용 무전기 등 15개 전력)으로 나누어 추진되었다. 이를 통해 신개념 첨단 무기체계와 기존 전력을 효율적으로 결합하는 'High-Low Mix'의 전력 강화를 추진했다.[133]

국방운영 분야에서는 5가지 분야에 중점을 두고 추진했다. 첫 번째는 문민통제 확립 및 군(軍)의 정치적 중립 준수이다. 국방부 실·국장급 직위 문민화 비율을 2017년 41%에서 2018년 77%로 증대했으며, 국방부 공무원의 역량강화를 위해 군사 전문성 교육 내실화와 야전 실상 체험기회를 확대하였다. 두 번째, 국방운영의 효율화를 위한 인력운영체계 개선을 추진하였다. 국가차원의 인적자원 활용을 위해 병 복무기간을 육군 기준 21개월에서 18개월로 단축하였다. 합동성 강화를 위해 합참, 국직 및 합동부대 대령 이상 공통직위를 육해공 1:1:1로 편성하고 국직/합동부대 장성급 지휘관은 국직부대 개편시기와 연계하여 균형적으로 보직하고자 했다. 세 번째는 4차 산업혁명 시대의 군사능력 및 운영체제 발전을 도모하였다. 첨단 ICT 기반의 군사력 운용능력 확대와 ICT 기술발전에 따른 과학화 훈련체계 개발과 여단 단위의 과학화훈련장 구축을 추진했다. 네 번째는 국민 참여와 소통을 통한 개방형 운영체제로의 변경을 시도하였다. 국방부 반부패 정책 추진과정에 시민 사회의 참여를 활성화하며 지역사회와 상생하는 군사시설을 조성하고자 하였다. 마지막으로 총수명주기[134] 개념을 적용한 국방획득 및 운영관리 강화를 추진하였다. 빅데이터 기반의 국방군수통합정보체계 구축, 수리부속 수요예측 정확도 향상 및 재고자산 감축을 중점적으로 추진하였다.[135]

〈표 3-5〉 문재인 정부의 『국방개혁 2.0』 성과[136]

구분	주요 내용
군구조 분야	• 합참과 미래 연합사 간 기능 배분 및 편성 검토 • 1·3 야전군사령부 통합 및 부대개편 • 육군 11.8만 명 감축(2017~2022년), 상비병력 50만 명으로 감축(2022년) • 간부 비율 31.6%(2017년)에서 40.1%(2022년)로 조정 • 부대 수 감축(군단 8개 → 6개, 사단 39개 → 34개) • 공군정찰비행단(2020년 11월), 우주작전대대(2022년 12월) 창설 • 우주작전 수행능력의 단계적 확보 추진(전자광학위성감시체계 등) • High -Low Mix 개념의 전력증강

국방운영 분야	• 합동성 강화를 위한 합참·국직/합동부대 3군 균형편성
	• 과학화 훈련체계 확대(제대별 실기동모의훈련 장비도입 및 과학화훈련장 구축)
	• 개방형 국방운영: 여군 비중 확대, 병 복무기간 90일 단축
	• 방위사업협의회 및 신속시범획득제도 도입(2019년)
	• 국방인력 효율화: 장군 직위 감축, 국방부와 방사청의 일부 직위 공무원 대체
	• 군 복무여건 및 병영문화 개선
	  - 군 사망사고 진상규명위원회 설치, 병사 민간병원 진료비 증대
	  - 평일 외출제도 실시(2019년), 일과 이후 휴대전화 사용(2020년)

문재인 정부에서 합동성 강화를 위한 노력은 군구조와 국방운영 분야에서 다양하게 추진되었다. 지휘/부대구조 면에서는 새로운 연합사에 대한 지휘는 한국군 사령관이 담당하고 미군이 부사령관직을 수행하는 것이며, 기존의 연합방위체제와 유사하다. 합동성 강화를 위해 합참, 국직 및 합동부대의 대령 이상 공통직위를 육·해·공군 1:1:1로 편성했으며, 1·3군 야전군사령부를 통합하여 지상작전사령부를 창설함으로써 보다 효율적 운영이 가능하게 했다.

전력증강분야는 합동 및 각 군 C4I(Command, Control, Communication and Computer Intelligence) 성능개량을 통해 전구 및 합동지휘통제 능력을 보장하고, 대대급 이하 C4I 체계를 구축하여 전술제대까지 전장상황을 공유할 수 있도록 하며, 합동전술데이터링크, 공지(空地)통신 무전기, Link-16(한미 연합전력 간에 사용되는 디지털 전술데이터링크) 성능개량 등을 통해 고속 대용량 정보유통 능력을 구비하고 연합·합동작전 간 상호운용성 강화를 추구하였다.[137]

장교양성 교육의 합동성 교육을 강화한 것은 의미가 있다. 사관생도들의 합동작전에 대한 이해와 필요성 인식을 위해 1학년부터 3학년까지 매년 2~3주간 체험·현장 중심의 합동교육을 시행하였다. 2019년부터는 3군 사관학교 합동교육을 확대하여 국군간호사관학교를 참여시켰으며, 육군3사관학교를 대상으로 한 합동성 교육을 시행하고 있다.[138]

그러나, 2011년 12월 창설된 합동군사대학교는 2020년 12월 각 군 대학이 분리되어 합동교육 강화라는 의미는 퇴색하게 되었으나, 2020년 12월부터 합동고급 단기(원격)과정을 운영한 것은 의미가 있다.

■ '정부 차원의 합동성 강화 시도' 내용 정리

정부별 합동성 강화 노력은 다음과 같은 흐름으로 정리할 수 있다.
- 제도적 기반 확보(노무현 정부): 조직개편, 법령 제정 등
- 지휘체계 일원화 추진(이명박 정부): 상부지휘구조 개편 시도, 합동군사교육 강화 등
- 전투임무 중심 체계 구축(박근혜 정부): 조직개편과 지휘

역량 강화, 전력 강화 등
- 과학기술 기반 정예군 육성(문재인 정부): 부대 및 병력구조 개편, 전력 강화 등

2. 합동성 강화를 위한 노력 분석

지금까지 역대 정부에서 추진한 국방개혁에서 합동성 강화를 위한 노력을 군구조 분야와 국방운영 분야로 구분하여 살펴보았다. 이러한 노력에 대해 맥킨지의 7S 모델을 적용하여 분석해 보고자 한다. 7S 모델은 조직의 효과성을 평가하고 개선하기 위한 프레임워크로 7가지의 요소들이 상호작용하고 있다.

분석을 위하여 7S를 공유가치, 전략, 구조, 시스템(제도), 스타일/구성원, 기술로 구분하여 정리하였다. 스타일과 구성원은 소프트한 요소로서 조직관리 스타일과 구성원의 능력을 의미하는 것으로 상호 긴밀하게 연계되어 있기에 하나의 범주로 분류했으며, 분석을 위한 7가지 요소는 본래 의미를 반영하여 아래와 같이 정의하였다.

- 공유가치(Shared Value): 합동군의 구성원들이 함께 공유할 수 있는 합동군의 비전, 핵심가치 등
- 전략(Strategy): 합동성 강화를 위한 추진중점 및 방향성, 군에서 추진했던 군사전략 등

- 구조(Structure): 우리 군의 지휘/부대/병력구조 등
- 시스템(제도, Systems): 각종 법령 등 제도적 장치, 국방운영 시스템 등
- 스타일/구성원(Style/Staff): 리더십 방식, 구성원들의 교육 및 전문성 등
- 기술(Skill): 무기체계, 전력 운용능력, 국방과학기술 발전 등

이러한 7가지 요소를 바탕으로 노무현 정부부터 문재인 정부까지의 합동성 강화 노력을 분석해본다.

(1) 노무현 정부의 합동성 강화노력 분석

노무현 정부에서 추진했던 국방개혁 내용 중 합동성과 연관된 내용을 맥킨지 7S 모델을 통해 분석해보면 아래와 같다.

먼저 공유가치 측면에서 합동군의 이념 또는 구성원들이 가져야 할 핵심가치 면에서의 노력은 아쉽게도 찾을 수가 없었다.

전략 면에서는 자주국방의 실현이라는 목표로 자주적인 방위능력 강화에 중점을 두었으며 이를 위해 전시작전통제권 환수 준비를 했으며 체계적인 추진을 위해 국방개혁위원회를 구성했고, 군구조개편 준비단·국방운영혁신 준비단 발족, 3군 균형발전 연구 TF 등을 운용하였다. 군(軍)의 전략은 거부적 억제, 공세적 방위전략의 틀에서 합동작전수행능력 제고를 위해 다양한 노력을 전개하였다.

구조 면에서는 합동군제를 유지했으며 상비군 통폐합 및 증·창설을 추진했다. 상비병력은 2020년까지 68만여 명의 병력을 50만 명 정도로 감축을 추진했으며, 예비군은 현재 운용 중인 300여만 명을 150만 명으로 감축하고자 하였다.

시스템(제도) 면에서는 국방개혁의 법제화, 합동성강화 종합추진계획 시행, 문민기반 확대, 저비용·고효율의 국방관리체계 혁신, 각 군 중복된 기능부대 조정 등을 추진하였다.

스타일/구성원 면에서 노무현 대통령은 합동성을 높이기 위해 국방개혁의 목표 중 하나를 3군 균형발전으로 정하였으며, 강력한 리더십 스타일을 발휘했다. 합동전문 인력관리제도 시행으로 인력 pool을 형성했으며 육·해·공군 상호 간의 교차보직을 통해 타군에 대한 이해와 교류를 활성화했다.

기술 측면에서는 병력 중심의 구조에서 기술과 정보 중심의 군대를 지향했으며, 이를 위해 ISR(정보·감시·정찰) 능력 강화와 PGM(정밀유도무기) 능력 향상을 추진하였다. 또한, 한국군 주도의 작전수행체계 확립, 합동작전수행능력 향상을 위해 C4I체계 개발에 노력했으며, 합동지휘통제체계(KJCCS), 지상전술C4I체계(ATCIS), 공군전술C4I체계(AFCCS) 개발을 완료하였다.[139]

(2) 이명박 정부의 합동성 강화노력 분석

이명박 정부에서 추진했던 국방개혁 내용 중 합동성과 연관된 내용을 맥킨지 7S 모델을 통해 분석해보면 아래와 같다.

공유가치 측면에서 노무현 정부와 마찬가지로 합동군의 비전 또는 구성원들이 가져야 할 핵심가치 면에서의 노력은 아쉽게도 찾을 수 없다.

전략 면에서는 3군 합동성 강화와 상부지휘구조개편을 중점으로 국방개혁을 추진했으며, 천안함 피격 사건 이후 '국방선진화추진위원회'를 대통령 직속 조직으로 격상시켜 강력하게 추진하고자 했다. 군에서는 적극적 억제, 공세적 방위전략의 틀에서 네트워크중심의 합동작전 능력구비를 위해 노력하였다.

구조 면에서는 대표적으로 효율적인 합동성 발휘를 위하여 군정·군령 일원화를 통한 상부지휘구조개편을 추진하였다. 지휘구조 개편은 많은 반대에 부딪혀 법제화되지는 못했다. 아울러 상비군의 단계적감축을 2022년 52.2만 목표로 추진했으며 예비군 증원을 150만 → 180만 명으로 추진하였다. 우리 군에서 최초로 특정 지역의 합동작전사령부의 역할을 하는 서북도서방어사령부를 창설하여 북한의 위협에 대비하고자 했다.

시스템(제도) 면에서는 국군조직법 개정안은 통과되지 못했으며 고효율의 선진국방 운영체제 구축을 위해 노력했다. 능력위주 진급선발제도를 시행하고자 했으며 여성 ROTC 제도가 최초로 숙명여대에서, 육·해·공군 장교의 합동 임관식이 2011년 최초로 계룡대에서 시행되었다.

스타일/구성원 면에서 이명박 대통령은 '국방개혁의 중심은 합동성 강화'라는 강한 의지와 청년장교들에게 소속과 의무는 달라도 하나 된 마음을 강조했다.[140] 이에 따라 우리 군은 합동성 강화를 위한 교육체계를 개선하였다. 각 군 대학과 합동참모대학을 통합하여 합동군사대학교를 창설하여 합동성 전문교육을 효과적으로 실시하고 합동전문인력 양성을 강화하였다, 또한, 기존에는 합참에서 수행하던 합동개념 및 교리발전 업무를 합동군사대학교로 이관하여 연구와 교육이 연계된 합동전투발전 체계를 구축하게 되었다.[141] 아울러, 2012년 4월부터 육·해·공군 사관학교 1학년 생도를 대상으로 통합교육을 시행하였다.

기술 면에서는 북한의 비대칭 위협 대비 전력증강과 북한의 핵 위협에 대비하여 KAMD(한국형 미사일방어체계) 구축 및 운용능력 향상에 노력하였다. 합동작전과 연합작전수행능력 향상을 위해 연합C4I 체계인 AKJCCS가 개발되기 시작하였고, 상호운용성 확보를 위한 합동 및 육·해·공군 전술C4I 체계의 성능개량 사업이 추진되었다.[142]

(3) 박근혜 정부의 합동성 강화노력 분석

박근혜 정부에서 추진했던 국방개혁 내용 중 합동성과 연관된 내용을 맥킨지 7S 모델을 통해 분석해보면 아래와 같다.

먼저, 공유가치 측면에서 합동군의 비전 또는 구성원들이 가져야 할 핵심가치를 추구하는 노력은 이전 정부와 마찬가지로 이루어지지 않았다.

전략 면에서는 북한 비대칭 국지도발·전면전 위협에 동시 대비 능력구비를 목표로 미래국방청사진 제시를 위해 '창조국방'을 추진했다. 군에서는 능동적 억제, 공세적 방위전략의 틀에서 킬 체인(Kill Chain), 한국형 미사일방어(KAMD), 대량응징보복(KMPR)의 3축체계 구축을 통해 군 간 협력을 기반으로 한 통합전력 운용을 강조했다. 아울러, 전시작전통제권 환수를 위하여 독자적인 합동작전 수행능력을 강화하는 데 중점을 두었다.

구조 면에서는 합동군제를 유지했으며 합참을 작전지휘 조직과 군령보좌 조직으로 편성했으며 상비병력 5.6천 명 감축과 간부비율 6.2% 확대를 추진했다. 상비병력은 22년도 목표 52.2만 명으로 감축을 추진했다. 효율적인 합동작전을 위하여 상비·동원사단 개편과 해군 잠수함사령부·해병대 9여단, 공군 전술항공통제단 등의 부대를 창설하였다.

시스템(제도) 면에서는 국방 군수혁신의 일환으로 군수통합정보체계 구축을 추진했다. 군수통합정보체계는 각 군의 탄약, 물자, 정비지원 등을 통합한 정보체계로써 군수지원 전 분야를 포괄하고 군수정보의 신뢰성 제고에도 기여했다.[143] 또한, 미래 전투 및 작전수행에 대한 개념과 합동작전의 중요성을 제시한 '미래합동작전기본개념서'를 발간하였다.

스타일/구성원 면에서는 박근혜 대통령은 합동작전의 효율화를 위하여 군사전문가와 참모진들의 조언을 수렴하고 북한의 지속적인 도발에 대해 효과적인 위기대응을 강조하는 리더십 스타일을 보였다. 장교 합동임관식에서는 북한의 도발 위협에 대응하기 위해 강한 훈련과 고도의 정신무장으로 일치단결된 강한 군대를 만들고, 빈틈없는 군사대비태세 확립에 매진할 것을 강조했다.[144] 아울러 과학화 전투훈련체제 구비를 통하여 장병의 역량 향상에 노력하였다.

기술 면에서는 ISR 능력 강화와 3축 체계 구축, 국방 R&D 투자 확대를 추진하였으며 무기체계와 전력지원체계의 상호운용성(Interoperability)을 확보하기 위해 국방정보화표준을 개정하고, 정보시스템 연동 종합관리체계를 구축하였으며 국제표준의 상호운용성 평가 인증제[145]도 시행하고 있다.[146]

(4) 문재인 정부의 합동성 강화노력 분석

문재인 정부에서 추진했던 국방개혁 내용 중 합동성과 연관된 내용을 맥킨지 7S 모델을 통해 분석해보면 아래와 같다.

공유가치 측면에서 합동군의 비전을 제시하거나 구성원들이 가져야 할 핵심가치 면에서의 노력은 아쉽게도 찾을 수가 없었다.

전략 면에서는 '평화와 번영의 대한민국을 힘으로 뒷받침하는 강한 군대 조기 구현'을 목표로 국방분야에 제4차산업혁명기술을 적극적으로 활용하고, 3군 균형발전을 추진했으며 국가·사회요구에 부합하는 개혁을 추진하는 것이었다. 군에서는 전방위 안보위협에 유연하게 대응하기 위해 주도적 억제전략, 다영역 통합작전 수행능력 구비에 중점을 두었으며 전작권 전환에 따른 한국군 주도의 한미연합방위체제 구축에 노력하였다.

구조 면에서는 합동군제를 유지하면서 한국군 주도의 한미연합체제를 확립하고, 1·3군 야전군사령부 통합 등 부대개편을 실시했다. 또한, 상비군을 2022년 50만 명으로 감축을 추진하고 예비군도 130만 명에서 90만 명으로 축소했다.

시스템(제도) 면에서는 군사법원 운영의 투명성 제고를 위한 군사법원법 개정안이 통과되었으며, 합동성 강화를 위해 합참과 국직·합동부대의 3군 균형편성을 추진하였다. 또한, 국방부의 실·국장급 직위의 문민화를 확대하고 국방부 공무원의 군사전문성 교육을 내실화하였다.

스타일/구성원 면에서 문재인 대통령은 국방개혁과 합동성 강화를 위하여 국민의 신뢰와 성원이 필수적임을 강조하고 국민참여와 소통을 중요시하였다. 또한, 군부대 현장을 방문하여 장병들의 목소리를 듣고 격려하는 모습을 보여주었다.

문재인 정부는 국민적·사회적 합의 및 전략적 소통, 실행력 강화, 추진동력 유지 등의 요소가 국방개혁의 성공을 보장한다고 인식한 측면이 있었으며, 역대 정부들처럼 정책 과정에서 이해관계 집단과의 경쟁, 타협, 협력을 통해 국민적·사회적 합의를 끌어내고, 이를 바탕으로 정치적 합리성을 중요한 요소로 간주하였다.[147]

부대개편과 연계하여 장군정원 감축(2017년 436명 → 2022년 360명)을 추진하였으며 합동군사대학교를 분리하여 육·해·공군 대학은 각 군으로 원복하여 통합적인 합동교육은 일부 제한되었으나, 합동고급과정 단기(원격)과정 교육이 시행되어 중령급 장교들의 합동교육의 기회를 확대하였다. 아울러 2022년까지 여군 비중을 간부정원 대비 8.8%(1.7만 명) 이상으로 단계적 확대를 추진하였다.

기술 면에서는 4차 산업혁명 기술을 국방 전반에 접목하는 국방혁신을 추진하여 디지털 강군, 스마트 국방을 구현하고자 했다. 초연결·초지능·초융합의 국방 인프라 구축을 위한 기술기반 혁신과 무기체계 지능화·고도화를 통해 미래전에 대비하는 가시적 성과를 창출하고자 했다.[148] 또한, ISR 능력 강화에 진력했으며 3축 체계 구축과 High-Low Mix 개념의 전력증강을 추진하였다.

(5) 종합분석 및 시사점

아래 표는 역대 정부의 합동성 강화 노력을 맥킨지 7S 모델에 따라 비교한 것이다.

<표 3-6>
7S 모델을 통한 역대 정부와 우리 군의 합동성 강화 노력 분석[149]

구분	노무현 정부 ('03. 2 ~ '08. 2)	이명박 정부 ('08. 2~'13. 2)	박근혜 정부 ('13. 2 ~ '17. 3)	문재인 정부 ('17. 5 ~ '22. 5)
공유 가치	합동성 강화를 위한 비전, 핵심가치: 없음			
전략	• 법률에 의거하여 합동성 강화 추진 • 국방의 문민기반 확대, 군은 전투임무 수행 전념 • 3군 균형발전 연구 TF 운용 • 거부적 억제, 공세적 방위전략	• 3군 합동성 강화와 상부지휘구조개편을 중점으로 추진 • 전투형 군대육성 • 국방선진화추진 위원회 운영 • 적극적 억제, 공세적 방위전략	• 창조국방 추진 • 10년간 국방개혁 성과 및 추진여건 평가, 수정1호 작성 • 국방예산, 합동성 및 작전효율성 강화 • 능동적 억제, 공세적 방위전략	• 정권 초기 국방개혁 추진단 편성/운용 • 3군 균형발전 추진 • 국가·사회요구에 부합한 개혁 추진 • 미래연합지휘구조 발전(한국군 사령관) • 주도적 억제·대응 능력구비
구조	지휘구조: 합동군제, 통제형 합참의장제 유지(합참의장의 권한 강화 추진)			
	• 합참기능 강화 (작전지원 협의 기능 부여, 작전본부 편성 보강) • 육. 제2작전사 창설 • '20년 50만 명	• 합동성발휘를위한 상부구조개편 추진(군정·군령 일원화추진) • 서방사 창설 • 공. 북부사령부 창설 • '22년 52.2만 명	• 합참의장이 전구 사령관 역할(합참 1·2차장 편성) • 해군 잠수함사령부·해병 9여단 창설 • 공중전투사령부 창설 • '22년 52.2만 명	• 한국군 주도의 한미 연합체제 추진 • 동원전력사·지상 작전사령부 창설 • 해병대 항공단 창설 • '22년 50만 명
시스템 (제도)	• 국방개혁의 법제화 • 합동성 강화 종합 추진계획 시행 • 합동전투발전업무 훈령 제정 • 합동개념서 발간	• 국군조직법 개정안 (미통과) • 고효율의 선진국방 운영체제 구축 • 국방전력발전업무 훈령 제정	• 국방경영 혁신으로 고효율 선진국방 운영체제 구축 노력 • 미래합동작전기본 개념서 발간	• 합참·국직/합동부대 3군 균형 편성 • 군사법원법 개정안 (통과) • 국방부 문민화 확대
스타일/ 구성원	• 합동전문 인력관리 제도시행: 인력 pool 형성 • 합참 과장급 공통직위 2:1:1편성	• 합동군사대학교 창설 및 합동교육 강화 • 3군 사관학교 생도 통합교육 시행 • 여성ROTC제도 시행	• 우수인력 확보 위한 학군협약 확대 • 과학화 전투훈련 체제 구비 • 여성인력 확보 및 활용성 기반마련	• 합동군사대학교 분리 (각 군 원복) • 합동고급과정 단기 (원격) 과정 교육 • 여군비중 확대 (5.5% → 8.8%)
기술	• 先 전력증강, 後 부대개편 추진 • 첨단전력 강화 추진 (ISR, C4I, PGM)	• 북한의 비대칭 위협 대비 전력증강 • 네트워크중심전 수행전력 강화 (위성, UAV, C4I 등)	• ISR 능력 강화 • 3축 체계 구축 (Kill Chain, KAMD, KMPR) • 국방 R&D 투자 확대	• 핵심군사능력 선정 • 3축 체계 구축 • High-Low Mix 개념의 전력증강

여기에서 우리가 주목할 것은 역대 정부와 우리 군에서 합동성을 강화하기 위해 많은 분야에서 다양한 노력을 기울였다는 것을 알 수 있다. 그러나 한 가지 공통적인 사항으로 맥킨지 7S 모델에서 제일 중요하다고 간주되는 공유가치에 대해 언급된 부분은 없다는 것이다.

그림에서 보는 바와 같이 조직에서 효과성을 발휘하기 위해서는 공유가치가 그 중심에 있어야 하나 지금까지 합동성을 강화하기 위한 노력에서 공유가치, 즉 합동군 구성원들의 사고와 행동의 방향성을 제시하고 구성원들의 협력과 상호작용을 조율하는 핵심이 없었던 것이다.

역대 정부의 합동성 강화를 위한 노력에서 합동성을 지휘구조 및 부대구조 개편이나 인위적인 합참·합동부대의 조직비율의 균등화를 통해 단번에 달성되는 것으로 오인한 것으로 판단된다. 이것은 합동성의 개념과 합동성 문제의 근원을 이해하지 못했기 때문이다.

우리 군의 합동성을 발전시키기 위해서는 합동성 발휘를 제한하는 문제의 근원을 정확히 인식하고 합동팀(Joint Team)을 지향하는 공유가치, 즉 핵심가치를 내재화하는 노력을 병행해야 한다.

미국의 군사 전략가 로렌스 B. 윌커슨(Lawrence B. Wilkerson)은 합동성의 본질(Essence)을 다음과 같이 설명한다.

> "합동성이란 당신의 동료들(soldiers, sailors, airmen and marines)이 전장에서 무엇을 하는지를 폭넓게 이해하는 것이고, 또한 그들이 임무를 잘 수행할 것임을 신뢰하는 것이다. 그리고 그들도 당신에 대해 같은 감정을 느낀다. 합동성의 본질은 이해(Understanding)와 신뢰(Trust)에 있다."
> – Lawrence B. Wilkerson, "What Exactly is Jointness?" JFQ, No.16, Summer 1997.

이해와 신뢰는 각 군의 고유한 역량을 인정하고 존중하는 태도에서 출발한다. 그러므로 우리 군이 진정한 합동성을 구현하기 위해서는 공유가치의 정립과 내면화, 즉 '합동팀(Joint Team)'을 지향하는 핵심가치 중심의 통합적 접근이 필요하다.

이것은 조직 차원의 물리적 통합을 넘어, 심리적·문화적 통합으로 확장되어야 하며, 이를 위한 전략적 커뮤니케이션과 리더십의 역할이 더욱 강조되어야 한다.

3. 우리 군의 합동성 수준

우리 군은 아직 합동성 수준을 체계적으로 측정할 수 있는 공식적인 도구를 마련하지 못하고 있다. 그러나 미국 합참(Joint Chiefs of Staff)이 2012년 발표한 합동작전접근개념(JOAC: Joint Operational Access Concept)을 참조하여, 현재는 다섯 단계로 합동성 수준을 구분하고 있다. 이 분류는 작전적 통합의 수준과 범위를 기준으로 점진적 발전 단계를 나타낸다. 〈그림 3-2〉는 이러한 단계적 구분의 개념을 시각적으로 보여준다.

1단계인 '갈등해소'는 각 군이 가능한 한 독립적으로 작전을 수행하며, 필요한 경우에만 제한적 협조를 하는 수준이다. 2단계 '협력'은 각 군이 합동작전 수행 과정에서 발생하는 갈등이나 의견 차이를 인정하고, 이를 해결하기 위해 상호 협조하는 단계를 말한다.[150]

〈그림 3-2〉 합동성 수준[151]

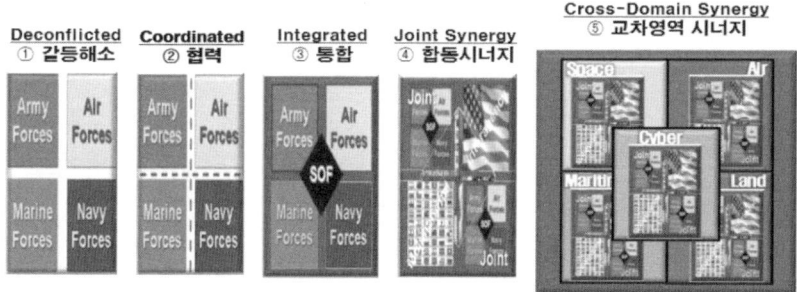

3단계 통합은 합동작전을 위해 편성된 모든 작전 요소가 단일 합동군 지휘관의 지휘 아래 운용되는 단계이다. 미군은 1986년

G-N 법안 통과로 합참과 통합군사령부의 기능이 강화되었으며, 1987년 4월 통합특수작전사령부 창설과 함께 육군, 해군, 공군, 해병대, 특수작전부대 등 5개 합동작전 구성요소를 단일 합동군 지휘관이 통합적으로 운용하게 되었다.

4단계 합동시너지(Joint Synergy)는 합동군 구성요소의 통합뿐만 아니라, 정부 기관, 민간, 국제기구 등 비군사적 노력과 동맹국의 역량까지 통합하는 단계이다. 마지막 5단계 교차영역 시너지(Cross Domain Synergy)는 전통적인 작전영역(지상, 해상, 공중)뿐만 아니라 우주, 사이버, 전자전, 특수전 등 다양한 작전영역을 통합적으로 운용하여 각 영역이 다른 영역의 효과성을 증대시키고 취약점을 보완할 수 있도록 하는 개념이다.[152]

결론적으로 합동성 수준은 각 군종 및 전력 요소(우주, 사이버, 특수전 등)의 능력이 얼마나 효과적으로 통합되어 작전을 수행하는지를 평가하는 개념적 틀로 인식할 수 있으며, 미군은 합동군(Joint forec) 개념을 강조하면서 5단계 교차영역시너지를 추구하고 있다.

본 저서에서 우리 군의 합동성 수준은 합참의 공식적인 설문조사 결과를 반영하였다. 합참에서는 2010년부터 2023년도까지 4회에 걸쳐서 설문을 실시한 바 있다. 2016년까지의 설문은 중령급 이상의 각 군 장교들을 대상으로 실시하였고 2023년 설문은 소령 이하 장교, 준/부사관, 군무원까지 그 대상에 포함되었다. 설문조사 결과가 우리 군 전체의 의견을 반영할 수는 없으나 작전적·전술적 수준에서 핵심적 역할을 하는 영관장교의 의견(총 설문 인원 중 영관장교 이상이 약 96.4% 해당됨)이 대다수 것을 고려 시 신뢰할 수 있는 결과로 판단된다.

〈표 3-7〉 합동성 수준 설문 참여인원[153]

구분	계	육군	해군/해병대	공군	비고
2010년	453명	184	122	147	1.5 : 1 : 1.2
2012년	630명	327	112	191	3.4 : 1 : 1.6
2016년	901명	386	229	286	1.7 : 1 : 1.2
2023년	569명	342	113	114	3.0 : 1 : 1.0

(1) 우리 군의 합동성 수준 변화

설문조사 결과 우리 군의 합동성 수준은 아래 〈표 3-8〉와 같다. 2010년부터 2012년까지는 가장 낮은 1단계 갈등 해소 단계였으며, 2016년 이후에는 2단계 협력 단계에 머물고 있다. 가장 최근의 2023년도 결과에서는 1단계 갈등 해소의 비율이 줄어들었지만, 여전히 통합 및 합동 시너지 단계에는 미치지 못하고 있다.

2003년 노무현 정부부터 법령 제정, 3군 균형편성, 지휘/부대 구조 개편, 전력발전 등 합동성 강화를 위한 노력에도 불구하고 그 수준이 미흡함을 알 수 있다.

<표 3-8> 연도별 우리 군의 합동성 수준 평가 비교[154]

구분	갈등해소	협력	통합	합동시너지	교차영역시너지
2010년	49%	45%	4%	2%	
2012년	50%	39%	8%	2%	
2016년	24.9%	50.6%	19.2%	4.8%	0.5%
2023년	21%	54%	18%	6%	1%

2010년부터 2023년까지의 설문 조사 결과를 토대로 우리 군의 합동성 수준의 흐름을 그래프로 살펴보면 아래 그림과 같다. 현 우리 군의 수준은 2단계 협력 수준에 머물고 있다. 다행스럽게 1단계 갈등해소 단계에서 벗어나고 있는 것은 고무적이라 할 수 있으나, 4단계 합동시너지는 6%에 머물고 있는 안타까운 현실이다.

<그림 3-3> 우리 군의 합동성 수준 단계별 변화

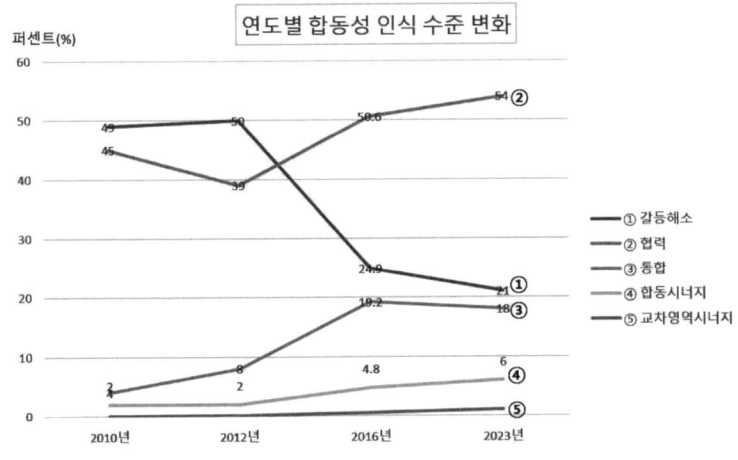

출처: 합참, 『2023년 합동성 강화 종합추진 평가회의(2023. 6. 30.)』 p. 84-6.

(2) 합동성 저해요인과 도전과제

합동성을 저해하는 주요 요인은 〈표 3-9〉에서 보는 바와 같이 '타군에 대한 이해 부족'과 '자군 중심주의'이다. 특히, 자군 중심주의는 여전히 우리 군내에 팽배해 있다는 것을 설문결과를 통해 알 수 있다.

흥미로운 점은 타군에 대한 이해 부족과 자군 중심주의라는 서로 상반된 요인이 동시에 높은 비율로 응답되었다는 사실이다. 이는 각 군 구성원들이 타군을 자군 중심주의로 비판하는 동시에, 자신들의 입장에 대한 이해 부족을 지적하는 이기적 인식이 내재해 있음을 시사한다.

〈표 3-9〉 합동성을 저해하는 요인[155]

구분	타군에 대한 이해 부족	자군 중심주의	관련 법규 미비	합동교육 부족	합동인사 미비	군구조 및 편성의 문제
2010년	25.6%	28.9%	5.8%	11.2%	11.9%	16.6%
2012년	17%	55%	1%	3%	2%	19% (기타 3)
2016년	22%	58.2%	2.4%	3.8%	2.6%	11%
2023년	25%	44%	5%	3%	10%	13%

이제 우리는 합동성 강화를 위한 2개의 도전과제를 인식하게 되었다. 첫 번째는 자군 중심주의를 타파하는 것이며 두 번째는

각 군에 대한 이해와 존중을 실천하는 것이다. 자군 중심주의를 타파하기 위해서는 각 군의 모든 군사적 활동은 합동작전의 일부이며 각 군은 합동군의 일원이라는 인식의 전환이 선행되어야 하며, 단순히 상부 지휘구조 개편, 전력소요 개선, 인사관리 등의 제도적 변화뿐만 아니라, 협력적 문화 조성, 합동관, 핵심가치 공유가 필수적이다.

각 군에 대한 이해와 존중은 각 군의 고유한 문화와 전통, 작전개념, 무기체계를 알고 국가방위에 대한 헌신을 존중하는 것이며, 합동교육 강화, 군종 간 교류 확대, 상호존중, 협력, 팀워크를 강조하는 핵심가치 내재화가 필요하다.

제3절
핵심정리: 무엇이 문제이고, 어디부터 바꿔야 하는가?

본 장에서는 합동성 발휘를 제한하는 근본 원인과 이에 대한 역대 정부 및 우리 군의 대응 노력, 그리고 그 결과로 나타난 합동성 수준을 종합적으로 고찰하였다.

분석 결과, 합동성 문제의 본질은 단순히 제도나 구조의 미비에 있는 것이 아니라, **각 군의 전략사상 및 문화 차이**에서 기인하는 **상호이해 부족**, 그리고 작전환경에 대한 인식 차이에서 비롯된다는 점이 드러났다. 이러한 요인은 **'자군 중심주의'**의 만연과 더불어 **집단 응집성의 이중성**을 강화시켰고, 이는 결과적으로 합동성 발휘를 제약하는 심리적·문화적 장애물로 작용하였다.

이러한 분석은 다음의 중요한 사실을 환기시킨다.

합동성의 주체는 무기체계나 기술이 아닌 '사람'이며, 합동성 저해의 핵심에는 조직 구성원의 가치와 심리가 존재한다는 점이다.

현대전과 미래전 양상을 고려 시 합동성 강화 필요성은 아무리 강조해도 지나치지 않다. 아울러 북한의 핵·WMD, 장사정포, 잠수함, 특수전 부대 등의 위협에 대해 육·해·공군의 고유 영역별 대응은 제한되며 합동 차원의 대응은 필수적이다.

역대 정부와 우리 군은 합동성 강화를 위해 큰 노력을 기울였다. 법률제정, 지휘구조 개편, 합참 및 합동부대의 3군 균형 편성, 부대창설, 전력증강, 병력구조 조정, 합동교육 및 연습 강화 등 여러 분야에서 추진되었으며 이러한 노력으로 합동성의 중요성에 관한 인식은 개선되었으나, 그 수준은 여전히 5단계 중 2단계에 머물고 있다. 우리 군이 합동성 강화를 위해 추진했던 노력은 대부분 눈(目)에 보이는 물리적인 합동성 영역에 집중되어 있음을 알 수 있었다.

이 책에서는 이러한 한계를 보완하고자 맥킨지 7S 모델을 분석 프레임워크로 활용하였다. 합동성 강화 노력을 분석한 결과, 전략·구조·시스템·기술 등의 요소에 대한 변화는 꾸준히 추진되어왔으나, 정작 조직의 중심을 이루는 '공유가치(Shared Values)' 분야는 사실상 공백이었다. 이는 곧, 노력이 성과로 이어지지 못한 결정적 이유가 핵심가치의 부재에 있었음을 시사한다.

앞서 제2장에서 다룬 바와 같이, 조직의 성과와 합동성은 핵심가치 정립과 실천 여부와 밀접하게 연관되어 있다. 핵심가치는 단순한 구호가 아닌, 구성원의 사고방식과 행동 양식을 규율하고, 조직 전체가 하나의 방향성을 향해 나아가도록 이끄는 정신적 나침반이다.

　이에 따라, 다음 제4장에서는 애플(Apple), 삼성(Samsung) 등 글로벌 기업과 미 합동군 등 군사 선진국의 핵심가치 적용사례를 분석하여 실질적인 함의를 도출하고자 한다.

제4장

핵심가치,
조직성과와 통합을 이끄는 내적 동력

- 일류기업 및 군사 선진국의 사례 분석

> 효율적인 지도자가 되려면
> 깊숙이 뿌리내린 핵심가치가
> 조직문화의 본질이자 거대한 '힘의 원천'이라는
> 사실을 이해해야 한다.
>
> -제32대 미국 육군참모총장 고든 설리번-

제1절 일류기업의 핵심가치 실천사례

1. 애플(Apple)

21세기 현재 전 세계 최고의 기업 중 하나는 애플(Apple Inc.)이다. 2024년 9월 기준 애플의 시가총액은 약 3.54조 달러(약 4,536조 원)로 평가되고 있으며 전 세계 1위를 차지하고 있다. 주요 경쟁사 시가총액은 마이크로소프트(Microsoft) 약 3.32조 달러, 엔비디아(NVIDIA) 약 3.09조 달러, 구글(Google) 약 2.14조 달러, 아마존(Amazon) 약 1.99조 달러이다.[156]

애플은 2024년 브랜드 가치 평가 순위에서 1위를 차지하고 있으며 마이크로소프트, 구글, 아마존 등과 비교했을 때도 압도적이다.[157] 세계 최고의 브랜드 가치는 애플의 혁신적인 제품과 마케팅 전략, 재무지표 등 여러 요인이 있겠지만, 특히 애플의 경영철학과 핵심가치 전략에 기인한다고 볼 수 있다.

(1) 창업과 성장, 그리고 스티브 잡스의 경영이념

애플은 1976년 4월 1일 스티브 잡스(Steven Paul Jobs), 스티

브 워즈니악(Stephen Wozniak), 로널드 웨인(Ronald Wayne)이 자본금 1,300달러로 공동 창업했다. 그러나 로널드 웨인은 스티브 잡스의 독단적인 경영 방식에 회의를 느껴 얼마 후 회사를 떠났다. 이후 잡스와 워즈니악은 같은 해, 나무 상자 형태의 컴퓨터 '애플'을 시장에 출시하며 첫 제품을 선보였다. 이어 1977년 1월 3일, 애플은 '애플 컴퓨터(Apple Computer Inc.)'라는 이름으로 공식적으로 주식시장에 상장되었다.[158]

애플은 창업 초기에는 개인용 컴퓨터 회사에 불과했지만, 현재는 아이팟(iPod), 아이폰(iPhone), 아이패드(iPad)와 같은 혁신적인 제품으로 세계적인 성공을 거둔 기업으로 성장했다. 기존 IT 기업들이 미숙한 기술을 조합해 편리성을 강조하거나, 일반 기업들이 반복적인 제품을 생산하는 것과 달리, 애플은 차별화된 혁신을 통해 독자적인 길을 걷고 있다.[159] 애플은 혁신과 창조성을 바탕으로, 항상 한발 앞선 기술로 사람들의 삶을 더욱 편리하게 만드는 데에 비전을 두고 있다. 자사가 개발한 혁신적인 제품을 통해 이러한 비전을 현실로 구현해 나가며, 최첨단 디지털 기술을 활용해 소비자들의 생활을 변화시키는 기업으로 자리매김하고 있다.

전 세계 최고의 기업, 혁신의 아이콘 애플의 성공 요인은 여러 가지가 있을 것이다. 여기에서는 혁신적인 제품의 이면에 있는 애플의 경영이념과 핵심가치에 대해 고찰한다.

'애플' 하면 스티브 잡스를 떠올리지만, 그는 1985년 자신이

영입했던 존 스컬리(John Sculley)와의 경영권 다툼에서 밀려나 애플을 떠나야 했다. 그러나 1997년 최고경영자로 복귀한 이후, 2011년까지 애플의 성장과 함께하며 혁신을 주도했다. 그는 2011년 10월 5일 사망하기까지 36년 동안 애플의 중심에 있었으며, 오늘날 애플이 21세기 최고의 기업으로 성장할 수 있었던 것은 그의 혁신적 사고와 기업가 정신이 애플의 근본적인 DNA로 자리 잡았기 때문이다.[160]

스티브 잡스의 경영이념은 크게 4가지로 정리될 수 있다.[161] 경영이념은 기업이나 경영자가 경영 의사결정을 하는 데 있어서 근간이 되는 기본적인 규범이나 신념, 원칙 등의 도덕적·윤리적 기준을 말하며 경영철학이라고도 한다.[162] 이는 기업의 정체성을 형성하며 기업의 운영과 의사결정의 기반이 된다.

첫째, "고정관념을 뒤집어라"이다. 매킨토시는 애플이라는 이름을 세상에 알린 기념비적인 제품이다. 그는 당시의 주류였던 가로형을 부정하고 "가로형이 아닌 세로형으로 가야 한다"라고 주장하였다. 아울러 본체의 크기도 획기적으로 줄였으며, 이러한 원칙은 2001년 아이팟을 개발할 당시에도 적용되었다. 독창적인 디자인, 조작의 간소화를 강하게 요구했던 것이다.

둘째, "무슨 일이든 되게 하라"는 정신이다. '애플 I' 개발 당시, 스티브 잡스는 반드시 조용한 컴퓨터를 만들고자 했다. 이를 위해 그는 전원 설계 담당 기술자를 아타리(Atari[163]) 동료 중에서 찾아냈고, 하루 200달러의 보수를 지급하며 개발을 맡겼다.

기술자는 몇 주 동안 주말도 없이 연구에 몰두한 끝에 작고 가벼우며 발열이 적은 스위칭 전원을 완성했다. 잡스의 이러한 집요한 추진력이 전기기기 분야에 혁신적인 변화를 가져왔다.

셋째, "완벽한 제품을 만들어라"라는 스티브 잡스의 핵심 철학 중 하나였다. 그는 제품의 겉모습뿐만 아니라 소비자들이 쉽게 인식하지 못하는 내부 구조까지도 세심하게 설계하며 완벽을 추구했다. 애플의 초창기부터 이러한 철학을 바탕으로, 모든 제품이 높은 완성도를 갖추도록 강조했다.

넷째, "불가능을 가능하게 만들어라"라는 그의 도전적인 경영 원칙이었다. 잡스는 강한 투지와 설득력을 바탕으로, 팀원들이 기존의 한계를 뛰어넘도록 독려했다. 그는 불가능해 보이는 목표를 제시하며 혁신적인 성과를 끌어냈다.

이처럼 스티브 잡스는 사용자 경험, 제품 혁신, 열정과 도전정신, 그리고 완벽주의적 태도를 바탕으로 애플의 정체성을 확립하고 시장을 개척했다.

(2) 애플의 핵심가치

이러한 경영이념 하에서 애플의 핵심가치는 'Think Different'라는 광고로 표현된다. 'Think Different' 광고 캠페인은 1997년 스티브 잡스가 애플로 복귀한 직후, 브랜드 정체성을 재정립하기 위해 제작되었다. 이 광고는 기존의 질서에 도전하고 혁신을 추구하는 인물들을 조명하며, 애플이 단순한 기술 기업이 아니라 창의성과 도전정신을 상징하는 브랜드임을 강조했다. "세상을 바꾸는 사람들은 다르게 생각하는 사람들이다"라는 메시지를 통해, 애플이 혁신과 차별화를 지향하는 기업이라는 인식을 심어주었다. 이는 단순한 마케팅을 넘어 애플의 철학을 담은 캠페인으로, 이후 제품 개발과 기업 문화에도 영향을 미쳤다. 결국 'Think Different'는 애플을 상징하는 하나의 정신으로 자리 잡았다.

알베르트 아인슈타인, 밥 딜런, 마틴 루터 킹, 존 레논, 무하마드 알리, 마하트마 간디, 파블로 피카소 등의 모습이 배경에 깔리면서 소개되는 광고는 애플의 철학을 분명하게 드러내고 있다. 이 광고를 처음 소개하는 스티브 잡스의 연설도 영상으로 공개되어 있다. 잡스는 "마케팅은 기업의 본질적 가치와 관련된 것이며, 애플의 핵심가치를 전달하기 위해 이 광고를 제작했다"라고 설명하면서, 애플은 세상을 바꿀 수 있다고 믿는 사람들을 지원하고 애플 스스로 세상을 바꾸기 위해 존재한다는 철학을 제시한다.[164]

<그림 4-1> 애플의 Think different 광고

출처: 이영원. "자본주의와 혁신기업: 애플과 아마존을 성공으로 이끈 핵심가치."『오피니언 뉴스』(2021. 2).

참고로 슬로건 'Think Different'가 한국어로 "다르게 생각하라"로 번역되어 알려졌는데, 이것은 문법적으로 잘못된 것으로 비평을 받아왔다. Think는 동사이고 different(다른)이라는 형용사가 아닌 differently(다르게)라는 부사가 뒤에 와야 한다. 이것에 대해 애플사에서는 다음과 같은 해명을 했는데 Think different는 Think differently가 아니라 Think (something) different의 줄임말이라는 것이다. 따라서 Think different는 '다르게 생각하라'가

아니고 '다른 것을 생각하라'라고 해석하는 것이 맞다.[165]

애플은 새로운 하드웨어, 소프트웨어 및 서비스를 만들어 최상의 사용자 경험을 제공하고자 한다. 그들의 목표는 최고의 제품을 만들고 더 나은 세상을 만드는 것이다.[166] 이러한 슬로건으로 대표되는 애플의 핵심가치는 Accessibility(손쉬운 사용), Education(교육), Environment(환경), Inclusion and Diversity(포용과 다양성), Privacy(개인정보 보호), Racial Equity and Justice(인종평등과 정의), Supply Chain Innovation(공급망 혁신) 7개가 있다.[167] 아래의 각 핵심가치에 대한 설명은 애플 홈페이지의 내용을 바탕으로 작성한 것이다.

〈그림 4-2〉 애플의 핵심가치

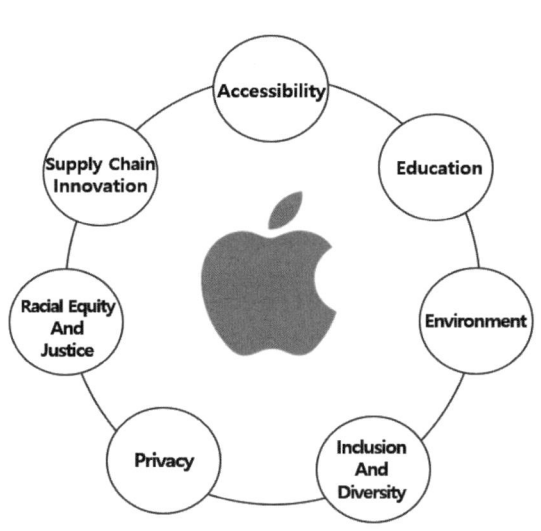

출처: 애플 홈페이지 (https://www.apple.com)

- **Accessibility(손쉬운 사용):** 모든 사람을 위한 기술. 손쉬운 사용성을 제품 설계 단계부터 고려함.
- **Education(교육):** 교육을 통한 개인 잠재력 실현. 100여 개 국가와 협력 중.
- **Environment(환경):** 친환경 제품 설계와 재활용 확대. 'Apple 2030' 목표 추진.
- **Inclusion and Diversity(포용과 다양성):** 포용성과 다양성 존중. 다문화·다인종적 조직 환경 조성.
- **Privacy(개인정보 보호):** 개인정보 보호는 인권이며, 모든 제품에 보호 기술 내재화.
- **Racial Equity and Justice(인종평등과 정의):** 인종 간 평등과 정의 실현을 위한 제도적 이니셔티브 운영.
- **Supply Chain Innovation(공급망 혁신):** 공급망 윤리와 노동권 보호를 위한 엄격한 기준과 교육.

애플의 가치는 진화되어 왔다. 초창기의 핵심가치와 우선순위는 포용성, 교육, 손쉬운 사용에 중점을 두었다. 또한, 사회적·환경적 책임도 강조했다. 이제 애플은 포용성과 다양성을 우선시하여 평등한 기회를 제공하는 고용주가 되는 것을 목표로 하고 있다. 또한, 개인정보 보호와 인권을 강조하고 교육을 지원하고 있다.[168] 이러한 핵심가치들은 애플이 전 세계에서 가장 사랑받는 브랜드로 성장하는 데 중요한 역할을 했다. 그러나 이러한 애플의 핵심가치도 시험대에 오른 적이 있다.

미국 연방수사국(FBI)은 2015년 12월, 미국 캘리포니아주 샌버너디노(San Bernardino County)에서 벌어진 무슬림 부부의 총기 난사 사건을 조사하면서 아이폰의 보안체계를 뚫지 못해 속을 태우고 있었다. 미국 연방수사국(FBI)이 테러범의 아이폰을 열람할 수 있도록 하라는 법원의 명령을 애플이 자사의 기업철학을 내세워 단호히 거부했다. 팀 쿡 애플 CEO는 2016년 2월 17일 '고객에게 보내는 메시지'를 통해 "미국 정부가 우리 고객의 보안을 위협하는 전례 없는 조치를 받아들이라고 요구해 왔다며 우리는 이 명령에 반대한다"라고 밝혔다.[169] 이것은 애플이 Privacy(개인정보 보호)의 핵심가치 유지와 고객과의 신뢰를 중요하게 생각하고 있다는 사례이다. 애플은 2020년에도 당시 미국 법무부 장관의 펜서콜라 기지(Pensacola Base) 총격범의 아이폰 잠금 해제 요청에도 협조하지 않았다.

(3) 애플 대학과 가치 기반 리더십

애플은 조직의 철학과 핵심가치 내재화를 위해 다양한 노력을 하고 있다. 첫 번째, '애플 대학(Apple University)'을 운영하고 있다. 애플의 핵심가치에 교육(Education)이 있듯이 애플은 애플 대학에서 애플의 역사와 철학, 핵심가치, 기술에 대해 교육을 한다. 스티브 잡스가 2008년 미국 캘리포니아 쿠퍼티노에 설립한 애플 대학은 당시 예일 경영대학원 학장이었던 포돌니(Joel

Podolny)에 의해 고안되었다. 포돌니는 2021년까지 이 프로그램의 책임자이자 사실상 학장이었다.[170]

애플 대학은 비밀주의를 지키고 있으나 미국 일간지 뉴욕타임스는 2014년 8월 11일 '황소를 단순화하기: 피카소가 애플의 스타일을 가르치는 데 도움을 주는 방식'이라는 제목의 애플 대학의 사내 연수 과정을 소개했다. 뉴욕타임스는 "연수 과정이 있는 회사는 많이 있지만 이런 과정들은 종종 주입이라고 지칭된다고 지적하고 애플 대학이 테크 업계에서 관심과 감탄의 대상이 되고 있다"라고 전했다.[171]

이 프로그램은 수강자의 직위와 경력에 따라 맞춤형으로 구성된다. 예를 들어, 최근 애플에 인수된 벤처기업의 창립자들이 자연스럽게 애플에 적응할 수 있도록 지원하는 강의가 만들어지기도 했다. 아울러 일부 강의는 애플이 내린 중요한 사업상 결정에 관한 사례를 교육하기도 한다. '애플을 애플답게 만드는 것'이라는 강의에서 넬슨은 78개의 버튼이 달린 구글 TV 리모컨과 단 3개의 버튼만 있는 애플 TV 리모컨을 비교하는 슬라이드를 활용해 애플의 제품 설계 과정을 설명했다고 한 수강생이 전했다.[172]

애플 대학의 교육과정은 애플의 역사, 철학, 핵심가치를 기반으로 직원들에게 팀워크와 협업을 교육하여 혁신적인 환경에서 성공적으로 일할 수 있도록 설계되었다. 이 프로그램은 리더십 개발, 혁신 촉진, 기술 및 제품 교육 등 다양한 주제를 포함하며, 사례연구, 온라인 교육 자료, 멘토링 프로그램 등을 통해 개인의 성장과 애플 문화 적응을 돕는다. 또한, Apple Professional Training, Apple Teacher Program 등 다양한 직원 교육 및 훈련 프로그램을 제공하여 창의적이고 협업적인 학습 환경을 조성하고 있다.

두 번째, 애플의 리더들은 가치에 기반하여 조직을 운영하고 있다. 현재 애플의 리더는 팀 쿡(Tim Cook)이다. CEO 팀 쿡의 리더십은 애플의 지속적인 성장의 중심에 있다. 팀 쿡은 소비자 개인정보 보호를 지지하는 공공의 목소리를 내며, 내부 협업 문화를 조성하여 직원들의 참여와 만족도를 높였다. 스티브 잡스의 강력한 카리스마와는 달리, 그는 협업과 조직의 조화를 중시하며 내부 갈등 없이 모든 부서가 공동의 목표를 향해 나아가도록 이끌었고, 직원들이 회사의 비전과 목표에 공감하며 적극적으로 참여하도록 독려하였다.[173]

팀 쿡은 애플의 사회적 책임에도 적극적으로 관여하고 있으며 그의 리더십은 환경, 인권, 포용과 다양성, 지역사회 지원 등 사회적 주요 문제에 대한 책임을 이끌고 있다. 특히, 애플의 공급망에서 인권을 보호하기 위해 노력하고 있으며, 이를 위해 공급업체에 대한 엄격한 기준을 설정하고 있으며 정기적으로 인권 침해가 발생하지 않도록 감시하고 있다. 팀 쿡의 리더십은 핵심 가치에 기반을 두고 있으며, 전 세계의 고객과 직원들로부터 신뢰를 유도하고 있다.

2011년 8월 팀 쿡이 애플 CEO로 취임한 후 7년 만에 전 세계 최초로 애플 시가총액은 1조 달러를 넘겼다. 이것은 애플이 시장 가치와 고객의 신뢰가 높다는 것을 나타내며 세계에서 가장 가치 있는 기업 중 하나라는 것을 의미한다.

팀 쿡은 스티브 잡스의 제품 혁신, 창조성 등을 계승하면서 환경, 포용과 다양성, 개인정보 보호, 공급망 혁신 등 핵심가치를 기반으로 한 기업 운영과 글로벌 확장을 통해 지속 가능한 성장을 추구하고 있다.

(4) 군 조직에 주는 시사점

애플 사례는 'Think Different'라는 슬로건으로 상징되듯, 차별화된 가치를 중심으로 조직을 통합하고, 전 구성원의 행동 양식과 의사결정에 일관성을 부여한 대표적 사례이다. 이는 물리적·구조적 조정만으로는 합동성을 달성하기 어려운 군 조직에 중요한 교훈을 제공한다.

즉, 합동성 강화를 위해서는 지휘구조나 무기체계 넘어서, '합동군의 핵심가치'를 정립하고 실천하는 문화적 기반이 마련되어야 하며, 그 가치를 행동과 제도로 전환하는 지속적 교육과 가치 중심 리더십이 병행되어야 한다.

2. 삼성전자(Samsung Electronics)

우리나라의 대표적인 글로벌 기업 삼성전자는 이병철 회장에 의해 1969년 1월 13일, 자본금 3억 3,000만 원, 직원 36명으로 시작한 삼성전자공업주식회사가 모태다. 첫해 매출액은 3,700만 원이었고, 영업이익은 마이너스 700만 원이었다.[174]

이병철 회장이 토대를 닦고 이건희 회장의 신경영을 통해 삼성전자는 창립 후 40여 년 만에 한국을 대표하는 기업으로 성장했다. 또한, 한국의 경제발전, 일자리 창출, 기술혁신에 크게 기여했으며 2024년 현재 CEO는 이재용 회장이다.

삼성전자는 DX(Device eXperience) 부문과 DS(Device Solutions) 부문으로 나뉘어 각각 독립적으로 운영되고 있다. DX 부문은 스마트폰, 네트워크 시스템, PC, TV, 냉장고, 세탁기, 에어컨, 의료기기 등 완제품을 개발/판매하며, DS 부문은 메모리 반도체, 파운드리, System LSI 사업으로 구성되어 DRAM, NAND 플래시, 모바일 AP 등 반도체 부품을 제조/판매하고 있다. 삼성전자는 2023년 말 기준으로 전 세계에 232개의 생산시설, 판매지점, R&D 센터, 디자인 센터를 운영하고 있으며 임직원 267,860명, 협력회사 2,515개, 운영국가 76개국에 이르는 글로벌 기업이다.[175]

삼성전자의 브랜드는 2024년 '퓨처브랜드'가 발표한 '미래 브랜드지수'에서 1위를 차지하였으며, 이는 혁신성, 진정성, 신뢰도 측면에서 세계 최고 수준의 기업으로 평가받고 있음을 보여준다.[176]

(1) 경영철학의 계승과 핵심가치 정립

삼성전자가 이처럼 획기적인 발전을 이룬 것은 창업주인 이병철 회장과 이건희 회장의 뛰어난 경영 능력과 명확한 경영철학에 힘입은 바가 크다. 이병철 회장의 경영이념은 사업보국, 인재제일, 합리추구 3가지로 요약할 수 있다. 이건희 회장은 취임 후 1년 후인 1988년 12월, 삼성의 제2 창업을 선언하며 제품의 품질을 세계 일류 수준으로 높이자는 질 경영을 제시하여 변화와 개혁을 이끌었으나 실질적인 변화를 끌어내지 못했다. 이후 1993년부터 "처자식 빼고 다 바꾸라"라는 신경영론으로 혁신작업을 진두지휘했다.[177]

이건희 회장은 1993년 삼성 신경영을 선포하며 경영이념과 삼성인의 정신을 제시했고, 이를 바탕으로 2004년에는 핵심가치를 제정하였다. 삼성전자는 "인재와 기술을 바탕으로 인류사회에 공헌한다"라는 경영이념을 바탕으로 글로벌 초일류 기업을 지향한다. 삼성의 가치체계는 경영이념·핵심가치·경영원칙으로 이뤄지며 삼성인의 정신적 구심점이 되고 있다.[178] 삼성의 핵심가치 전략은 단독으로 운용되는 것이 아닌 가치체계의 틀에서 추진되고 있다.

〈표 4-1〉 삼성전자의 가치체계

경영이념	핵심가치	경영원칙
우리의 경영철학과 목표 1. 인재와 기술을 바탕으로 2. 최고의 제품과 서비스를 창출하여 3. 인류사회에 공헌한다	인재제일 최고지향 변화선도 정도경영 상생추구	1. 법과 윤리적 기준을 준수한다 2. 깨끗한 조직문화를 유지한다 3. 고객, 주주, 종업원을 존중한다 4. 환경·안전·건강을 중시한다 5. 기업 시민으로서 사회적 책임을 다한다

출처: 삼성전자 홈페이지 (https://www.samsung.com).

삼성전자의 핵심가치는 위에서 보는 바와 같이 인재제일, 최고지향, 변화선도, 정도경영, 상생추구의 다섯 가지로 구성된다.

- 인재제일: "기업은 사람이다"라는 신념 아래 인재를 소중히 여기며, 그들이 능력을 마음껏 발휘할 수 있는 기회를 제공한다.
- 최고지향: 끊임없는 열정과 도전정신으로 세계 최고를 목표로 하며, 모든 분야에서 최선을 다한다.
- 변화선도: 변화 없이는 생존할 수 없다는 위기의식을 바탕으로, 신속하고 주도적으로 변화와 혁신을 실행한다.
- 정도경영: 정직과 원칙을 중시하며, 모든 일에서 명예와 품위를 지키며 올바른 행동을 실천한다.

- 상생추구: 사회의 일원으로서 공동 번영을 위해 노력하며, 지역사회, 국가, 인류와 함께 성장하는 것을 지향한다.[179]

삼성전자의 핵심가치는 임직원들의 정신적 구심점 역할을 하며, 기업의 경쟁력 강화에 크게 기여하고 있으며, 소통과 협력, 상생의 조직문화를 구축하는 데 기반이 되고 있다. 또한, 지속적인 자기 계발과 성장을 지원하여 임직원의 역량을 강화하며, 이는 삼성전자가 글로벌 시장에서 지속적으로 경쟁력을 유지하는 원동력이 되고 있다.

(2) 핵심가치 내재화를 위한 교육 프로그램

삼성전자의 핵심가치 교육목표는 전(全) 임직원이 일상생활에서 핵심가치를 실천하는 것이다. 핵심가치가 공포된 이후, 확산·공유·내재화 단계를 거쳐 현재는 실천 중심의 교육이 이루어지고 있다. 또한, 직급별 교육 내용도 차별화된다. 임원 교육은 핵심가치를 포함한 경영이념과 철학을 이해시키는 데 중점을 두며, 간부 교육은 조직 내에서 핵심가치를 어떻게 구현할 것인가에 초점을 맞춘다. 사원·대리 교육은 핵심가치를 현장에서 실천할 방법을 익히도록 한다.[180]

핵심가치 교육은 시기에 따라 입사자 교육, 승격자 교육, 전 사원 대상 교육으로 구분되며, 별도로 임원 교육과 핵심가치 강사 양성과정이 운영된다. 입사자 교육은 신입 및 경력직 신규 입사자를 대상으로 진행된다.[181] 이를 통해 삼성전자는 핵심가치를 조직문화로 정착시키고, 모든 임직원이 실천할 수 있도록 체계적인 교육을 운영하고 있다.

특히, 삼성의 신규 입사자 교육(SVP: Samsung Value Program)은 2~3주 동안 삼성의 전용 연수 시설과 온라인에서 교육이 진행되며 삼성의 역사, 경영철학, 핵심가치를 배우며 팀워크 활동, 실무 교육 등을 통해 삼성인으로서 기본 소양을 함양한다. 또한, 1:1 멘토링 제도를 통하여 사내 네트워크 확장을 지원하고 있다.[182]

승격자 교육은 매년 1회, 승격자 발표 후 실시되며, 2박 3일간의 교육 일정 중 약 4시간이 핵심가치 교육에 할당된다. 전 사원 대상 교육은 국내·외 전 계열사의 모든 사원을 대상으로 진행된다.[183]

삼성전자는 핵심가치 기반의 교육을 조직 역량과 연결시키기 위해 '**더 유니버스**(The UniverSE: The University of Samsung Electronics)'라는 통합 프로그램을 운영한다. 이 프로그램은 리더십·첨단기술·글로벌 CX(고객 경험) 등 3개 아카데미 산하 11개 스쿨에서 직무 및 리더십 강화를 지원한다. 또한, 매년 두 차례 진행되는 '스타 위크(STaR Week)' 기간 동안 회사에서 제공하는 모든 교육과정을 살펴보고, 필요한 교육을 스스로 신청할 수 있다.[184] 이를 통해 자기 주도성과 핵심가치 실천 능력을 동시에 함양하고 있다.

(3) 인사제도와 핵심가치의 연계

삼성전자는 인사제도도 혁신했다. 연령과 관계없이 인재를 중용하여 젊은 경영진을 조기에 양성하고, 다양한 경력개발 기회를 제공하며, 협업과 소통의 문화를 조성하기 위한 것이다. 이를 위해 '부사장', '전무' 직급을 '부사장'으로 통합하고, 직급별 표준 체류 기간을 폐지하여 젊고 유능한 경영자를 조기 배출할 수 있는 기반을 마련했다. 또한, 다양성과 포용을 바탕으로 구성원들이 몰입하고 성장할 수 있는 조직문화를 조성하기 위해 노력하고 있다. 2017년에는 직급 체계를 기존 7단계에서 4단계로 간소화하고, 'OOO님', 'OOO프로'와 같은 수평적 호칭을 적용했다. 2022년부터는 직급·직책·근속·연령과 관계없이 모든 구성원이 서로 존댓말을 사용하고 있다.[185]

인사 연계 측면에서 채용 단계부터 자사의 핵심가치를 반영하여 인재를 선발하며, 인사고과에서도 핵심가치 실천 여부와 성과 창출을 평가한다. 핵심가치를 잘 실천할수록 성과가 높아지고, 높은 고과를 받을 것이라는 가정을 기반으로 한다. 또한, 핵심가치를 실천하여 우수한 성과를 거둔 직원은 우수사원으로 선발되거나 다양한 제도를 통해 포상을 받는다. 반면, 핵심가치를 위반한 경우(예: 최고지향을 위해 정도 경영을 어기는 경우)에는 이에 상응하는 패널티가 부여된다.[186]

삼성전자의 핵심가치 중 첫 번째는 인재제일이다. 이것은 이병철 회장의 '기업이 곧 사람'이라는 철학이 반영된 것으로 반세기 이상 그 원칙이 지켜지고 있는 것이다. 삼성전자가 일류기업으로 도약한 것은 여러 이유가 있겠지만, 경영진의 핵심가치에 기반한 경영과 직원들의 핵심가치 내재화를 통한 소속감 고취 및 업무성과 향상이 그 첫 번째 답이 될 것이다.

(4) 군 조직에 주는 시사점

삼성전자의 성공에는 탁월한 기술력과 시장 전략 외에도, 조직 전체가 공유하고 실천하는 핵심가치가 자리하고 있다. 특히 '인재제일'이라는 가치가 조직 운영의 최우선으로 자리한 점은, 사람 중심의 조직 통합과 리더십을 지향하는 군 조직에 강력한 시사점을 제공한다.

삼성은 단순히 핵심가치를 제정하는 데 그치지 않고, 교육·인사·문화 전반에서 이를 체계적으로 실천하고 있다. 이는 군 조직이 합동성 강화를 위해 제도적 통합을 넘어, 가치 중심의 조직문화 정립이 필요함을 보여주는 모범 사례라 할 수 있다.

즉, 합동성을 하나의 기술적·지휘 구조적 과제가 아니라, 공유가치 기반의 문화적 전환으로 인식하고 접근할 때, 비로소 지속가능한 변화가 가능해질 것이다.

3. 스타벅스(Starbucks)

스타벅스는 전 세계에서 가장 규모가 큰 글로벌 커피 전문점이다. 64개국에서 총 23,187개의 매장을 운영하고 있다. 한국에서 스타벅스는 1999년 이화여대 앞에 처음 생겼으며 2000년 12월 신세계와 공동 투자로 '스타벅스 코리아'를 설립했다. 한국에서는 별다방이라고도 부른다.[187]

스타벅스는 3인의 동업자 고든 보우커(Gordon Bowker), 제럴드 볼드윈(Gerald Baldwin), 제브 시겔(Zev Siegel)이 1971년 시애틀의 파이크 플레이스 어시장에서 커피 원두를 로스팅하며 티(Tee)와 각종 향신료를 판매하는 작은 가게로 시작했다. 이들은 허먼 멜빌(Herman Melville)의 소설 '모비 딕(Moby Dick)'에 등장하는 피쿼드호의 일등항해사 스타벅(Starbuck)에서 착안해 '스타벅스(Starbucks)'라는 브랜드를 생각해 냈다.[188]

(1) 스타벅스의 사명과 핵심가치

스타벅스의 사명은 "인간의 정신에 영감을 불어넣고 더욱 풍요롭게 한다. 이를 위해 한 분의 고객, 한 잔의 음료, 우리의 이웃에 정성을 다한다"이다. 이를 실천하기 위해 스타벅스의 리더들은 매일 지켜야 할 원칙들을 작성했는데 그 첫 번째 원칙은 커피에 대한 열정이었다.[189]

이러한 사명과 원칙을 일관되게 실천하기 위해 스타벅스는 전 세계 매장에서 공유되는 다섯 가지의 핵심가치를 정립하였으며, 이는 브랜드의 전통과 철학을 반영하는 조직 운영의 기준이자 행동으로 기능한다. 핵심가치는 아래와 같다.

<그림 4-3> 스타벅스의 핵심가치

출처: 스타벅스 홈페이지(https://www.starbucks.co.kr)

- CRAFT: 어떤 일이든 세부사항까지 엄격하게 관리하며 성장을 위해 배우고 가르쳐주며 열정과 창의력으로 최고의 성과를 달성한다.
- RESULTS: 집중력, 진정성, 실행력으로 목표를 달성하고, 앞서 나가기 위해 혁신을 주도하며 고객의 기대를 뛰어넘을 수 있도록 한다.
- COURAGE: 더 나은 방향으로 나아갈 수 있도록 모두를 존중하고 포용하며 현실에 안주하지 않고 대담하게 아이디어를 내고 추천하며 쉽지 않더라도 옳은 일을 한다.

- BELONGING: 열린 마음으로 듣고 소통하며 모든 사람을 있는 그대로 인정하며 존중하고, 서로에게 따뜻한 관심을 기울이고 배려한다.
- JOY: 자부심을 가지고 즐겁게 일하며 서로의 성과와 우리 모두의 성공을 축하하며 최고의 성과를 끌어내기 위해 긍정적인 분위기를 조성한다.[190]

(2) 하워드 슐츠의 리더십과 핵심가치 회복

이러한 핵심가치를 바탕으로, 하워드 슐츠(Howard Schultz)의 리더십 아래 스타벅스는 고급 커피 경험을 제공하며 '제3의 공간'이라는 목표를 실현하고자 빠르게 성장했다. 1990년대에는 미국 전역으로 체인점을 확장하며 입지를 다졌고, 이후 글로벌 시장으로 진출하여 커피 산업을 대표하는 기업으로 자리 잡았다.

그러나 2008년, 스타벅스도 큰 위기에 직면한다. 1987년 스타벅스를 인수해 세계적인 기업으로 성장시킨 하워드 슐츠는 2000년 경영 현장에서 물러났지만, 2008년 1월 위기에 빠진 회사를 구하기 위해 CEO로 복귀했다. 슐츠는 복귀 후 스타벅스의 핵심가치를 바로잡는 데 집중했으며 같은 해 3월, '혁신 아젠다'를 발표했는데 여기에는 다음과 같은 전략이 포함되어 있었다.[191]

① 커피 분야에서 확고한 권위자 역할
② 파트너들과의 긴밀한 유대 관계 형성
③ 고객과 정서적 유대감 강화
④ 글로벌 지위 강화 및 각 매장을 해당 지역의 중심화
⑤ 윤리적인 원두 구매와 환경 문제 솔선수범 해결
⑥ 창조적인 혁신 성장 플랫폼 마련
⑦ 지속 가능한 경제 모델 시행 등의 내용이 포함되어 있다.

또한, 슐츠는 CEO로 복귀한 후, 미국 전역에 있는 7,000개 이상의 스타벅스 매장을 하루 동안 운영 중단하고 13만 5,000명의 바리스타를 대상으로 "에스프레소 엑설런스 트레이닝"을 실시한 것은 유명한 일화다. 이는 바리스타들이 완벽한 에스프레소를 뽑아내고 우유 거품을 적절하게 내는 기술을 습득하게 함으로써, 스타벅스가 커피에 대한 확고한 권위자 역할을 할 수 있도록 하기 위한 특단의 조치였다. 이로 인해 600만 달러의 손실이 발생하기는 했지만, 스타벅스가 혁신을 위한 첫걸음을 뗄 수 있었다는 평가다.[192]

이러한 전략은 위기 상황을 넘기기 위한 일시적 처방이 아니라, 조직의 지속가능한 성과 창출을 위해 핵심가치를 중심에 둔 근본적 접근이었다.

(3) 교육과 문화: 파트너십으로 이어지는 가치 실천

스타벅스에서는 신입 바리스타뿐만 아니라 파트타이머까지 이수해야 하는 교육 커리큘럼이 있다. 이는 스타벅스의 가치와 철학에 대한 교육이다. 직원들이 일에 대한 자부심과 동기부여를 위한 전략이다. 또한, 매뉴얼 대로만 행동하는 것을 방지하고 일을 하면서 고객을 응대할 수 있도록 하는 '5Be 카드' 칭찬제도를 운용하고 있다.[193]

5Be는 다음 **다섯 가지 행동 지침**을 포함한다.
① **Be welcoming**(환영합니다.)
② **Be genuine**(감동을 전합니다)
③ **Be considerate**(서로 배려합니다)
④ **Be knowledgeable**(지식을 갖춥니다)
⑤ **Be involved**(함께 합니다)

스타벅스는 좋은 사례라고 판단되는 것은 모든 매장에 전파하여 교육하였다. 또한, 매장 내 직원들을 '파트너'라고 부르는데, 이는 스타벅스가 지닌 커피에 대한 열정을 고객들에게 전달하는 역할을 강조하기 위해 붙인 명칭이다. '파트너'라는 호칭은 그들이 단순히 커피를 판매하는 것이 아니라, 커피에 대한 열정과 스타벅스의 자부심을 함께 판다는 것을 몸소 느끼게 했다. 한국에서는 '스타벅스 아카데미'라는 모바일 플랫폼을 도입해 국내 8,000명의 파트너에게 실시간 교육을 제공하고 있다. 이처럼 높은 고객 만족도로 스타벅스가 입점하는 지역마다 부동산 가격이 급등하는 기이한 패턴을 만들었으며 '스세권[194]'으로 불리는 이 현상은 단순히 한국에만 국한되는 것은 아니다.[195]

(4) 브랜드 가치와 슐츠의 리더십

스타벅스는 단순한 커피 프랜차이즈를 넘어 사회적 공간을 창조하는 브랜드로 발전해왔다. '스세권(스타벅스+역세권)'이라는 신조어가 생겨날 정도로 매장의 입점이 지역 가치에 영향을 주는 사례는 한국뿐만 아니라 전 세계적으로 관찰되고 있다.

영국의 브랜드 가치 평가 컨설팅 회사 브랜드 파이낸스(Brand Finance)는 'RESTAURANTS 25 2023'을 통해 스타벅스(Starbucks)가 세계에서 가장 가치 있는 레스토랑 브랜드라고 발표했다. 이는 7년 연속 1위 기록이다. '지속가능성 인식 가치'도 가장 높은 것으로 나타났으며 스타벅스 다음으로 맥도날드·KFC·도미노피자·써브웨이·타코벨 순이다.[196]

스타벅스의 이러한 성공은 사명과 핵심가치의 유지에 있다고 볼 수 있다. 아래의 말은 최고경영자 슐츠가 말한 내용으로 스타벅스의 가치에 대한 생각을 단적으로 드러낸다.

"한 잔의 에스프레소를 뽑아내는 일은 일종의 예술이다. 바리스타는 음료의 질(質)을 위해 온 마음을 기울여야 한다. 만일

바리스타가 적당히 시늉만 하거나 충분히 애정을 기울이지 않아 너무 싱겁거나 너무 쓴, 질(質)이 낮은 에스프레소를 만들어 낸다면 그것은 스타벅스가 40년 전부터 전념해 온 핵심가치인 "인간의 정신에 영감을 불어 넣는다"라는 본질을 잃어버리는 행위이다."[197]

이 말은 스타벅스가 단순한 커피 판매 기업이 아니라, 고객의 일상에 감동을 불어넣는 '가치 중심의 조직'임을 잘 보여준다. 스타벅스는 사명, 철학, 문화, 운영 전략 모든 면에서 핵심가치를 내면화하고 실천하는 글로벌 기업의 전형이라 할 수 있다.

(5) 군 조직에 주는 시사점

지금까지 일류기업들이 핵심가치를 설정하고 이를 신념화하기 위해 기울이는 노력에 대해 살펴보았다. 공통적으로 핵심가치를 조직의 DNA로 삼고 이를 전사적으로 실천하고 있었다. 이들 기업은 위기 속에서도 핵심가치를 되새기며 재도약의 기회를 만들어냈으며, 모든 전략과 운영의 중심에 사람 중심의 가치 실천이 놓여 있었다.

이것은 군 조직이 합동성을 강화하는 과정에서도 본질적으로 필요한 통찰을 제공한다. 핵심가치의 확립과 실천 없이는 조직의 성과와 시너지 창출은 기대할 수 없다는 사실이다.

제2절 군사 선진국의 핵심가치 적용사례

　군사 선진국의 선정 기준은 한반도의 안보환경을 고려하여 자유민주주의 체제, 합동군제의 채택 여부, 다양한 군사작전 수행 능력, 전투력의 신속한 투입 가능성, 국제 협력체제 참여도, 실전 경험 및 국민의 군에 대한 존중 문화 등을 종합적으로 반영하였다. 이에 따라 미국, 영국, 이스라엘을 선정하였다. 특히 이스라엘은 통합군제를 채택하고 있음에도 불구하고, 실질적 군사력 건설과 교리 발전, 교육 훈련은 각 군종 주관 하에 이루어지고 있고, 공군과 해군 총사령관이 독자적 작전을 수행할 수 있다는 점에서 포함하였다.

　미국과 영국은 합동군제를 적용하고 있고, 각 군종을 통합한 조직인 美 통합전투사령부(UCC: Unified Combatant Command)[198]와 英 합동군사령부(JFC: Joint Forces Command)[199]가 합동작전 임무를 담당하고 있기에 합동군(Joint Force) 용어를 사용했으며, 이스라엘은 자국군 명칭인 이스라엘 방위군(IDF)용어를 사용하였다.

1. 美 합동군

(1) 미군의 군종별 핵심가치

미군은 군종별로 고유한 전통과 문화, 군사적 능력, 임무와 특성에 맞는 핵심가치를 가지고 있다. 육군은 7대 핵심가치를 가지고 있다. 충성(Loyalty), 의무(Duty), 존경(Respect), 봉사(Selfless Service), 명예(Honor), 정직(Integrity), 용기(Personal Courage)이며, 단어들의 앞 첫 글자만 읽으면 LDRSHIP(리더십)이며 미 육군의 정신적 지주 역할을 하고 있다.[200]

해군의 핵심가치는 명예(Honor), 용기(Courage), 헌신(Commitment)이며 이러한 세 가지 가치는 해군 초기부터 오늘날까지 이어지고 있다.[201]

공군의 핵심가치는 진실성 우선(integrity first), 자기희생(service before self), 모든 일에서의 탁월함(excellence in all we do)이며 공군을 하나로 묶는 공통의 유대감이며 조직문화의 중심이 되고 있다.[202]

대표적으로 美 육군의 핵심가치에 대해 살펴보자. 베트남 전쟁에서 美 군사원조사령관(Military Assistance Command, Vietnam)과 그 후에 육군참모총장(1972. 10.~1974. 9.)을 역임한 크리튼 에이브럼스 장군은 육군을 재건설하는 과정에서 최우선으로 육군의 가치를 재정립해야 한다고 믿고 다양하고도 심층 깊은 연구를 실시하였다. 그 결과, 장교들에게 뿌리 깊게 박혀있던 냉소주의, 군 지휘관에 대한 불신, 학연과 지연에 의한 진출 등의 문제가 조사되었고, 에이브럼스 육군참모총장은 이를 해결하기 위한 가장 최우선의 과제로 육군 가치의 재정립을 선정하였다.[203]

그렇게 하여 용기, 정직, 헌신, 능력 등의 육군 핵심가치를 정립하였고, 이 가치를 공유하기 위해 다양한 노력을 기울였다. 베트남 전쟁 후 군의 다운사이징의 소용돌이 속에서도 가치에 대한 신뢰를 지켜나갔고 마침내 1991년 걸프전쟁으로 대별되는 '사막의 폭풍 작전'을 성공적으로 수행하였다. 걸프전쟁 이후에도 약 21만 명의 현역과 소집된 약 15만 명의 예비군을 감축하는 혼란된 상황 속에서도 군의 가치를 굳건히 지켜나갔다고 평가하고 있다. 군의 가치는 군을 바로 세우는 초석이자 미래 지향적 군대의 근간을 만들어 준다.[204] 현재의 7대 핵심가치는 1996년 美 육군참모총장 백서 '육군비전 2010(1996. 11. 12.)'에서 최초로 언급되어 오늘에 이르고 있다.

(2) 미 합동군의 핵심가치 정립

■ 1991년, JP 1에 제시된 합동군의 핵심가치

미 합동군의 핵심가치는 1991년 11월 발간된 미군의 군사기본교리 JP 1 『Joint Warfare of the US Armed Forces: Joint Warfare is Team Warfare』에서 최초 제시되었다. 걸프전쟁(1990. 8. 2. ~1991. 2. 28.)의 경험을 토대로 발간되었으며 당시 합참의장은

걸프전쟁의 영웅 콜린 파월(Colin Powell)이었다.

파월 합참의장은 걸프전쟁을 통하여 합동군의 팀워크, 각 군종 간의 존중과 신뢰 등의 중요함을 인식했으며, 이러한 파월의 철학은 1991년 JP 1에 잘 담겨 있다. JP 1 서두에 제시된 〈표 4-2〉 Message From The Chairman(합참의장의 메시지)에 합동군의 가치가 잘 나타나 있다.

〈표 4-2〉 Message From The Chairman

Joint Warfare is Team Warfar
(합동전쟁은 팀 전쟁이다)

11 November 1991

- 어느 팀이 경기에 임하게 될 때, 개개인 전문가들은 팀 승리를 달성하기 위해 함께 일한다. 모든 참가자들은 다른 참가자들과 자기 팀, 그리고 고향 사람들이 그들이 승리할 것으로 믿고 있기 때문에 그들은 최선을 다하기 위해 노력한다.
- 그래서 미국 군대가 전쟁에 나갈 때, 우리는 매번 승리해야만 한다.
- 모든 장병들은 그들의 부대가 세상에서 최고의 부대라는 것을 믿고 전장에 나가야 한다.
- 모든 조종사들은 하늘에서 그들보다 더 나은 조종사들이 없다는 것을 믿고 이륙해야 한다.
- 입초 중인 모든 해군 수병들은 바다 위에 이보다 더 좋은 배는 없다고 믿어야 한다.
- 모든 해병들은 이 세상에서 그들보다 더 우수한 해병은 없다는 것을 믿고 해안을 공격해야 한다.
- 그러나 그들 모두는 팀의 일원이며, 하나의 합동팀이라는 믿고 승리를 위해 함께 싸워야 한다는 것 또한 믿어야 한다.
- 이것이 우리의 역사이고 전통이며 우리의 미래이다.

COLIN L. POWELL, Chairman Joint Chiefs of Staff

출처: US JCS. *JP 1 Joint Warfare of the US Armed Forces* 1991. p. ii.

이 메시지는 "Joint Warfare is Team Warfare(합동전쟁은 팀 전쟁이다)"라는 문구가 핵심으로, "각 군종의 요원들은 모두 합동 팀의 일원이라는 것, 함께 싸워서 승리한다는 것을 믿어야 한다"라는 것을 강조하고 있다.[205]

합동군의 가치는 JP 1 Ⅱ장 'Value in Joint Warfare'에서 제시된다. 미국 군대에서의 복무는 가치에 기반을 두고 있으며, 이러한 가치가 전투 승리의 기초가 되었음은 군사 경험에서 증명되었음을 강조하며 5가지의 가치를 제시한다.[206]

- Integrity(진실성): 신뢰를 구축하는 초석이며, 효과적인 팀을 구축하는 데 큰 역할을 한다.
- Competence(능력): 美 국민과 우리의 관계의 중심에 있으며, 지휘관과 부하들 간에 상호 응집력을 강화시킨다. 동료 시민들은 우리가 모든 전쟁에서 유능하기를 기대한다.
- Physical courage(육체적 용기): 미국은 무한한 용기를 지닌 육·해·공군·해병대 및 해안 경비대의 장병들에 의해 지켜져 왔다. 첨단 과학기술이 적용된 전쟁에서도 장병의 감투 정신과 용기는 전투 팀워크를 강화하는 요인이다.
- Moral courage(도덕적 용기): 군사작전에서 필수적이며, 이는 신념이 비인기적이거나 기존 지혜에 반하더라도 끝까지 추진하는 의지를 포함한다. 또한, 군사력을 도덕적으로 행사할 용기가 필요하며, 양심적 행동은 군 내부 및 국민과

의 유대를 강화하여 군사력의 근본적 기반을 공고히 한다.
- Teamwork(팀워크): 공동 목표달성을 위한 협력이며, 미국 군대는 하나의 팀으로서 이를 중시한다. 미국 사회는 팀워크를 중요한 가치로 여기며, 이는 합동팀 구축의 기반이 된다. 효과적인 팀워크를 위해 신뢰, 자신감, 권한 위임, 협력이 필수적이다.

이후에도 미군은 이러한 가치를 중심으로 합동성과 조직윤리의 기반을 강화해 나갔다.

■ 군 전문성 백서와 핵심가치 정립

합동군의 가치는 2012년 美 제17대 합참의장 마틴 뎀프시(Martin E. Dempsey)가 발간한 '미군-군 전문성 백서(America's Military-A Profession of Arms White Paper)'를 통해 발전하게 된다. 뎀프시는 급변하는 안보환경 속에서 미 합동군의 역할과 책임을 상기시키고, 미군의 전문직업주의(Profession of Arms)를 강조하며 합동군의 핵심가치를 재확인했다.

뎀프시는 백서에서 합동군의 가치로 의무(Duty), 명예(Honor), 용기(Courage), 정직(Integrity), 봉사(Selfless Service) 다섯 가지를 강조했다.[207] 이후, 2013년 3월, 美 군사기본교리에 '미군-군(軍) 전문성 백서(America's Military-A Profession of Arms White

Paper)' 내용을 근거로 다섯 가지 가치(Values)가 반영되었다.

　미 합동군의 가치는 '군(軍)의 전문성(The Profession of Arms)' 영역에 속하며, 전문가란 인격과 능력을 모두 갖춘 사람이라고 정의된다. 군 전문가는 국가 방위를 책임지므로, 합동 지휘자는 전쟁 수행의 전문가여야 한다. 이들은 활동적이고 지적이며, 업무에 능숙할 뿐만 아니라 군사학에 정통한 도덕적 개인(moral individuals)이어야 한다고 강조한다.[208]

　이러한 가치는 작전 성공에 필수적인 요소로 입증된 가치들을 기반으로 하며, 가장 이상적인 사회규범을 따르는 것으로 각 군에 공통으로 적용된다. 또한, 이는 군사적 전문성의 본질에 해당한다.[209]

　현재 미 합동군의 핵심가치는 아래와 같다.[210]

〈그림 4-4〉 美 합동군의 핵심가치

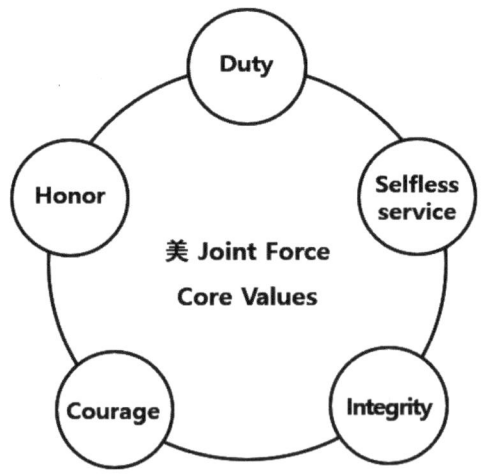

- Duty(의무): 구성원을 하나로 묶고 헌법의 수호자이자 국가에 봉사하는 도덕적 책임과 사리사욕을 배제한 충성.
- Honor(명예): 의무를 윤리적으로 이행하도록 규정하는 행동강령으로 도덕적 모범과 정직, 상호 존중과 배려를 실천하는 자질
- Courage(용기): 육체적·정신적 측면을 포함하며, 육체적 고통, 고난, 죽음의 위협에 맞서는 능력과 위험을 감수하는 용기, 강인함, 책임감이 포함됨
- Integrity(정직): 우리의 인격을 형성하는 기반이며 조직 신뢰의 초석, 행동과 언행의 일치를 의미
- Selfless Service(봉사): 국가와 군사적 임무를 개인보다 우선하는 태도를 의미하며 공동의 목표를 달성하기 위한 팀워크의 촉매제

(3) 핵심가치 내면화와 가치 기반 조직으로서 합동군

美 합동군 구성원은 이러한 가치를 내면화하고 구현해야 한다. 이 가치들에 충실하면 개별적 행동들의 효과를 배가시키는 시너지를 만들어내는 데 도움이 된다.[211] 이러한 美 합동군의 핵심가치는 군인이자 민주시민으로서 갖춰야 할 사고와 행동의 기준을 제시하며, 작전 성공을 위한 필수요소로 인식되고 있다.

핵심가치의 신념화를 위해 미 합동군의 가장 상위 교리인 군사기본교리(JP 1 Doctrine for the Armed Forces of the United

States)에 핵심가치 내용이 반영되어 있으며, 교육기관에서는 합동군의 가치를 체계적으로 교육하고 있다. 美 JFSC(Joint Forces Staff College, 美 합동참모대학)에서는 합동교리, 합동역량뿐만 아니라 팀워크를 실현하는 데 요구되는 합동 이해, 상호의존에 필수적인 공통된 관점과 합동군의 핵심가치, 전략적 비전을 교육하고 있다.[212]

미국군은 합동성 강화와 효과적인 합동작전을 위해 합동전문군사교육(JPME: Joint Professional Military Education)을 체계적으로 실시하고 있다. 합동전문군사교육은 3단계(JPME Ⅰ, JPME Ⅱ, JPME Ⅲ)로 구분되며 단계별 그 교육범위가 다르며 의회에서 제정한 연방법 제10조(Title 10, United States Code)에 근거하여 합참의장의 지침인 '장교전문군사교육'정책에 의거 엄격하게 통제된다.[213] 미군의 합동성을 주도하는 장교들은 이러한 합동군사교육 단계를 거치면서 자연스럽게 합동성의 중요성과 합동군의 가치, 리더십을 내재화하게 된다.

前 미국 20대 합참의장(2019. 10. 1.~2023. 9. 30.) 마크 밀리(Mark A. Milley) 대장은 취임 시 다섯 가지 지휘중점을 제시한다.[214]

① 우리의 가치를 유지하자
　(Sustain our values)
② 합동전투준비태세를 향상시키자

(Improve joint warfighting readiness)
③ 미래의 합동군을 개발하자
　　(Develop the Joint Force of the future)
④ 합동군의 리더를 육성하고 역량을 강화하자
　　(Develop and empower Joint Force leaders)
⑤ 우리의 국민과 가족을 돌보자
　　(Take care of our people and families)

지휘중점을 보면 가치(Values), 합동군(Joint Force), 합동군의 리더(Joint Force leader), 국민(People) 등의 단어가 눈에 띈다. 이것은 가치와 합동군이 연결되어 있음을 말해준다. 즉 합동군이 가치기반의 조직이라는 것을 대변하는 것이다. 지휘중점 첫 번째의 의미는 "미국의 가치는 지난 2세기 반 동안 미국을 강하게 만들어 왔으며, 우리의 미국 헌법에 대한 헌신은 결코, 흔들리지 않을 것이다"라는 뜻이다. 즉, 美 합동군은 미국 헌법을 수호하는 신념, 가치를 지닌 조직인 것이다.

(4) 우리 군에 주는 시사점

미군의 사례는 합동성과 군 전문성, 그리고 핵심가치의 신념화가 긴밀히 연결되어 있다는 점을 보여준다. 베트남전 패배를 극복하고, 걸프전 승리를 견인한 근본적 원동력은 무기체계의 우월성보다 가치를 중심으로 조직을 바로 세운 노력에 있었다.

이것은 우리 군이 합동성을 강화하는 데 있어, 조직과 제도적 정비나 훈련 수준 향상뿐만 아니라 핵심가치 정립과 내면화가 병행되어야 함을 시사한다.

2. 英 합동군

영국은 오랜 군대의 역사를 지니고 있으며, 수많은 전쟁을 경험해왔다. 현대에 이르러서도 6·25전쟁뿐만 아니라 걸프전쟁, 이라크전쟁, 아프가니스탄 전쟁 등에 참가했으며, 일부 지역에서는 현재도 군사작전을 수행하고 있다. 영국 왕실은 노블레스 오블리주(Noblesse Oblige) 정신을 실천해왔으며, 엘리자베스 2세 여왕 역시 군 복무를 했을 뿐만 아니라, 그녀의 아들들도 군에서 복무했다. 특히 차남인 앤드루 왕자는 해군사관학교를 졸업한 후 포클랜드 전쟁에 참전했으며, 영국 해군에서 22년간 복무했다. 또한, 왕세손 윌리엄 왕자는 육군사관학교를 졸업한 후 전투헬기 조종사가 되어 아프가니스탄 전쟁에서도 임무를 수행했다.[215]

영국은 19세기에서 20세기 초까지 막강한 군사력, 특히 해군력을 기반으로 '해가 지지 않는 제국'을 건설하였으며, 이러한 군사적 우위를 바탕으로 제1차 세계대전과 제2차 세계대전에서 연합군의 승리에 중요한 역할을 했다. 전쟁 이후에도 영국은 강한 군사력을 유지하며 NATO(North Atlantic Treaty

Organization, 북대서양조약기구)의 핵심 회원국으로서 다국적 작전에 적극적으로 참여하고 있다. 이를 통해 영국은 국제 안보와 평화 유지에 기여하며, 과거의 군사적 전통을 현대의 전략적 역할로 이어가고 있다.

(1) 포클랜드 전쟁 이후의 합동성 강화

영국군의 합동성 강화 노력은 포클랜드 전쟁을 계기로 시작되었다. 1982년 영국의 최첨단 구축함 쉐필드호(HMS Sheffield)에 아르헨티나 군함에서 발사한 프랑스산 엑소세 미사일이 명중되어 세필드호는 침몰했고, 전쟁은 영국군의 승리로 끝났으나 예상보다 긴 75일 동안 진행되었고, 영국군의 희생도 컸다. 당시 영국군은 많은 비판에 직면했는데 가장 큰 비판은 해군과 공군의 소통 부족이었다. 이후 1983년에 상설합동작전본부를 설치하여 합동작전을 수립하고 시행하는데 핵심적 역할을 수행토록 했으며, 1997년에는 각 군 대학을 폐지하고 합동지휘참모대학을 창설하여 1998년부터 통합교육을 실시하였다. 특히, 2012년에는 합동군사령부를 편성하여 3군의 모든 군사작전을 지휘하며 첩보수집, 정찰, 정보분석, 특수작전 등을 담당하도록 했다.[216]

영국군은 합동성 강화를 위한 다각적인 노력을 전개하고 있으며 핵심가치 신념화를 위해 군사기본교리에 가치를 반영하고 교육을 강화하고 있다.

(2) 영국군의 가치와 표준

영국군 또한 미국군과 마찬가지로 군종별 고유의 가치(Values)와 표준(Standards)을 가지고 있으며 이를 바탕으로 통합성과 윤리적 정체성을 강화하고 있다.

■ **영국 각 군의 핵심가치**

2018년 영국 육군(British Army)에서 발행한 『Values and Standards of the British Army』에 따르면, 영국 육군의 핵심가치는 용기(Courage), 기율(Discipline), 타인 존중(Respect for others), 진실성(Integrity), 충성(Loyalty), 이기심 없는 헌신(Selfless commitment)이다. 또한, 군인의 행동 기준으로 합법적(Lawful), 허용 가능한 행동(Acceptable), 전문적(Professional)이라는 표준을 제시하고 있다.[217] 이러한 가치와 표준은 단순한 행동규범을 넘어, 영국 육군이 지향하는 정신적 기반을 이루고 있다.

영국 해군(Royal Navy)은 오랜 역사와 전통을 자랑하는 군종으로, 수 세기 동안 해상 패권을 유지하며 '해가 지지 않는 제국'의 핵심 전력으로 활약해왔다. 이러한 전통 속에서 형성된 영국 해군의 핵심가치는 용기(Courage), 헌신(Commitment), 규율(Discipline), 존중(Respect), 진실성(Integrity)으로 정리된다.[218]

영국 공군(Royal Air Force, RAF)은 1918년 창설된 세계 최초

의 독립 공군으로, 제1차 세계대전과 제2차 세계대전에서 중요한 역할을 수행하며 영국의 하늘을 지켜왔다. 이러한 역사 속에서 영국 공군(Royal Air Force)은 존중(Respect), 진실성(Integrity), 봉사(Service), 탁월함(Excellence)을 핵심가치로 삼고 있으며, 이 가치의 앞글자를 따서 'RISE'라고 부르기도 한다.[219]

■ 영 합동군의 핵심가치

이러한 각 군의 가치는 영국 합동교범 0-01 『UK Defence Doctrine』을 통해 합동군 차원에서 통합되어 적용된다. 이 교범은 영국 합동군의 최상위 교범으로 국방 운용방법에 관한 철학과 원칙들이 기술되어 있다. 합동교범 0-01에서는 전투력(Fighting power)을 싸우는 능력으로 규정하고 있으며, 전투력은 개념적인 요소(사고 과정), 도덕적 요소(사람들을 싸우게 하는 능력), 물리적 요소(싸우는 수단)로 구성된다고 한다. 세 가지 차원 중 도덕적 요소에 핵심가치가 반영되어 있다.

<그림 4-5> 전투력 구성요소

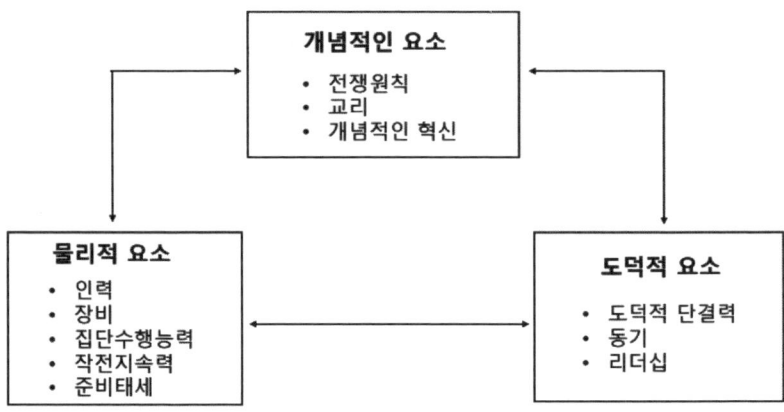

출처: Development, Concepts and Doctrine Centre. *JDP 0-01(5th) UK Defence Doctrine* (2017. 12), p. 25.

　전투력의 개념적인 요소(Conceptual component)는 군 관련 인원이 수행해야 할 직무와 활동에 대한 이해를 발전시키는 사고의 틀을 제공한다. 이것은 전쟁의 원칙, 교리, 개념적 혁신으로 구성된다. 도덕적 요소(Moral component)는 군인이 전투에 임하도록 만드는 요소로, 도덕적 단결력, 동기, 리더십이라는 세 가지 상호 연관된 기능을 포함한다. 물리적 요소(Physical component)는 전투를 수행하는 수단을 제공하며, 준비태세를 갖춘 인력, 훈련, 집단 임무 수행, 장비, 작전 지속 능력으로 구성된다.[220] 英 합동군의 가치와 정신은 전투력 구성요소 중 도덕적 요소에 반영되어 있다.

도덕적 단결력(Moral cohesion)은 전투를 수행하고 지속하는 도덕적 용기의 기반이 되며, 도덕적 정직성은 이러한 단결력을 강화한다. 단결력은 개인들이 함께 일하며 과업과 보상을 분담할 때 형성되며, 공통의 목표달성을 위해 상호 협력할 때 더욱 강화된다. 도덕적 단결력은 공유된 경험, 가치에 대한 공감, 적절한 군기 및 집단적 동질성을 기반으로 하며, 공통의 가치와 기준을 공유함으로써 유지된다. 또한, 직업정신, 자부심, 전통을 통해 더욱 확고해진다.[221]

英 합동군의 핵심가치는 문화적 동질성과 강한 군사적 명성이 결합된 직업정신(Professional ethos)에서 비롯되며, 이는 강력한 도덕적 힘이 된다.

직업정신에 포함되는 핵심가치는 육체적 및 도덕적 용기(Physical and moral courage), 이타적 헌신(Selfless commitment), 충성심(Loyalty), 정신적 민첩성(Mental agility), 주도성(Initiative), 지구력(Stamina), 적응력(Adaptability), 팀워크(Teamwork) 등으로 구성된다. 또한, 도덕적 정직성(Moral integrity), 동기(Motivation), 리더십(Leadership) 등의 가치도 중요한 요소로 강조되고 있다.[222]

현대 영국 군대의 윤리 체계에서 군인들에게 요구되는 이타적인 헌신, 충성, 진실성, 용기 등의 가치와 덕목은 기독교적 이념과 연관된 것으로 해석된다. 물론, 헌신과 충성은 특정 종교에 국한되지 않는 보편적인 가치이지만, 영국에서 최초로 군대 윤리를 제정할 당시 철학적 원리와 기독교적 사상이 상당한 영향을 미쳤다는 것이 학자들의 일반적인 견해이다.[223]

(3) 가치 내면화를 위한 노력

영국 국방부는 교육훈련지시를 통하여 "Values, Standards and Ethos Training(가치, 표준 및 정신교육)"이 단계적으로 실시되도록 하고 있다.[224]

1단계는 신병들이 군 문화에 적응함에 따라, 그들이 소속된 군(軍)의 가치, 기준 및 윤리를 내재화하는 것이 필수적이다. 따라서 가치, 기준 및 윤리 교육은 1단계 훈련의 필수요소이며 1단계 훈련이 끝날 때까지, 그리고 본격적인 군 복무를 시작하기 전에 초기 훈련 정책에서 정한 교육 기준을 충족해야 한다.

2단계는 훈련 기간이 6개월을 초과할 경우 연속 훈련이 제공되어야 한다. 이는 수료생들이 본격적인 군 복무에 앞서 군종별 가치, 기준 및 윤리 교육 기준을 충족하도록 보장하기 위한 것이다. 또한, 정기적으로 가치, 기준 및 윤리 교육의 중요성을 강조하고 있다. 아울러 중견간부, 고위급 장교들을 대상으로 합동지휘참모대학과 국방 리더십 센터에서 리더십, 협업, 의사소통 교육을 시행하고 있다.[225]

특히, 우리 군의 합동고급과정에 해당하는 합동지휘참모대학의 '고급지휘참모과정(Advanced command and Staff Course)'에서는 약 1년 동안 비판적으로 생각하고 군사적 맥락에서 도덕적, 윤리적, 합법적인 면 등을 고려하여 결정하도록 권장된다. 또한, 효과적인 의사소통 및 협업을 통해 다른 사람을 이끌고 자신을 개발할 수 있는 능력을 개발하는 데 중점을 두고 있다.[226]

英 합동군의 합동성과 가치에 대한 생각은 아래 문장에 잘 함축되어 있다.

> "우리는 모두 서로를 의지한다. 우리 모두는 적절한 수준에서 통합된다. 우리는 우리의 출신 종족과 배경 그리고 정신(Ethos)을 마음 깊숙이 존중하며, 이러한 존중은 적절한 상황에 처하게 되었을 때 필요한 경쟁력이 될 수 있다. 그러나 우리는 당연히 서로 연대(Joint)되어 있다."[227]
> -前 부 국방참모총장 공군대장 스튜어트 피치 경(Sir Stuart Peach)-

3. 이스라엘 방위군

(1) 역사적 배경과 조직 정체성

이스라엘은 2천 년간의 디아스포라(Diaspora)[228]와 제2차 세계대전 시 독일군에 의한 홀로코스트(Holocaust)[229]를 겪었으며, 전후 독립전쟁을 비롯한 여러 차례의 중동전쟁을 치렀다. 2025년 1월 현재, 이스라엘은 하마스와 전쟁을 진행 중이며, 레바논 무장단체 헤즈볼라와도 전투를 벌이고 있다.[230] 이스라엘과 대한민국은 전쟁 경험과 적대 세력의 도발에 대한 대비태세 유지, 징병제 운용, 기술 강군 육성, 미국과의 긴밀한 군사협력 면 등에서 공통점이 있다. 우리 군으로서는 이스라엘의 사례에서 교훈을 찾을 수 있을 것이다.

이스라엘 방위군(IDF: Israel Defense Force, 이하 IDF)은 이스라엘의 독립선언 12일 후인 1948년 5월 26일 다비드 벤구리온(David Ben-Gurion) 총리가 발표한 법령에 따라 공식적으로 창설되었다.[231] IDF의 주요 특징으로 민군 총력전 개념을 적용하고 있다. 군 복무는 유대교 시민으로 양성하기 위한 국민교육 과정이며 18세 이상 남녀는 의무복무를 하며 고졸 이후의 입대 시기가 동일하며 의무복무 기간은 남자는 3년, 여자는 2년이다. 현역 복무 후 일정 기간 예비군 복무를 하며 예비군이 전투력의 72%를 담당하고 있다.[232]

IDF는 군대만의 문화가 형성되어 있기보다는 가정과 학교에서부터 자리를 잡은 신앙심과 유대인의 고유한 문화의 영향을 강하게 받고 있다. 따라서 이스라엘 군대에서 이루어지는 교육과 군대 문화의 특징들은 이스라엘의 가정과 학교, 예배당의 교육과 종교·문화적인 환경과 밀접하게 연결되어 있다.[233]

IDF의 기상, 정신을 한마디로 표현하면 마사다 정신(Masada sprit)이라 할 수 있다. 마사다는 예루살렘 남쪽 100Km에 있는 요새로 AD 70년 예루살렘이 함락되자 유대인들이 로마군에게 마지막으로 항전했던 곳이다. 960명의 유대인은 성이 무너지자 노예로 살기보다 전원 죽음을 선택했고, 이스라엘은 해마다 장교 임관식 때 그곳에 모여 로마군에 끝까지 항전한 그들을 추모한다. 마사다는 오늘날 유대민족 용기의 상징이 되었으며 청년단체들은 그곳의 산을 오르는 연례행사를 하고 있다. 마사다는 장병들과 학생들의 민족정신 고취를 위한 교육장이자 성지로 활용되고 있으며 오늘날 이스라엘이 아랍권에 둘러싸여 있으면서도 국가의 생존과 번영을 누릴 수 있는 것은 이러한 마사다의 군인정신이 원동력이 되었다고 말할 수 있다.[234]

(2) IDF의 윤리강령과 핵심가치

IDF의 핵심가치는 1992년 제정된 IDF의 윤리강령에 포함되어 있으며 마사다 정신 즉, 자유를 위한 숭고한 죽음, 국가와 민족을 위한 애국심 등이 뿌리를 이루고 있다. IDF의 핵심가치는 아래 표와 같다.

IDF의 핵심가치[235] 첫 번째는 '이스라엘 국가방위와 국민을 보호'하는 것이다. 이것은 IDF의 존재 목적으로 이스라엘의 독립을 보호하고, 이스라엘 주민들의 안전을 보장하는 것이다.

<표 4-3> 이스라엘군의 윤리강령 및 핵심가치[236]

구분	세부 내용	비고
4대 원천	① 이스라엘 방위군의 전통 및 군대 유산 ② 이스라엘 국가의 전통, 민주주의 원칙, 법과 제도 ③ 유대민족의 역사적 전통 ④ 인간의 존엄성에 기반을 둔 도덕적 가치	이스라엘 방위군 정신을 구성하는 원천
4대 핵심 가치	① 국가방위와 국민 보호(군의 목표) ② 애국과 충성(군의 최고 지향가치) ③ 인간의 존엄성(군의 의무) ④ 국가적 지위(국가와 국민의 군대로서 행동)	이스라엘 방위군의 중심사상
10대 기본 가치	① 임무에 대한 인내와 승리에 대한 추구 ② 책임완수 ③ 신뢰성과 믿음직함 ④ 모범적인 행동 ⑤ 인간 생명 존중 ⑥ 신성한 무기 사용 ⑦ 전문성 구비 ⑧ 규율 ⑨ 전우애 ⑩ 임무 의식	이스라엘 방위군의 핵심가치로부터 도출된 10대 가치

두 번째 가치는 '애국과 이스라엘에 대한 충성'이다. 애국심과 이스라엘 국가와 국민에 대한 헌신은 IDF 복무의 핵심이자 최고 지향가치이다.

세 번째 가치는 '인간의 존엄성'으로 IDF와 군인들은 인간의 존엄성을 보호할 의무가 있으며 모든 개인은 그들의 민족, 종교, 국적, 성별 또는 신분과 관계없이 고유한 가치를 지닌다.

네 번째 가치는 '국가적 지위(Statehood)'이다. IDF는 국민의 군대이자 이스라엘 국가의 군대로, 이스라엘 국가의 법과 정부의 통제를 받는다. IDF 군인들은 임무, IDF의 가치 및 이스라엘 안전을 최우선으로 행동할 것이다. 그들은 정직하고 실용적이며 품위 있게 행동할 것이다.

(3) 가치 신념화를 위한 교육 시스템

IDF는 핵심가치를 신념화하고 실천하기 위해 인격교육을 정신교육의 기본으로 삼고 있다. 지휘관들은 부하를 민족의 일꾼이자 하나님의 선물로 여기며 인격적으로 존중한다. 또한, 교육은 질의응답과 토론 중심으로 이루어져, 배운 내용이 단순한 지식이 아니라 실제 행동으로 체화되는 특징을 가진다.[237]

IDF는 교육에서 토론과 현장 교육을 중점적으로 활용한다. 특히, 박물관 방문과 유대인의 역사의식을 고취하는 문화 탐방에 많은 시간을 할애한다. 교육과정에는 성경에 기록된 이스라엘의 역사적 장소, 야드바셈(국립 홀로코스트 추모관), 게토 저항군 기념관, 마사다(Masada) 등의 견학이 포함된다. 이를 통해 이스라엘 군인들은 현장 교육을 바탕으로 유대 민족의 정신과 군(軍)의 핵심가치를 신념화한다.

이스라엘은 다양한 군사 교육기관을 통합 운영하며, 군별로 필요한 군사학교도 독립적으로 운영하고 있다. 이러한 교육기관에서는 이스라엘군의 윤리강령, 핵심가치, 리더십 등을 교육한다. 이스라엘에는 별도의 사관학교가 없으며, 병사 중에서 우수한 인재를 선발하여 장교로 훈련하는 구조를 갖추고 있다.

IDF의 대표적인 군 교육기관은 다음과 같다.[238]

- **이스라엘 국방대학(Israel National Defense College)**: IDF의 고위 간부들을 대상으로 국가안보, 리더십 등을 교육하며 10개월의 교육기간을 통하여 정치학 석사 학위를 취득한다.
- **Command & Staff(PUM) Course:** 우리 군의 합동고급과정과 유사한 교육 과정이며 IDF의 중령급 이상을 대상으로 교육을 시행한다. 17주 교육기간 동안 군사적 전문성을 확장시키고 전략과 각 군종의 통합을 강화한다. 이 과정의 목표는 고위 장교로서 정체성을 강화하고 지휘 및 리더십 능력을 개발하는 것이다.
- **부사관학교(The School for NCOs)**: IDF의 부사관들을 더욱 강화하기 위하여 2017년 10월에 운영되기 시작했다. 학교의 사명은 IDF 부사관(NCO)을 위한 통일된 훈련센터 역할을 하고 IDF와 이스라엘 국가에 대한 자부심과 소속감을 더욱 키우는 것이다.
- **전술 지휘대학(Tactical Command Colleges)**: 지휘관 직책 수행을 위해 장교를 준비시키고 전술적 수준에서 지휘하는데 필요한 지식을 제공한다. 이 과정은 2년 동안 진행되며 군사적 전문성, 지휘, 리더십, 가치 및 사회규범 분

야의 포괄적 연구를 하며 학사 학위를 수여받는다.

IDF의 핵심가치 교육의 특징은 유대인 민족의 정체성, 이스라엘 시민으로서의 일체감 형성과 깊게 연관되어 있으며 현장 교육과 질의응답, 토의식 교육을 중시한다는 것이다. 이를 통해 각 군 전투력의 효율적인 통합을 추구하며 IDF의 전투력 발휘의 토대를 형성하고 있다.

제3절 핵심정리: 우리 군의 변화를 위한 교훈

본 장에서는 글로벌 일류기업과 군사 선진국의 핵심가치 실천 사례를 중심으로 핵심가치가 조직에 미치는 영향과 그 시사점을 분석하였다. 이를 통해 핵심가치가 단순한 선언적 구호가 아닌, 조직의 철학이자 정체성의 뿌리이며, 실질적인 성과 창출과 지속 가능한 성장의 기반임을 확인할 수 있었다. 다음은 기업과 군사조직의 사례에서 도출할 수 있는 핵심 교훈과 우리 군이 지향해야 할 변화 방향에 대한 고찰이다.

(1) 일류기업의 사례에서 얻은 교훈

글로벌 선도기업들의 성장 배경에는 탄탄한 기술력과 경영전략, 유능한 인재 등이 존재하지만, 그보다 근본적인 동력은 바로 조직의 영혼(Soul)[239]이라고 할 수 있는 핵심가치(Core Values)에 있다.

애플, 삼성 등 일류기업은 위기 상황에서 단순한 구조조정이나 외형적 변화보다 조직의 정신적 자산, 즉 핵심가치를 중심으로 변화의 동력을 형성해왔다. 핵심가치는 구성원 개개인이 조직을 이해하고 몰입하게 만드는 내적 나침반이자, 기업 전체가 하나의 팀으로 움직이게 하는 정체성의 중심이다.

핵심가치가 구성원들의 행동규범으로 내면화되면, 조직 내 신뢰와 팀워크, 연대의식이 강화된다. 이는 자연스럽게 성과로 이어지며, 더 나아가 기업의 사회적 책임과 지속가능성, 브랜드 신뢰도 형성에 기여한다. 이러한 점에서 핵심가치는 단순히 조직문화의 일부가 아니라, 위기와 혼란 속에서도 조직의 방향을 잃지 않게 하는 정신적 나침반의 역할을 수행한다.

(2) 군사 선진국의 사례에서 얻은 교훈

미국, 영국, 이스라엘 등 군사 선진국은 모두 핵심가치를 군 조직의 철학이자 작전 수행의 근간으로 삼고 있으며, 이를 제도화하고 실천하기 위한 다양한 노력을 기울이고 있다.

미국은 합동군의 핵심가치를 군사기본교리(JP 1)에 반영하여 '군의 전문성(Profession of Arms)' 차원에서 가르치고 있으며, 교육기관에서는 이 가치를 전략적 사고, 팀워크, 리더십의 토대로서 집중교육하고 있다. 합동성 강화를 위해 고안된 합동전문군사교육(JPME) 역시 핵심가치에 기반한 통합적 사고 함양에 중점을 둔다.

영국 또한 영국국방교리(UK Defence Doctrine)에 핵심가치를 명시하고 있으며, 합동지휘참모대학 등에서 이를 반복 학습

시킨다. 영국군은 '도덕적 요소(Moral Component)'라는 개념을 통해 핵심가치가 전투력 구성요소로 작동한다고 보며, 실제 전투 지속력과 단결력의 근간으로서 윤리·가치 교육을 강조한다.

이스라엘은 더욱 특수한 역사적 배경과 결합된 가치교육 체계를 갖추고 있다. 디아스포라와 홀로코스트의 집단기억은 IDF의 윤리강령과 마사다 정신을 통해 군의 핵심가치로 승화되었으며, 토론 중심 교육, 역사 현장 학습, 유대 민족의 전통과 종교에 기반한 가치 내면화 노력이 정교하게 구성되어 있다. IDF는 이념적 헌신과 민족적 정체성을 결합시켜 강력한 동기부여와 팀워크를 실현하는 대표적인 사례이다.

이들 군대의 공통점은 핵심가치를 조직의 철학적 중심축으로 삼아 교육, 행동, 조직문화 전반에 일관되게 반영하고 있다는 점이다. 핵심가치를 내면화한 구성원들은 군 조직에 대한 소속감과 연대감을 가지게 되며, 이는 상호 신뢰를 바탕으로 한 합동성 발휘와 전투력 향상으로 이어진다.

(3) 우리 군의 과제와 적용방안

반면, 우리의 합참·합동부대 등 합동군에는 영혼(Sprit)의 역할을 하는 핵심가치가 없다. 영혼이 없는 조직에서 정체성, 동질감을 찾는 것은 어불성설이며, 각 군의 전통과 문화, 각 군의 가치가 우선시될 수 있으며, 이것은 편협한 자군 중심주의로 흐를 가능성을 높인다. 이러한 조직에서 상호이해와 신뢰를 바탕으로 수준 높은 합동성을 발휘한다는 것은 어렵다.

우리 군의 최상위 교범인 『군사기본교리』에는 합동작전 개념, 지휘통제 체계, 군사력 운용지침 등이 기술되어 있으나, 정작 합동군이 어떤 철학과 가치관을 기반으로 군사행동을 수행해야 하는지에 대한 지침은 결여되어 있다. 이는 조직 내부의 결속과 정체성 형성에 심각한 제약을 초래하며, 합동성을 조직문화 차원에서 실현하기 어렵게 만든다.

앞으로의 과제는 분명하다. 합동군의 핵심가치를 정립하고 이를 군사기본교리에 반영하며, 교육체계 전반에 걸쳐 이를 신념화할 방안을 마련해야 한다. 핵심가치는 합동군 구성원 모두가 공유할 수 있어야 하며, 자군 중심주의를 극복하고 통합적 전투력으로 발전하기 위한 윤리적·정신적 기반이 되어야 한다.

또한, 합동군 리더십 교육과정을 통해 핵심가치를 체계적으로 내면화하도록 하고, 토론식 학습, 역사적 사례 학습 등 신념화 중심의 교육 방식으로 전환할 필요가 있다. 각 군의 개별적 전통을 존중하면서도, 합동군으로서의 일체감과 자긍심을 형성할 수 있는 새로운 조직문화의 정착이 요구된다.

결론적으로

핵심가치는 조직의 정체성을 형성하고 구성원을 하나로 묶는 가장 강력한 비물질적 자산이다. 글로벌 기업은 이를 성과 창출의 토대로, 군사 선진국은 전투력의 정신적 기반이자 합동성 강화를 위한 중요한 매개체로 활용하고 있다. 이에 따라 교육, 제도, 문화 전반에 핵심가치를 통합함으로써 시너지 효과를 극대화하고 있다.

　우리 군 또한 단순한 합동작전 수행을 넘어서, 합동군으로서의 정체성과 철학을 확립하고 이를 기반으로 한 지속가능한 전투력을 구축해야 할 시점에 도달했다. 핵심가치의 정립과 신념화는 단지 조직문화의 개선을 넘어, 미래전과 불확실성의 시대에 효과적으로 대응할 수 있는 정신적 무기이자 전략적 자산이 될 것이다.

제5장
핵심가치 기반 합동성 강화방안

신념화된 핵심가치는 연대의식과
팀워크를 바탕으로 합동군의
심리적 통합을 실현하고,
이러한 통합은 합동성 강화를 위한 핵심 기반이 된다.

제1절 합동 문화변용

1. 합동 문화변용 개념

(1) 문화변용(Acculturation) 정의

문화변용(acculturation)은 다문화적 환경에서 구성원 간의 상호작용을 이해하는 핵심 개념이다. 캐나다의 저명한 심리학자 존 베리(JohnW.Berry)는 문화변용(Acculturation)을 "두 개 이상의 문화 집단과 집단의 구성원이 접촉한 결과로 발생하는 문화적이고 심리적인 변화 과정이다"[240]라고 정의했다. 즉, 고유의 문화적 배경을 가진 개인이나 집단이 다른 문화와 접촉하면서 생각, 행동, 태도 등에서 변화를 경험하는 과정으로 문화변용을 설명하는데, 이 과정을 기존의 고유한 문화유지(Cultural maintenance)와 새로운 문화와의 접촉과 참여(Contact and Participation) 2가지 축으로 구분했다.

자신의 고유한 문화유지는 "고유문화 정체성을 유지할 것인가?"라는 질문으로, 접촉과 참여는 "다른 문화집단 즉, 주류사회와 관계를 맺을 것인가?"라는 질문[241]의 조합으로 네 가지 문화변용 모델이 나타난다.

〈표 5-1〉 베리의 문화변용 모델[242]

	Value and Maintain Native Culture	
	YES	NO
Value and Maintain Host Culture — YES	Integration	Assimilation
Value and Maintain Host Culture — NO	Separation	Marginalization

〈표 5-1〉은 베리의 문화변용 모델 네 가지를 보여준다.[243] 첫 번째 모델은 동화(Assimilation)로 비주류집단의 관점에서 볼 때 개개인이 자신의 문화적 정체성을 포기하고, 다른 문화와의 상호교류를 추구하는 것을 말한다. 즉, 기존의 자기 문화를 버리고 새로운 문화를 완전히 받아들이는 방식이다.

두 번째 분리(Separation)는 그들의 본래 문화를 유지하고 다른 문화와의 상호교류를 피하는 것을 말한다. 새로운 문화를 거부하고, 자기 문화를 유지하는 방식으로 이민자가 현지 사회와 교류하지 않고, 자신의 문화, 태도만을 고수하는 경우를 말한다.

세 번째 통합(Integration)은 자신의 문화를 유지하며 다른 집단과 상호교류를 하는 것이다. 기존 문화와 새로운 문화를 모두

받아들이고 조화를 이루는 방식으로 가장 이상적인 모델이라고 할 수 있다.

네 번째 주변화(Marginalization)는 자신의 본래 문화적 정체성을 유지하지도 않고, 차별 혹은 배제 등으로 다른 문화와도 관계를 형성하지 않는 것을 말한다. 새로운 문화에서도 소외되고 자신의 고유한 문화도 유지하지 못하는 경우를 말하여 정체성의 혼란을 가져올 수도 있다.

위에서 제시한 베리의 문화변용 이론은 다양한 문화적 배경을 가진 사람과 집단들의 상호작용을 통해 발생하는 통합과 갈등을 이해하는 데 도움을 준다. 베리는 문화적 다양성의 중요성과 다양한 문화가 공존할 수 있는 환경을 중요시하였다.

(2) 합동 문화변용의 적용과 의미

합동 문화변용(Joint Acculturation)은 서로 다른 군종이 지속적으로 직접 접촉하면서 서로의 문화를 이해하고 존중하는 과정을 말한다. 이를 통해 군 장교들은 다른 군대와 구성원의 문화와 능력을 이해하고 감사하는 태도를 기를 수 있다. 이 과정은 타군에 대한 편견과 선입견을 극복하도록 돕고, 자군의 방식과 교리에만 집착하는 경직된 태도를 벗어날 수 있도록 도움을 준다. 결과적으로, 장교들은 자군 중심적인 관점을 넘어 합동의 가치를 받아들이고, 보다 통합적이고 협력적인 자세를 갖추게 된다.[244]

합동성은 각 군의 고유한 문화를 없애거나 대체하는 것이 아니라, 그 위에 새로운 합동문화를 더하는 방식으로 구축된다. 따라서 합동 문화변용의 목표는 동화(Assimilation)처럼 하나의 문화를 다른 문화로 바꾸는 것이 아니라, 문화적 통합(Integration)을 이루는 것이다. 즉, 장교들이 각자의 군종 문화를 유지하면서도 합동 활동에 적극적으로 참여하고 기여하도록 하는 것이 목표다. 이는 기존의 군종 문화를 존중하면서도 협력과 통합을 통해 새로운 가치를 창출하려는 접근방식이다.[245]

미군은 합동성을 강화하기 위해 문화적 통합을 중시하며, 이를 실현하기 위한 방안으로 합동교육을 강조하고 있다. 이를 통해 장교들은 각 군의 문화와 역량을 이해하고, 효과적으로 협력할 수 있는 능력을 배양하게 된다.

각 군은 고유한 역사와 문화를 바탕으로 전문성과 역량을 발전시켜 왔다. 전(前) 미국 제18대 합참의장 뎀프시(Martin E. Dempsey)는 이러한 군 문화를 자율적으로 통합함으로써 적응성과 다양성의 장점을 극대화할 수 있으며, 이는 신뢰와 자신감을 통해 실현된다고 강조했다. 그는 또한 합동성이 각 군의 문화와 역량이 조화를 이루며 통합될 때 더욱 강력해진다고 주장했다.[246]

(3) 미군의 합동 문화변용 사례

미군은 합동성 강화를 위한 주요 수단으로 합동교육(Joint Education)을 활용하고 있으며, 이 교육과정은 단순한 전술·작전 지식 전달을 넘어, 합동 문화변용을 의도적으로 유도하는 구조를 갖추고 있다.

특히, 미국의 장교들은 10주 동안의 합동전문군사교육 Ⅱ (JPME Ⅱ)[247] 과정에 참여함으로써 합동 문화변용을 기본적으로 달성한다. 이 과정은 단순히 합동 커뮤티니와 합동 프로세스에 대한 지식을 배우는 것뿐만 아니라, 합동 문화변용을 포함한다. 교육은 약 180명의 학생을 16~18명씩 세미나 그룹으로 나누어 진행되며, 각 그룹은 육군, 해군, 공군, 해병대, 국제장교들로 구성된다. 이를 통해 장교들은 다른 군종의 동료들과 협업하는 경험을 쌓고, 같은 군종 내에서도 다양한 경력을 가진 동료들로부터 배울 기회를 얻는다.[248]

학생들은 수업 시작 시 각 군종에 대한 자신의 선입관을 식별하기 위해 군종별 가치 조사를 완료한다. 이들은 9가지 특성(동기부여, 열정, 공감, 유능함, 존중, 대담성, 충성, 이타적, 원칙 중시)에 따라 4개 군종의 장교들에 대한 인식을 1에서 7로 평가한다. 〈그림 5-1〉은 학생들이 다른 군종의 동료들을 평가하는 전형적인 그래프를 보여준다. 공군 장교들은 학생들로부터 공감에서 높은 점수를 받는 경향이 있는 반면, 해병대 장교들은 공감에서 가장 낮은 점수를 받는 경향이 있다. 그러나 해병대는 동기부여, 열정, 대담성에서 가장 높은 점수를 받는 경우가 많다. 공군 장교들은 능숙함에서 높은 점수를 받는 경우가 많지만, 대담성에서는 4개 군종에서 가장 낮은 점수를 받는 경향이 있다.[249]

〈그림 5-1〉 합동 문화변용 이전 군종별 가치 그래프

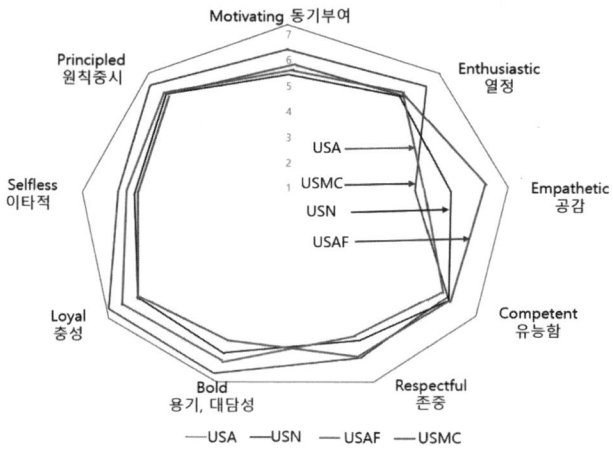

출처: Ted G. Roberts. *Joint Leadership: Leading in a joint and combined military organization* 2022. p. 20.

그런데, 합동참모대학의 10주 합동전문군사교육 Ⅱ(JPME Ⅱ) 과정 동안 함께 연구하고 다른 군종의 특성을 배우면서, 타 군종에 대한 장교들의 인식이 변화하는 흥미로운 경향이 나타난다. 〈그림 5-2〉는 합동 문화변용 후의 설문조사 결과를 보여준다. 모든 군에 대한 인식이 개선되었지만, 특히 해병대원들에 대한 '공감' 특성에서 증가한 것이 눈에 띈다. 공군 장교들은 10주 후에 해병대 장교들을 더 대담하고 이타적인 존재로 인식하며, 육군 장교들은 더 유능하고 공감력이 뛰어난 것으로 평가된다. 이러한 변화는 장교들이 집중적인 교육환경에서 경험을 공유하고 함께 일할 때 나타난다. 또한, 서로 다른 군종의 장교들이 협력

하고 합동 조직에서 친숙함이 높아지는 상황에서도 유사한 효과가 나타날 가능성이 크다.[250]

합동성 수준이 높은 미국에서는 합동 문화변용을 통하여 타군에 대한 이해와 신뢰를 추구하여 합동성 강화를 추진하고 있음을 알 수 있다. 직접적이고 지속적인 접촉, 상호작용을 통하여 발생하는 합동 태도와 관점, 공통의 신념은 합동성 강화와 합동군의 토대가 된다.

〈그림 5-2〉 합동 문화변용 이후 군종별 가치 그래프

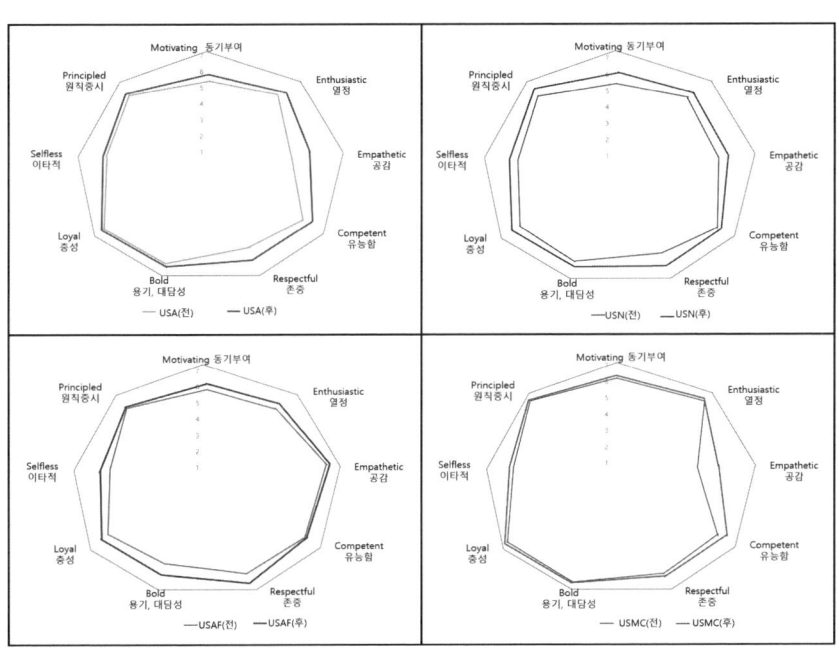

출처: Ted G. *Roberts. Joint Leadership: Leading in a joint and combined military organization* 2022. p. 21.

합동 문화변용을 지속적으로 강조하지 않는다면, 임무형지휘, 교차영역 간 상승효과, 합동군 구성의 유연성이 그 진가를 발휘할 것으로 기대하기 힘들다. 오랜 기간에 걸쳐 이루어진 합동작전에도 불구하고 합동성은 여전히 취약한 것이다. 평시와 전시에 각 군의 종합적·공통적 역량과 문화를 합동군으로 통합하는 데 있어 문화적 변용이 핵심이다.[251]

2. 핵심가치를 공유하는 합동군

현대 전장에서의 작전은 단일 군종만으로 수행될 수 없는 복잡성과 다양성을 지닌다. 따라서 육군, 해군, 공군, 해병대 등 각 군종의 전문성과 역량이 유기적으로 통합되어야 한다. 이러한 전장 환경에 효과적으로 대응하기 위해 등장한 개념이 바로 '합동군(Joint Force)'이며, 이는 단순한 물리적 통합을 넘어 정신적, 문화적, 그리고 가치 기반의 통합이 동반될 때 진정한 의미를 갖는다.

합동군은 본질적으로 다양한 군종이 결합된 조직이기 때문에, 각 군종은 저마다 고유의 역사, 문화, 언어, 가치체계를 가지고 있다. 이와 같은 이질적인 조직문화가 효과적으로 통합되기 위해서는 상호존중과 이해, 그리고 '공유된 핵심가치'라는 공동의 지향점이 필요하다. 이러한 관점에서 '합동 문화변용'은 단순한 적응이 아닌, 다양한 군종이 서로의 문화를 이해하고 조화를 이루어 하나의 팀으로 작동할 수 있도록 하는 통합적 변화 과정이라 할 수 있다.

합동군의 핵심가치는 이 문화변용 과정의 중심에 놓인다. 핵심가치는 각 군종의 전통과 문화를 존중하면서도, 공통된 작전 목표와 임무 수행을 위한 방향성을 제공하는 기준이 된다. 이 가치들은 합동군 구성원 간의 신뢰를 형성하고, 서로 다른 언어와 문화를 가진 구성원들이 협력과 소통을 이어가는 데 필수적인 '공통의 언어'로 기능한다. 다시 말해, 핵심가치는 합동군이 작전적 효율성과 전략적 일체감을 실현하는 데 있어 정신적 접착제 역할을 수행한다.

합동성은 단순히 조직구조나 장비의 통합으로 완성되지 않는다. 그것은 구성원들의 사고와 행동의 통합, 즉 심리적·문화적 차원에서의 통합을 통해서만 실현될 수 있다. 이와 관련하여 실전 경험이 풍부한 미군은 각 군종의 문화와 역량을 통합하려는 지속적인 노력을 해왔으며, 이러한 노력은 군사기본교리, 합동전문군사교육(JPME), 리더십 교육 등에서 구체적으로 나타난다.

합동군이 공유해야 할 핵심가치는 두 가지 측면에서 중요한 의미를 지닌다. 첫째, 이는 군인으로서 지켜야 할 윤리이자 행동 기준으로 기능한다. 둘째, 각 군종이 중요하게 여기는 고유의 가치를 포괄하고 수용할 수 있어야 한다. 따라서 핵심가치는 특정 군종만의 가치관을 강요하는 것이 아니라, 공동체의 일원으로서 모두가 공감할 수 있는 보편적이고 통합적인 가치여야 한다.

공유된 가치는 조직의 본질을 드러낸다. 이러한 가치는 구성원의 기대를 한 방향으로 모으고, 대열을 정렬하며 개혁과 성장에 필요한 토대를 마련해준다. 지도자는 가치를 강조하여 변하지 않을 것이 무엇인지 알려주는 것으로 불확실성의 바다에서 표류하는 이들에게 닻을 제시할 수 있다. 또한, 이를 통해 조직을 성장시켜나갈 결심과 행동에 필요한 전략 환경을 구축할 수 있다. 리더십은 가치에서 출발한다는 것을 기억해야 한다.[252]

'합동군'은 단지 여러 군종이 함께 편성된 집합체가 아니라, 합동의 문화를 내면화하고, 핵심가치를 공유하는 공동체이어야 한다. 진정한 의미의 합동군은 국가방위의 최전선에서 사명감을 공유하며 헌신하는 '합동팀(Joint Team)'이다. 이들이 핵심가치를 중심으로 정렬될 때, 비로소 최적의 합동성과 시너지가 창출될 수 있다.

미국과 영국 등 군사 선진국들은 이러한 인식을 바탕으로, 군사기본교리와 전문군사교육 과정에 핵심가치를 체계적으로 반영하고 있다. 이는 단지 이상적인 구호가 아니라, 실제 교육 내용과 훈련 환경에서 일관되게 적용되며, 장교와 부사관 모두가 이를 실천하도록 유도된다. 특히, 교육과정 내에서의 토론, 사례중심 학습, 현장 체험 등은 핵심가치를 단순히 인지하는 수준을 넘어, 신념으로 내면화할 수 있도록 설계되어 있다.

이러한 사례는 우리 군에게도 중요한 시사점을 제공한다. 우리 군이 합동성을 강화하고 합동군을 하나의 팀으로 성장시키기 위해서는 다음과 같은 실질적 노력이 필요하다.

첫째, 합동군 차원의 핵심가치를 정립해야 한다. 이 가치는 각 군종의 가치를 포용하면서도 합동군으로서의 정체성과 목표를 명확히 제시할 수 있어야 한다.

둘째, 구성원 간의 상호이해와 존중을 기반으로 한 협력 분위기를 조성해야 한다. 이를 위해서는 상호 간의 차이를 인정하고, 공통점을 찾는 노력이 병행되어야 한다.

셋째, 핵심가치를 신념화하고 실천하도록 하는 체계적인 교육 프로그램이 필요하다. 핵심가치가 단지 선언문에 머무르지 않고 실제 행동으로 이어지기 위해서는 반복적이고 실천적인 교육이 필수적이다.

넷째, 합동군 리더들은 모범적인 가치 실천자로서 행동해야 한다. 리더의 말과 행동은 구성원들에게 큰 영향을 미치며, 실제로 가치를 조직에 뿌리내리게 하는 결정적 역할을 한다.

결국, 핵심가치를 공유하고 이를 실천하는 합동군은 단순한 조직의 집합체가 아닌, 공동의 신념과 목표를 공유하는 '하나의 유기체'로 작동할 수 있다. 이러한 합동군이야말로 미래 안보환경에서 최고의 전투력과 응집력을 발휘할 수 있는 궁극적 지향점이라 할 수 있다.

제2절 합동군의 핵심가치 접근

1. 합동군의 핵심가치 요건과 접근방법

합동군의 핵심가치를 정립하는 일은 단순한 가치 나열이 아닌, 조직의 정체성과 사명, 문화를 아우르는 통합적인 과정이다. 일반 기업이나 공공기관과는 전혀 다른 임무와 조직 특성을 가진 합동군은, 핵심가치를 정립할 때도 그에 걸맞은 고유한 기준과 방식이 필요하다. 이에 따라 핵심가치가 갖추어야 할 요건을 중심으로, 그에 적합한 접근방법을 논의해보고자 한다.

(1) 합동군 핵심가치 요건

합동군이 채택할 핵심가치는 그 내용과 형식 모두에서 '합동군다운' 특징을 갖추어야 한다. 구체적으로 다섯 가지 핵심 요건이 제시된다.

첫째, 합동군의 정체성에 부합하는 가치여야 한다.

정체성은 존재의 목적, 본질이며 정체성은 사명(Mission)과 역할, 역사와 전통, 전략 등에서 찾을 수 있다. 합동군이 추구하는 핵심가치는 조직의 목표와 지향 방향을 반영해야 한다.

둘째, 공감과 지지를 바탕으로 지속성 있는 가치여야 한다.

핵심가치는 조직 구성원 다수가 공감하고 지지할 수 있어야 하며, 이로 인해 장기적으로 지속 가능해야 한다. 물론 시대적 상황이나 안보 환경, 구성원의 세대 변화에 따라 일정 부분 조정이 필요할 수 있지만, 그 변화는 '합동군의 역할과 본질'이라는 틀 내에서 이루어져야 한다.

셋째, 실천 가능한 가치여야 한다.

합동군의 핵심가치는 일반 회사와 달리 국가방위의 최일선에서 적용되고 행동화할 수 있는 가치이어야 한다. 국민의 안전을 위해 무력(武力)을 행사하는 현장에서 실천할 수 있는 핵심가치이어야 신념화할 수 있고 이를 평가·환류하여 지속해서 발전시킬 수 있는 것이다.

넷째, 관계적이어야 한다.

이 요건은 내부적, 외부적 관계 모두를 포괄한다. 내부적으로는 합동군 구성원 간의 상호존중과 신뢰의 관계이다. 합동군은 육·해·공군과 해병대의 현역, 군무원, 민간인 등 다양한 배경을 가진 구성원들로 이루어진 조합(Combination)이기에 합동군의 핵심가치는 존중과 신뢰를 지향하는 가치여야만 한다. 외부적으로는 합동군과 국민 간의 관계를 의미한다. 합동군은 국민의 지지와 신뢰 속에서 존재의 의미를 찾을 수 있으며, 합동군 구성원 또한 국민인 동시에 전역 후에는 사회로 돌아가기에 상생의

관계, 국민의 신뢰를 추구하는 가치여야 한다.[253]

다섯째, 윤리적이어야 한다.

윤리(Ethics)의 사전적 의미는 "사람으로서 마땅히 행하거나 지켜야 할 도리[254]"이다. 합동군은 무력을 합법적으로 행사하는 집단으로서 윤리성과 도덕성은 존재의 기반이 된다. 제네바 협약과 헤이그 협약 등 국제법을 준수하지 않는 군사행동은 전투력뿐 아니라 국가의 정당성을 훼손할 수 있다. 베트남 전쟁 당시 미국이 도덕적 실패로 지적받은 사례처럼, **윤리 없는 승리는 전장에서의 승리가 아니며,** 군인의 정체성은 윤리와 규율을 바탕으로 세워져야 한다.

(2) 핵심가치 선정을 위한 접근방법

핵심가치를 수립하는 과정은 곧 조직문화 형성과 직결되는 일이다. 따라서 정립 과정 자체가 구성원들의 공감과 참여를 이끌 수 있어야 하며, 아래의 두 가지 주요 방식이 일반적으로 활용된다.

첫 번째는 Top-down 방식이다.

이 방식은 기업의 CEO, 임원 또는 기획부서가 핵심가치의 초안을 수립한다. 이후, 간부 사원을 포함한 전 직원에게 이를 설명하고 의견을 수렴하는 절차를 진행한다. 이 과정에서 핵심가치로 선정된 단어나 문구의 의미를 분명히 하고, 직원들이 보완, 수정, 또는 우선순위 변경 등을 요구했을 때 최대한의 합의를 거쳐 반영하는 것이 좋다. 그렇게 해야만 모든 구성원이 인정하는 기업의 핵심가치, 우리의 핵심가치가 된다. 구글과 국내 대표적 보안솔루션업체 안랩 등의 핵심가치가 Top-down 방식으로 제정되었다.[255]

두 번째는 Bottom-up 방식이다.

이 방식은 조직의 하위 구성원들로부터 가치를 모아 위로 전달하는 과정이다. 직원들이 무엇에 만족을 느끼는지, 충성도를 높이는 요인은 무엇인지, 그리고 현재 회사에서 가장 중시하는 가치가 무엇이라고 인식하는지를 파악하기 위해 설문조사와 워크숍 등을 통해 도출한다. 이 방식은 Top-down 방식보다 핵심가치를 정하는 데 시간이 더 많이 소요된다. 직원들 개개인과 소규모 조직의 가치를 확인하여 조직 전체의 핵심가치로 정렬해 나가야 하기 때문이다. 하지만 이러한 과정을 거쳐서 정해진 핵심가치는 훨씬 더 생명력이 길다.[256]

그러나 군 조직은 명령과 복종의 수직적 특성을 가지며, 동시에 다양한 계층의 목소리도 반영해야 하는 특수한 구조다. 따라서 **하이브리드(Hybrid) 접근법**, 즉 두 가지 방식의 병행이 가장 효과적인 전략이 될 수 있다.

먼저, 합동군의 최상위 부대인 합참을 중심으로 '합동군 핵심가치 정립 TF'를 구성하여 지휘부의 리더십을 반영하고, 군내외 전문가의 의견수렴, 공공기관, 기업, 군사 선진국의 적용사례를 분석해야 할 것이다. 이후, 다양한 현장 의견수렴을 위한 설문조사, 인터뷰, 세미나 등을 실시하여 공감과 지지를 받아야 한다.

이러한 접근은 전략적 방향성 유지와 실행력을 동시에 확보할 수 있으며, 구성원의 동기부여도 강화할 수 있다.

2. 핵심가치 선정 시 고려사항

합동군의 핵심가치는 합동군의 임무와 역할, 합동군의 특성, 각 군과의 관계 등을 고려하여 신중하게 선정해야 한다. 합동군 또한 국가의 많은 조직 중 하나로서 사회·문화적 패러다임의 변화를 이해하고 헌법과 법령에서 제시하는 가치와 각 군의 가치 등을 포괄적으로 고려해야 한다. 합동군의 핵심가치는 다양한 군종 간의 협력과 통합을 촉진하여 합동성 강화에 필수적이며 합동문화 형성에도 크게 기여 할 것이다.

(1) 사회·문화적 패러다임 변화 이해

현재 우리는 제4차 산업혁명 시대를 살아가며, 과학기술의 발전과 AI의 혁신을 통해 더욱 편리한 일상을 영위하고 있다. 특히, SNS[257] 등 디지털 커뮤니케이션의 확대는 우리의 소통 방식을 변화시키고 있다. 이러한 디지털 대전환은 공동체 중심의 삶에서 개인화된 라이프 스타일로의 전환을 가속화하고 있으며, AI 기술을 기반으로 한 맞춤형 서비스는 더욱 보편화할 전망이다. 또한, 고령화 사회의 심화와 이에 따른 세대 간 갈등의 증가도 예상되며, 이러한 사회적 변화에 대한 대응이 요구된다.

최근의 젊은 세대(Z세대와 알파세대[258])는 디지털 환경에서 성장하여 스마트폰, AI 기술, 소셜 미디어 등에 익숙하며 정보 탐색과 학습에서 디지털 의존도가 높다. 아울러 개성과 자기표현을 중요시하여 SNS에서 자신의 목소리를 높이기도 하며 다양성과 포용성에 관한 관심으로 기존의 사회적 규범에 얽매이지 않는다.

군 내부에서도 젊은 세대는 통제보다는 자율을 선호하며, 일과 후에는 단체운동보다 스마트폰을 활용한 개인 발전, 외부와의 소통, 정보 탐색에 더 관심을 둔다. 또한, 합리적인 지휘 문화를 선호하며, 권위주의적 문화나 부당한 대우에 거부감을 나타내고, 자신의 인권이 존중되기를 원한다. 합동군의 핵심가치는 이러한 사회·문화적 패러다임의 변화를 수용할 수 있어야 한다.[259]

이러한 사회·문화적 변화에 적응하여 합동군에서는 수직·수평적 의사소통이 활성화되고 조직 내 다양성과 차이를 이해하고 존중해야 한다. 다양성을 존중한다는 것은 그 조직이 혁신적이며 포용적인 환경을 만들어 간다는 것이다. 아울러 평시에는 합리적인 지휘와 부대 운영이 보장되고, 사람을 중요시하며 인권을 존중하는 조직이 되어야 한다. 핵심가치 요건에서도 살펴보았듯이 구성원 간 상호이해와 존중, 인권을 존중하는 조직이 되어야 국민의 신뢰를 받을 수 있고 구성원 간의 신뢰도 형성할 수 있다.

(2) 합동군의 임무와 역할

합동군의 임무는 각 군의 전력을 통합적으로 운영하여 국가방위와 군사적 목표를 효과적으로 달성하는 것이다. 이를 위하여 군사정보의 수집 및 운용, 합동·연합작전과 민·관·군·경·소방의 통합방위작전, 경계작전 등 다양한 작전과 다영역 전투임무를 수행한다. 합동군은 임무완수를 위해 다양한 위협에 대비할 수 있도록 능력과 태세(Readiness)를 갖추는 노력을 하고 있다.

합동군의 임무와 역할은 2010년 합참 발간 「2012~2026년 합동개념서」에 네 가지[260]가 제시되어 있다.

첫째, 합동군은 전쟁과 적의 도발 억제를 위한 핵심역할을 수행한다. 합동군은 평시에 전쟁억제를 위하여 정보 및 감시 활동과 확고한 연합방위체제를 구축하고 군사대비태세를 유지한다. 위기발생 시 신속한 상황판단, 통합적 작전수행, 신뢰구축을 위한 소통 등 상황에 맞는 대응으로 위기상황을 완화하고, 조기에 종결하여 위기 고조 및 전쟁으로의 확대를 예방한다.

둘째, 합동군은 전쟁 시 합동·연합작전을 수행하여 국가방위와 국민을 보호하고 통일 여건 조성에 주도적인 역할을 한다. 합동군은 효율적인 자원통합과 전력 극대화를 통해 조기에 전쟁의 주도권을 확보하고 적의 침략을 격퇴하여, 전쟁의 조기 종결 및 국가와 국민의 안전확보, 통일 여건을 조성하는 데 노력을 집중한다.

셋째, 합동군은 국가정책 추진을 군사적 측면에서 지원한다.

국내외 자연재해, 전염병, 테러 등 다양한 비군사적 위협 발생 시 긴급구조 및 구호, 구호물자 수송, 현장 복구, 방역 및 예방, 대테러 활동 등을 실시한다. 지원 과정에서 군의 전문성, 자원의 통합성, 조직적 대응능력이 동원되어 공공의 안녕과 국민·국가 이익 증진에 기여한다.

넷째, 합동군은 지역의 안정과 국제평화에 이바지한다. 국가전략에 따라 UN PKO[261] 활동, 국제적 재해·재난구조, 구호물자 지원, 의료지원 등을 통하여 지역의 안정과 세계평화, 군사외교 활동 및 국가위상 제고에 이바지한다.

합동군은 다양한 위협과 현대의 전쟁에서 군사작전의 성공과 국가안보 보장, 국민의 생명과 재산을 보호하는 핵심적 역할을 수행하고 있음을 알 수 있다.

위에서 제시한 합동군의 임무와 역할은 합동군의 존재 목적이며 정체성이다. 합동군의 존재 목적과 이유를 나타낼 수 있는 핵심가치가 필요하다. 합동군은 일반 기업의 이윤추구 목적과 다르게 우리의 헌법적 가치 수호, 국가안보와 국민 보호라는 공공의 가치를 위해 헌신하는 조직이다. 즉, 자신의 개인적 이익, 군종의 자군 중심주의 가치보다는 합동관을 가지고 국가와 국민을 위해 희생하고 봉사할 수 있는 핵심가치가 필요하다. 이순신 장군의 불굴의 의지와 용기, 필사즉생(必死則生) 필생즉사(必生則死)의 정신과 안중근 의사의 위국헌신(爲國獻身) 군인본분(軍人本分)의 정신은 합동군의 정체성에 부합한 핵심가치가 담

겨 있다.²⁶²

(3) 합동군의 특성

합동군은 육군, 해군, 공군, 해병대, 사이버 전력, 우주 전력 등 다양한 군종의 전력을 통합하여 단일한 군사적 목표를 효과적으로 달성하는 것을 목표로 한다. 이를 위해 각 전력을 유기적으로 결합하여 작전을 수행하며, 효율적인 협력을 통해 전투력을 극대화한다. 이러한 합동군의 특성은 세 가지로 정리할 수 있다.²⁶³

첫째, 합동군은 서로 다른 전통과 문화, 군사전략, 역량을 보유한 군종들의 조합(Combination)이다. 이 조합은 각 군의 전문성, 능력으로부터 나오는 힘을 전장 상황에 맞게 효율적으로 통합하면 시너지를 발휘할 수 있다. 예를 들면, 육군이 지상에서 적의 주요 목표를 공격하는 동안, 해군은 해상에서 화력지원과 해상 차단작전을 수행하고, 공군은 전략폭격과 근접항공지원을 통해 합동의 시너지를 창출할 수 있다.

둘째, 합동군은 단결된 합동팀(Joint Team)으로 작전과 전투를 주도한다. 현대 전쟁은 이스라엘-하마스 전쟁과 러시아-우크라이나 전쟁에서 보듯이, 대부분 합동작전 또는 연합작전의 형태로 전개된다. 콜린 파월 전(前) 미국 합참의장이 강조했던 'Joint Warfare is Team Warfare(합동전은 팀전이다)'라는 문구는 단합된 합동팀의 중요성을 대변해준다. 효과적으로 통합된 합동군은 적의 행동에 약점을 노출하지 않으며 적의 약점을

빠르고 효율적으로 찾아 공격한다. 합동전은 승리에 필수적이다.[264]

우리 군은 합동군으로 전쟁을 수행하기 때문에, 단합된 합동팀으로 작전할 수 있는 역량이 큰 강점으로 작용한다. 합동작전은 높은 수준의 팀워크를 요구하며, 각 군의 고유한 능력을 최대한 활용하는 동시에 제한사항을 상호 보완하고 노력을 통일하는 것이 중요하다.[265]

셋째, 합동군은 24시간 적의 도발에 대비하며, 지상과 해상뿐만 아니라 우주, 사이버 등 전(全) 전장 영역에서 입체적인 감시와 대비태세를 유지하는 조직이다. 합동군은 최상위 부대인 합참부터 각 작전사의 창끝 부대까지 전투적 사고와 긴장감을 유지하며, 하늘·땅·바다에서 무장을 갖추고 적의 도발을 억제하고 격퇴하는 데 집중하고 있다. 합동군의 24시간 대비태세는 통합 지휘통제체계, 지상·해상·공중·사이버 감시체계, 24시간 즉각 출동전력 유지, 대응 매뉴얼, 연합공조 등을 기반으로 하며 지속적인 훈련과 워 게임으로 신속히 대응할 수 있는 태세를 유지하고 있다.

합동군의 핵심가치는 위에서 제시한 합동군의 특성을 반영해야 한다. 합동군은 각 군종 간의 조합(Combination)이며 다양한 전력을 조화롭게 통합하여 작전을 수행한다. 작전상황과 위협 유형에 따라 신속히 대응 전략과 전력을 조정하고 통합 운영하기 위해 각 군종의 문화와 전통, 군사전략과 무기체계 등을 충분히 이해해야 한다. 아울러 각 군종의 국가를 위한 헌신을 존중해야 한다. 합동군에서 각 군종 간의 협력은 중요하며, 존중하는 관계는 원활한 협력의 밑바탕이 된다. 또한, 합동군은 단합된 합동팀으로서 작전과 전투를 주도하기 때문에 구성원 간의 신뢰와 팀워크가 필수적이다. 아울러, 24시간 적의 도발에 대비하는 조직으로서 국가에 대한 충성심을 갖추고, 합동군 구성원으로서의 명예와 담당 업무에 대한 높은 수준의 전문성을 유지해야 한다.[266]

(4) '헌법'과 '군인의 지위 및 복무에 관한 기본법'의 가치 반영

합동군의 핵심가치는 대한민국의 정체성과 가치가 제시된 헌법과 군인의 기본권, 의무, 병영생활에 대한 기본원칙을 정해 놓은 군인의 지위 및 복무에 관한 기본법(이하 군인복무기본법)의 가치를 수용해야 한다. 합동군의 임무와 역할은 헌법적 가치와 군인복무기본법의 범위에서 이루어지기 때문이다.

대한민국헌법 제5조에는 국가의 안전보장과 국토방위의 의무를 군의 사명으로 하며, 정치적 중립성 준수를 강조하고 있다.[267] 합동군은 헌법에 명시된 사명을 완수하려는 태도가 필요하며 이것이 위국헌신의 자세이다.

군인복무기본법에는 군인이 지녀야 할 가치관과 의무가 포함되어 있다. 제1장 5조에는 명예, 충성심, 진정한 용기, 필승의 신념, 책임완수, 애국애족의 정신이 명시되고 있고, 제4장 군인의 의무 등에서는 충성, 성실, 정직, 청렴, 명령 복종 등의 가치가 포함되어 있다.[268] 이러한 가치는 전통적인 군인의 가치로 군의 정체성과 행동 기준을 형성한다.

그러나 최근 군의 전통적 가치관이 점점 희석되고 충성, 용기, 헌신의 가치보다 군 생활의 고생에 대한 물질적 보상과 직업적 안정성 등의 기대가 커지고 있다. 이로 인해 군인의 사명감이 약해지는 것은 아닌지 우려를 낳고 있다. 따라서 합당한 전통적 가치는 유지하면서도, 사회적 패러다임의 변화 등에 따른 미래 지향적인 가치도 도출해야 한다. 헌법과 군인복무기본법에 제시된 가치는 합동군의 핵심가치를 선정하는 데 있어 우선적으로 고려해야 한다.[269]

(5) 각 군의 핵심가치 반영

합동군은 각 군의 조합(Combination)이며, 각 군 문화와 역량의 통합에 기반한 조직이므로 각 군의 핵심가치들을 포용할 수 있어야 한다. 각 군의 핵심가치는 아래와 같다.

〈표 5-2〉 각 군의 핵심가치

육군	해군	공군
위국헌신, 책임완수, 상호존중	명예, 헌신, 용기	도전, 헌신, 전문성, 팀워크

육군은 '육군핵심가치'를 '육군 전(全) 구성원이 참된 군인이자 민주시민으로서 어떠한 상황에서도 옳고 그름을 판단할 수 있도록 하는 사고와 행동의 기준'으로 정의하고 있으며 위국헌신, 책임완수, 상호존중 3가지의 가치를 유지하고 있다.[270] 육군 전 구성원이 신념화·행동화하여 육군핵심가치가 단순히 겉으로 내세우는 가치가 아닌 가치문화로 정착되도록 추진하고 있다.

해군은 '해군핵심가치'를 '해군 장병이 지켜야 할 윤리적 원칙과 행동 판단의 기준'으로 제시하고 있으며 가치판단에 있어서 보이지 않는 도구의 역할을 한다고 강조한다. 핵심가치로 명예, 헌신, 용기 3가지의 가치를 신념화하고 있다.[271]

공군은 '공군핵심가치'를 '공군인으로서 최선이라 생각하는 윤리적 원칙이자 공통가치(Shared Value)로 판단과 행동의 기준'으로 정의하고 있으며 도전, 헌신, 전문성, 팀워크 4가지를 유지하고 있다.[272]

각 군의 핵심가치는 군종별 고유한 전통과 문화, 임무와 역할, 특성, 지향해야 할 가치 등을 반영하여 선정되었으며, 올바른 사고와 행동의 기준을 제시하는 기본적인 규범인 동시에 각 군의 정체성과 소속감을 강화하는 역할을 하고 있다. 각 군은 구성원들이 핵심가치를 신념화하고 실천할 수 있도록 구체적인 추진 방안을 마련하여 실행하고 있다.[273]

군종별 핵심가치를 살펴보면 각 군의 고유한 가치와 철학이 반영되어 있음을 알 수 있다. 육군은 '위국헌신(Selfless Commitment)'

을 최우선 가치로 삼고 있으며, 이를 군인의 본분이자 육군의 존재 목적으로 설정하고 있다. 위국헌신은 국가와 국민을 위해 헌신하고 희생하는 군인의 사명감을 의미하며, 개인의 이익보다 공동체와 조국을 위한 희생을 강조하는 가치이다.[274] 이러한 핵심가치는 육군의 정신적 기반을 형성하고 있다.

해군의 첫 번째 가치는 명예(Honor)이다. 이는 해군의 정체성과 깊이 연결된 가치이다. 명예는 해군으로의 삶을 자랑스럽게 여기며, 군인답게 사고하고 행동하는 자세를 의미한다. 바다라는 광활하고 험난한 환경에서 임무를 수행하는 해군에게 명예는 단순한 도덕적 개념을 넘어, 조직의 결속력과 군인정신을 강화하는 핵심 요소로 작용한다. 또한, 군인으로서의 자긍심을 높이고, 국가와 국민 앞에 떳떳한 군인이 될 수 있도록 하는 지침이 된다.[275] 이러한 이유로 해군은 명예를 중요한 가치로 설정하고 있다.

공군의 첫 번째 가치는 도전(Challenge)이며, 이는 역사가 비교적 짧은 공군이 발전을 거듭하며 정체성을 확립해온 과정과 깊이 연관되어 있다. 도전은 공군의 역사 전반을 관통하는 가치로, 기존의 관행을 타파하고 변화와 혁신을 주도하는 정신을 의미한다. 공군은 항공우주력이라는 첨단기술 기반의 군종으로서 끊임없는 발전과 도약이 필수적이며, 이에 따라 새로운 기술과 전략을 수용하고 미래에 대비하는 적극적인 자세를 강조한다.[276] 따라서, 도전정신은 단순한 행동 원칙을 넘어 공군이 나아가야 할 방향을 제시하는 핵심가치이다.

　지금까지 살펴본 각 군의 핵심가치 중 '헌신'은 군인의 본분이자 필수적인 덕목으로 공통적으로 적용되고 있음을 알 수 있다. 이는 모든 군인이 가져야 할 기본적인 가치로, 각 군이 추구하는 핵심 이념 속에 자연스럽게 포함되어 있다.

제3절 핵심가치 선정과 실천을 통한 합동성 강화

제2장에서 살펴본 바와 같이 합동군 구성원들이 핵심가치를 신념화하면 합동군의 연대의식, 팀워크가 증진되어 심리적 합동성이 강화되고, 이것은 물리적 합동성과 조화를 이루어 합동성을 강화시킨다. 이러한 이유로 군사 선진국에서는 합동군의 핵심가치를 군사기본교리에 반영하고 군 교육기관에서도 교육하는 것이다.

합동군의 핵심가치를 선정하기 위해서는 관련 TF를 구성하고 Top-down 방식과 Bottom-up 방식을 병행하여 공감과 지지를 받기 위한 광범위한 의견수렴과 토의 과정이 필요하다.

성공적인 가치관 수립의 기본개념은 '1단계 공감, 2단계 참여, 3단계 합의' 순으로 접근하는 것이며, 이러한 과정을 통해 정해진 핵심가치는 전 구성원들에게 거부감 없이 공유될 수 있다.[277]

<그림 5-3> 핵심가치 수립의 3단계

1단계: 공감	⇨	2단계: 참여	⇨	3단계: 합의
핵심가치 수립 필요성 공감		구성원 의견 반영		핵심가치 합의

출처: 정민호, 기민경. 『가치관으로 경영하라』(서울: 생각지도, 2019), pp. 224 재구성

1. 합동군의 핵심가치 선정

합동군의 핵심가치 선정을 위한 5가지 고려사항을 분석하여 핵심가치를 도출하였다. 첫 번째, '사회·문화적 패러다임 변화 이해'에서는 소통, 인권, 다양성 존중의 가치를 도출했으며 두 번째, '합동군의 임무와 역할'에서는 헌신, 용기, 희생 등의 가치를, 세 번째, '합동군의 특성'에서는 명예, 팀워크, 상호이해와 존중, 신뢰 등의 가치를 발견하였다. 네 번째, '헌법과 군인복무기본법의 가치'에서는 충성, 용기, 헌신, 성실, 책임완수 등의 가치를, 다섯 번째 '각 군의 핵심가치 반영'에서는 공통적인 헌신의 가치를 도출하였다.

5가지 고려사항에서 도출되거나 발견한 가치들을 정렬하여 합동군의 핵심가치를 선정하였다. 선정한 합동군 핵심가치(안)는 4가지로 상호이해와 존중, 헌신, 명예, 팀워크이다.[278]

<그림 5-4> 합동군의 핵심가치(안) 선정

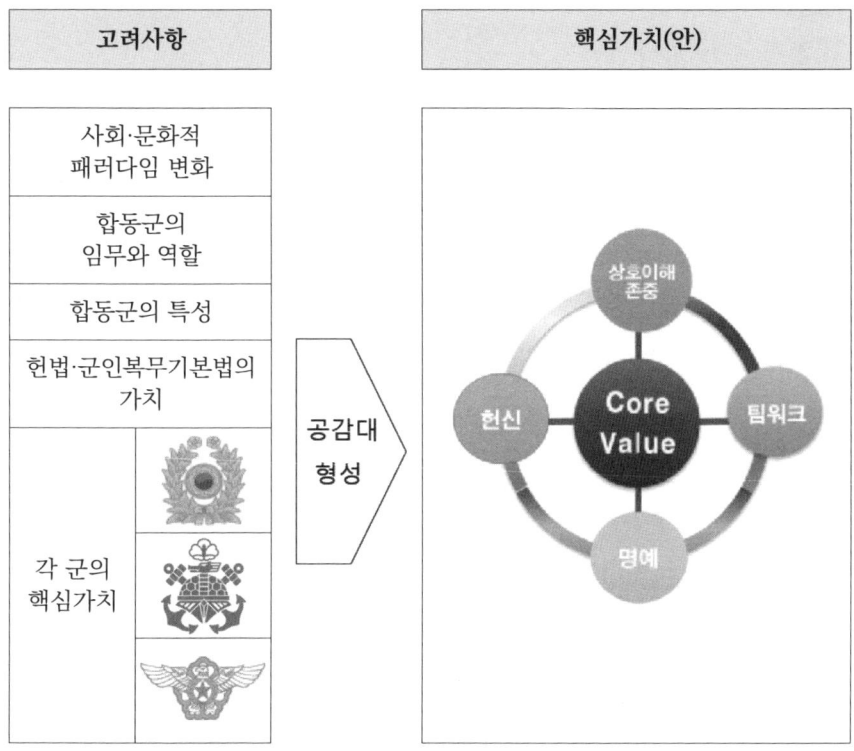

출처: 조태근, 윤대엽. "합동군의 핵심가치 제정을 통한 합동성 강화방안." 『국방연구』 제67권 3호(2024) p. 109 재구성.

① 상호이해와 존중(Mutual Understanding and Respect)

상호이해와 존중은 합동군의 기반이 되는 가치로서, 상호이해란 각 군종의 다양성이 가져오는 상호 보완적 힘(Power)을 신뢰하며, 구성원들이 각 군의 문화와 전통, 능력과 특성, 그리고 전략과 작전개념을 이해하는 것을 의미한다. "아는 만큼 보인다"라는 말이 있듯이 타 군종에 대해 알아야 합동군의 힘을 발휘할 수가 있다.

존중은 각 군종의 독립적인 위상, 국가방위에 대한 노력과 헌신을 높게 생각하며, 구성원 간 인권과 명예를 존중하고 배려하는 것을 말한다. 상호이해하고 존중하는 조직은 소통이 활성화되어 강한 신뢰가 형성되며 연대의식을 발휘할 수 있다. 여기에는 소통, 신뢰, 포용, 공정(Fairness)의 가치가 포함된다.

② 헌신(Commitment)

헌신은 합동군의 존재 목적과 정체성에 관한 가치이다. 개인의 이익보다 국가의 안위와 국민을 위해 충성을 다하고, 책임을 완수하는 것을 의미한다. 이러한 정신은 안중근 의사의 "위국헌신(爲國獻身) 군인본분(軍人本分)"이라는 말에 잘 담겨 있다. 헌신하는 합동군의 구성원은 개인의 이익과 군종 편협주의(Parochialism)를 극복하고, 합동성 발휘에 가장 큰 장애 요소인 자군 중심주의를 극복할 수 있다. 이를 통해 궁극적으로 전승(戰勝)이라는 숭고한 합동군의 사명을 완수할 수 있다. 헌신은 국민과 신뢰라는 관계를 추구하는 가치로 대표적 사례는 이순신 장군이 정유재란(1597~1598) 시 오직 국가와 백성만을 생각하고 백의종군(白衣從軍)[279]한 경우이다. 헌신의 핵심가치에는 충성, 용기, 희생, 책임의 가치가 포함된다.

③ 명예(Honor)

명예는 합동군 구성원이 지녀야 할 기본적인 윤리적 가치이다. 이는 합동군의 일원이라는 사실에 대한 자부심과 긍지를 바탕으로, 그에 걸맞은 사고와 행동을 실천하는 데서 비롯된다. 합동군의 최고의 명예는 국가방위를 위한 작전임무와 전투에서 승리하는 것이다. 그러나 임무수행 중 타인의 칭찬이나 보상에 집착하여 비윤리적인 수단을 사용하면, 오히려 명예를 잃을 수 있음을 명심해야 한다. 또한, 군인복무기본법 제5조 국군의 강령에서도 군인이 명예를 존중해야 한다는 점을 명확히 규정하고 있다. 명예의 핵심가치에는 청렴, 성실, 긍지가 포함된다.

④ 팀워크(Teamwork)

팀워크는 합동군이 전시와 평시에 반드시 갖춰야 할 핵심적인 정신적 가치이다. 이는 구성원들이 공동의 목표달성을 위해 각자의 역할을 충실히 수행하고, 협력하며, 연대의식을 형성하는 것을 의미한다. 합동군이 효과적으로 작전을 수행하기 위해서는 팀워크가 필수적이다.

팀워크를 위해서는 우선 개인·부대의 소임을 수행하는데 필요한 군사전문성이 담보되어야 한다. 군사전문성은 전문지식, 군사기술, 자부심을 보유하고 이를 전장상황에 맞게 창의적으로 활용할 수 있는 능력을 말한다. 이러한 전문성과 인접 동료·부대와의 협력 등 연대의식이 결합될 때 팀워크가 최고로 발휘되는 것이다. 공동의 목표는 개인의 노력만으로 달성하기 어려우며, 집단의 협력과 연대를 통해 더욱 효과적으로 이루어진다. 따라서 팀워크는 합동군의 본질을 가장 잘 반영하는 핵심가치이다. 팀워크의 핵심가치에는 전문성, 창의, 협력, 단결의 가치가 포함된다.

〈표 5-3〉 합동군의 핵심가치(안)

구분	정의	포함가치
상호이해와 존중 (Mutual understanding and Respect)	각 군의 문화와 전통, 능력 및 특성, 작전개념을 이해하고, 각 군의 독립적 위상과 국가방위에 대한 노력과 헌신을 인정하며, 구성원의 인권과 명예를 존중하고 배려하는 것을 의미	소통 신뢰 포용 공정
헌신 (Commitment)	개인의 이익보다 국가의 안위와 국민을 우선하여 충성을 다하고, 부여된 책임을 완수하는 것을 의미	충성 용기 희생 책임
명예 (Honer)	합동군의 일원이라는 자부심을 바탕으로, 이에 걸맞은 사고와 행동을 실천할 때 형성되는 내적 긍지와 자부심을 의미	청렴 성실 긍지
팀워크 (Teamwork)	합동군 구성원들이 공동의 목표달성을 위해 각자의 역할에 책임을 다하고 협력하며, 연대의식을 형성하는 것을 의미	전문성 창의 협력 단결

출처: 조태근, 윤대엽. "합동군의 핵심가치 제정을 통한 합동성 강화방안." p. 110 재구성

이 네 가지 핵심가치는 합동군 구성원이 반드시 갖추어야 할 정신적 자산이며, 이를 바탕으로 심리적 합동성이 강화되고, 물리적 구조와 조화를 이루는 합동성이 실현될 수 있다. 핵심가치는 단지 선언적인 문구가 아닌, 행동과 판단의 기준이 되어야 하며, 이를 체화하는 과정이 합동성 강화를 위한 근본적인 전략이 된다.

2. 핵심가치 실천을 통한 합동성 강화

3천 명의 직원이 근무하는 회사에는 3천 개의 각기 다른 우주가 존재한다. 이 세상에는 같은 지문을 가진 사람은 없다. 생김새가 비슷한 사람은 있지만, 같은 사람도 없고 생각이 같은 사람은 더더욱 없다. 자기 생각대로 자기 스타일대로 일한다면 조직의 힘은 약화되고 성과를 낼 수가 없다.[280]

세계 최고의 일류기업과 군사 선진국에서는 구성원들에게 핵심가치를 신념화하기 위해 전사적으로 노력하고 있다. 이것은 핵심가치가 조직의 성과와 군의 합동성 강화에 직접적인 영향을 미치고 있기 때문이다.

이러한 맥락에서 합동군의 핵심가치는 단순히 대외적으로 강조하는 것이 아니라, 구성원이 이를 인식하고 신념화하여 실천할 때 조직문화로 정착된다. 핵심가치는 즉시 내재화되는 것이 아니라, 조직문화와 깊이 연결되어 있기에 일상에서 실천되려면 '인식·이해 → 신념화 → 실천'의 단계적 접근이 요구된다.

〈그림 5-5〉 핵심가치 실천단계

1단계	⇨	2단계	⇨	3단계
인식·이해		신념화		실천

출처: 조태근, 윤대엽. "합동군의 핵심가치 제정을 통한 합동성 강화방안." p. 111.

(1) 핵심가치 실천의 3단계

■ 1단계: 인식·이해

이 단계는 합동군의 핵심가치가 필요한 이유를 인식하고, 그 중요성과 역할, 의미를 이해하는 과정이다. 이 단계에서는 핵심가치에 대한 인식과 이해를 높이기 위해 다양한 활동과 교육을 집중적으로 실시해야 한다. 각급 부대(부서)의 리더들은 구성원들과 지속적으로 소통하며, 핵심가치를 자연스럽게 받아들일 수 있는 환경을 조성해야 한다. 또한, 제대별 핵심가치 선포식, 워크숍, 사례공유, 반복교육 등을 통해 폭넓은 공감대를 형성해야 한다.[281]

사실 가치관은 이상적이고 개념적인 것으로 여겨져 일상생활과 동떨어져 있다고 생각하기 쉽다. 이러한 인식이 확산되면, 핵심가치를 기반으로 한 업무수행이 비현실적이고 비합리적으로 보일 수 있으며, 결국 과거의 관행에 따라 업무를 처리하게 될 위험이 있다. 따라서 조직 구성원이 현 상황을 명확히 인식하고 이해하여 공감대를 형성하는 것이 중요하다.[282] 다소 시간이 소요되더라도 충분한 토의와 참여를 보장하여 소외되는 구성원이 없도록 각별한 관심이 요구된다.

■ **2단계: 신념화**

신념화 단계는 조직 구성원들이 인식하고 이해한 핵심가치를 긍정적으로 받아들이고 신념으로 내재화하는 과정이다. 이 단계에서는 특히 리더의 역할이 중요하다. 각 부대 지휘관과 부서장은 구성원 교육을 주도하는 동시에, 핵심가치를 지속적으로 말하고, 보고, 들을 수 있는 여건을 조성해야 한다.

GE(General Electric)를 위대한 기업으로 만든 잭 웰치(Jack Welch) 전(前) 회장은 "기업의 핵심가치는 700번 이상 반복해서 직원들에게 전달해야 한다. 나는 메시지를 전할 때 한 번도 이 정도면 충분하다고 생각해본 적이 없다"라고 말한 바 있다. 핵심가치가 뿌리를 내려 체질화될 때까지 반복해서 강조하는 열정과 끈기를 리더가 먼저 가져야 한다는 의미다.[283]

특히, 2단계에서는 핵심가치 신념화를 위한 교육이 중요하며 교육과정 3단계 로드맵을 소개하면 다음과 같다.

〈그림 5-6〉 핵심가치 신념화를 위한 교육과정 로드맵

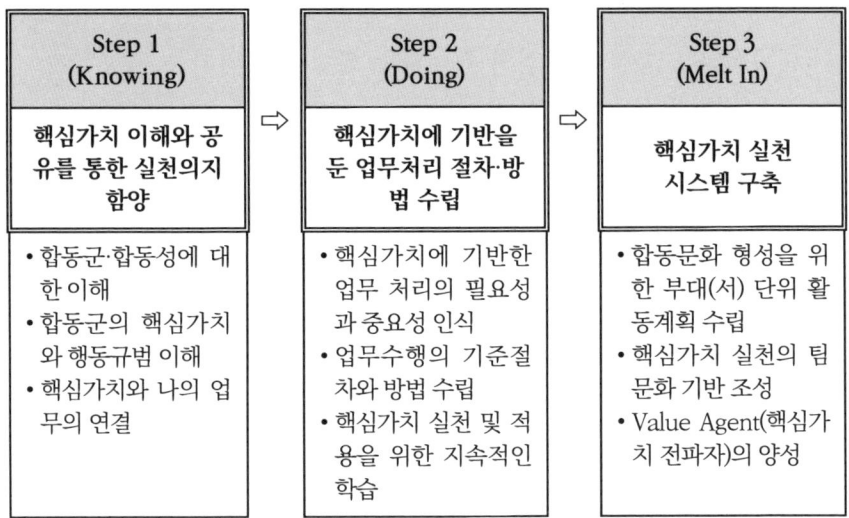

출처: 허욱, 『핵심가치』(서울: 이콘출판, 2016), p. 171 그림을 재구성

강의나 교육은 핵심보직자 또는 존경받는 간부가 진행해야 설득력과 감동을 더할 수 있다. 조직의 핵심가치가 어떤 고민과 과정을 거쳐 수립되었는지를 실제 사례와 경험을 통해 설명함으로써 구성원에게 공감과 신뢰를 얻을 수 있다.

■ **3단계: 실천**

핵심가치를 실천하는 단계는 그것을 업무에 적용하여 구체적 행동으로 나타나는 과정을 의미한다. 이 과정에서는 윤리행동강

령[284] 등의 제정과 보급이 필요하며, 각급 부대는 이를 실천계획으로 구체화하고 정기적인 평가와 피드백을 통해 정착시켜야 한다.

핵심가치를 실천하려면 개인의 의지뿐 아니라 조직의 시스템도 뒷받침되어야 한다. 예컨대, 업무성과 평가에 핵심가치의 실천 여부를 반영하는 제도를 도입하면 구성원들은 핵심가치가 단지 선언에 그치지 않고 실질적인 보상과 연결된다고 인식하게 된다. 궁극적으로는 '인식-신념화-실천'으로 이어지는 선순환 구조가 정착되어야 하며, 이를 위해서는 구성원 개개인의 노력뿐 아니라 리더의 지속적인 강조, 조직 차원의 지원이 동시에 이뤄져야 한다.

(2) 핵심가치가 합동성에 미치는 영향

신념화된 핵심가치는 다음과 같은 측면에서 합동성을 강화하는 데 기여한다.

① **사고와 행동의 기준 제시**

다양한 군종과 배경을 가진 구성원들이 일관된 기준을 공유함으로써 혼란을 줄이고, 상황 대응의 일관성을 확보한다.

② **합동문화의 중심축 형성**

공동의 가치관은 어려움에 직면했을 때 조직의 중심을 잡아주는 나침반 역할을 하며, 혼란을 극복하는 데 도움을 준다.

③ 심리적 합동성 증진

공통의 핵심가치를 공유함으로써 연대의식과 팀워크가 향상되고, 이는 합동군 전반의 심리적 통합을 끌어낸다.

핵심가치는 단순한 선언이 아니라, 구성원들의 판단과 행동을 이끄는 정신적 지주이다. 따라서 합동군의 최고 지휘부인 합참은 '합동군 핵심가치 전략 TF'를 구성하여 제시된 핵심가치 요건과 고려사항에 기반한 체계적 접근을 주도해야 한다. 이를 통해 핵심가치가 명실상부한 조직의 중심 철학으로 자리매김할 수 있을 것이다.

3. 합동 리더십 발휘

역사 서술에서는 종종 "무적의 로마군이 두려워한 것은 카르타고 군대가 아니라, 그들을 이끈 한니발이었다."는 표현을 사용한다. 이 문장은 위대한 리더가 지닌 영향력이 조직 전체에 얼마나 지대한 파급력을 갖는지를 단적으로 보여준다. 결국, 리더십은 군사작전에서 승패를 가르고, 조직의 성패를 결정짓는 결정적인 요소가 될 수 있다.

(1) 리더십의 본질과 '합동 리더십'의 필요성

현시대에 리더십(leadership)에 대한 정의는 매우 다양해서

학자마다 자기만의 정의가 있을 정도이다. 그러나 일반적으로는 "조직의 목표를 달성하기 위하여 조직의 구성원들에게 동기를 부여하고 영향력을 행사하는 것"으로 정의할 수 있다. 리더십의 유형 또한 권위적 리더십, 민주적 리더십, 변혁적 리더십, 거래적 리더십, 서번트 리더십 등 다양하게 분류하기도 한다.

이러한 다양한 리더십의 유형 속에서도, 최근 국제 군사환경 변화에 따라 주목받고 있는 개념이 바로 '합동 리더십(Joint Leadership)'이다. 이 개념은 현재까지 군이나 학계에서 공식적으로 정립된 리더십 유형은 아니지만, 러시아-우크라이나 전쟁과 같은 현대전 양상 속에서 합동성의 중요성이 재조명되며 본격적인 논의가 시작되었다. 특히, 2021년 대한민국 합참이 합동전투발전 분야에 리더십을 포함한 이후로 관련 연구와 교육이 점차 확대되고 있다.

장재규는 합동 리더십을 "합동 리더가 합동의 목표를 달성하기 위해 육·해·공군으로 구성된 합동 조직의 구성원에게 영향력을 미치는 것"으로 정의하고 합동 리더들에게 요구되는 기본역량 8개와 합동역량 6개[285]를 구분하여 제시[286]한 바 있으며, 테드 로버츠(Ted G. Roberts)는 그의 저서 『합동 리더십』에서 합동 리더가 달성해야 할 2가지 역할로 첫 번째는 명확한 공동의 목표를 설정하는 것이며 두 번째는 그 목표를 달성하기 위해 서로 협력하도록 조직 구성원들에게 영향력을 미치는 것[287]을 강조하고 있다.

조직의 리더가 핵심가치를 중심으로 행동하면 구성원들에게 신뢰를 주고 일관된 방향성을 제시할 수 있다. '고객 우선'이라는 가치를 지닌 기업은 단기적 이익보다는 고객의 지지와 신뢰를 유지하는 결정을 내릴 것이며, '혁신'이라는 핵심가치를 가진 리더는 일반의 예상을 뛰어넘는 창의적인 아이디어를 허용할 것이다. 이것은 핵심가치가 리더에게 의사결정의 방향을 제시한 것이며, 리더십은 핵심가치를 실천에 옮기는 힘과 영향력을 제공한다. 따라서 핵심가치와 리더십은 분리될 수 없는 개념이며, 특히 합동군과 같은 다양한 군종의 조합(Combination)에서는 그 중요성이 더욱 커진다.

이 책에서는 합동 리더십이 핵심가치의 신념화와 합동성 강화에 필수적인 점을 고려하여 "합동군의 리더가 합동군의 핵심가치를 기반으로 조직의 공동 목표를 달성하기 위해 동기를 부여하고 영향력을 미치는 제반 활동"으로 정의하였다.

(2) 합동군 리더가 유념해야 할 세 가지 실천 방향

합동 리더십은 단순히 부하를 지휘하는 능력만을 의미하지 않는다. 각기 다른 전통과 작전개념, 무기체계를 보유한 군종 간의 협력을 끌어내는 데 필요한 정교한 커뮤니케이션, 공감 능력, 그리고 자기 혁신의 태도가 복합적으로 작용한다. 아래에서는 합동 리더가 반드시 갖추어야 할 세 가지 핵심 실천 방향을 제시한다.

① **핵심가치의 솔선수범**

핵심가치를 신념화하고 실천하기 위해서는 리더들의 솔선수범이 필요하다. 핵심가치의 신념화는 합동군 리더들의 성숙한 태도와 모범적인 행동을 통해 자연스럽게 합동군 내부에 스며들게 하는 과정이다. 합동군 리더가 변해야 합동군이 변한다는 사실을 인식해야 할 것이다.

잭 웰치 전(前) GE 회장은 "핵심가치를 실천하지 않는 리더는 성과가 높더라도 조직을 해치는 존재"라고 강조하며, 핵심가치를 중심에 둔 리더십의 중요성을 역설하였다.[288] 이는 단지 업무수행능력 이상의 윤리적·가치 기반의 리더십이 요구된다는 의미이다.

② **소통과 공감의 책임**

합동군은 다양한 군종과 문화가 혼합된 조직으로, 구성원 간 이질성이 높다. 따라서 소통과 공감은 리더십의 부수적 덕목이 아니라 책임이다. 서로 다른 작전개념, 의사결정 구조, 용어와 전통 속에서 갈등이 발생하는 것은 자연스러운 일이며, 리더는 이를 조율할 수 있는 감정적 지능과 공감 능력을 갖추어야 한다.

소통의 단절은 곧 신뢰의 상실로 이어지며, 이는 곧 팀워크와 합동성 약화로 직결된다. 합동 리더는 구성원의 다양성을 이해하고, 공감과 존중을 바탕으로 신뢰의 기반을 마련해야 한다. 소통과 공감은 부하들에 대한 리더의 배려가 아닌 책임임을 알아야 한다.

③ 합동성과 각 군 전문성에 대한 깊은 이해

합동 리더십을 성공적으로 발휘하기 위해서는 합동성의 개념뿐 아니라 각 군의 전통, 무기체계, 작전 방식에 대한 이해가 필수적이다. 이를 간과하는 리더는 조직 내부에서 신뢰를 얻기 어려우며, 구성원들은 리더를 설득하거나 보완하기 위해 과도한 노력을 기울이게 된다.

합동군 리더가 각 군에 대한 지식과 작전개념의 이해가 부족하면 실무자가 리더를 먼저 교육해야 하는 안타까운 상황이 발생할 수 있다. 합동성이 결여된 합동군 리더는 상급자에게 보고를 주저하게 되고, 이러한 리더는 결국 두꺼운 보고서에 의존하게 된다. 두꺼운 보고서는 결국 실무자의 몫으로 다가오며 업무의 효율성은 떨어질 수밖에 없고 이 리더는 신뢰를 상실하게 되는 것이다.

스티븐 코비는 『원칙 중심의 리더십』에서 훌륭한 리더의 첫 번째 특성으로 끊임없는 학습(Continual Learning) 태도를 제시했다. 이는 자신의 무지를 인식하고, 타인의 말과 경험을 통해 배우려는 겸허한 자세를 말한다. 지식이 넓어질수록 오히려 모르는 영역도 커진다는 '지식의 원(Circle of knowledge)' 이론은 리더의 자기 성찰을 유도하는 개념으로 주목할 만하다.[289]

(3) 합동 리더십의 미래 방향

앞으로의 합동군 리더는 단순히 지시를 내리는 역할을 넘어, 핵심가치를 실천하고 구성원을 통합하는 문화적 리더, 전략적 커뮤니케이터, 윤리적 의사결정자로서 역할을 해야 한다.

합동군 리더는 공동의 목적을 분명히 인식하고, 소속 부대의 특성과 역량을 존중하며, 합동성 실현의 최전선에서 조정자이자 촉진자의 역할을 해야 한다. 이러한 리더십은 명령이 아니라 신뢰에 기반한 영향력으로 이루어진다. 핵심가치를 실천하는 리더는 구성원들의 자발적인 참여를 끌어내고, 이는 곧 조직의 지속가능한 성과와 안정적인 합동성 유지로 이어질 것이다.

궁극적으로 합동 리더십은 합동군 전체의 핵심가치 실천을 촉진하고, 구성원의 심리적 합동성을 강화하여 물리적 합동성과 유기적인 통합을 이끌어내는 원동력이 될 것이다.

제6장

결론:
합동성 강화를 위한 가치 중심의 전환

> "합동군의 정체성과 연대의식을 구현하는
> 가장 강력한 수단은 핵심가치이며,
> 핵심가치는 단순한 규율을 넘어
> 구성원의 자율적 판단과 행동을 이끄는
> 정신적 기준이자, 조직문화의 중심축이다."

"우리 군의 합동성 강화를 위해서는 지휘구조와 무기체계 등 물리적 기반의 개선과 함께, 핵심가치를 공유하는 심리적 통합이 병행되어야 한다. 합동성은 물리적 요소와 심리적 요소가 조화를 이룰 때 비로소 완성된다."

오늘날의 전쟁은 더 이상 지상·해양·공중에만 국한되지 않는다. 우주, 사이버, 전자기스펙트럼을 넘어 인간의 인지 영역까지 전장(戰場)이 확장되었으며, 전쟁양상도 전통적 방식과 첨단기술이 공존하는 복합 형태로 진화하고 있다.

러시아-우크라이나 전쟁과 이스라엘-하마스 전쟁은 이러한 현실을 여실히 보여준다. 참호전, 포격전, 전차전 같은 재래식 전투와 함께, 사이버 공격, 드론 운용, AI 기반 자동화 무기 등 새로운 전쟁방식이 동시에 전개되며, 우주군, 사이버군, 드론군 등 새로운 군종도 속속 등장하고 있다.

이처럼 전장이 다차원적으로 확장되고 군종이 분화된 상황에서는 단일 군종 중심의 작전으로는 대응에 한계가 있다. 작전의 성패는 이제 다양한 군종 간의 유기적 통합, 즉 '합동성(Jointness)'의 수준에 달려 있다. 각 군의 역량이 단절 없이 연결되고 하나의 체계로 움직일 때만 복합적 위협에 효과적으로 대응할 수 있다.

오늘날, 합동성은 단순한 작전 방식의 문제가 아니라, 전장의 복잡성과 불확실성에 대응하기 위한 군의 생존 전략이며, 전쟁의 승패를 좌우하는 필수 조건이다.

1991년 걸프전쟁의 사막의 폭풍 작전(Desert Storm Operation)은 전 세계의 많은 관찰자들에게 합동성의 가치를 명확하게 보여주는 계기가 되었다. 사막의 폭풍 작전에서 미국이 거둔 성공 이후, 합동성과 합동작전은 미국 군사사상(US military thought)의 초석이 되었다.[290]

우리 군도 합동성 강화의 중요성을 인식하고 노력을 기울여 왔다. 그렇다면 질문은 단순하다. "우리 군에서 노력과 자원을 투입했으나 왜 합동성 수준이 낮은가?" 이 물음에서 이 책은 출발했다. 조직과 지휘구조, 무기체계 개선만으로는 해결되지 않은 무엇인가가 있었다. 그 답은 다름 아닌 사람과 가치에 있었다.

■ **합동성:**
물리적 합동성과 심리적 합동성이 조화롭게 결합된 상태

우리 군은 지난 수십 년간 합동성 강화를 위한 다각적인 개혁을 추진해왔다. 2005년 합동성 강화 종합추진계획 시행, 2006년 국방개혁법 제정, 2007년 합동전투발전업무 훈령 제정, 이후 서북도서방어사령부 창설, 지휘 및 부대구조 조정, 합동군사대학교 창설, 합참과 국직·합동부대 3군 균형편성, 사관학교 통합교육 강화 등은 '물리적 합동성' 확보를 위한 제도적 기반 정비였다. 분명 이와 같은 노력은 과거와는 다른 수준의 통합을 가능하게 만들었으며, 우리 군의 역량 발전에 기여한 것은 사실이다.

그러나 네 차례에 걸친 합동성 평가 결과는 우리 군의 현재 합동성 수준이 여전히 2단계 '협력' 수준에 머물러 있음을 보여준다. 이 지표는 단순한 수치가 아니라, 우리 합동군이 실질적인 시너지 창출에는 도달하지 못하고 있음을 나타낸다. 이는 물리적 조건의 개선만으로는 한계가 있으며, 그 너머의 본질적 요소, 심리적 합동성에 주목해야 한다는 의미다.

이 책은 합동성을 물리적 합동성과 심리적 합동성이 상호 보완적이고 조화롭게 결합된 상태로 정의한다. 아무리 강력한 조직과 무기를 갖추고 있어도, 상호 불신과 고립된 조직문화 속에서는 결코 높은 수준의 합동 효과를 기대할 수 없다.

■ **핵심가치: 합동군을 하나로 연결하는 심리적 플랫폼**

합동군의 정체성, 연대의식을 실현하기 위해 가장 강력한 도구는 바로 핵심가치다. 핵심가치는 단순한 규율이 아니라, 구성원들이 스스로 판단하고 행동할 수 있도록 해주는 정신적 기준이자, 조직문화의 중심축이다.

기업 경영에서는 오랫동안 핵심가치가 조직의 성과를 좌우하는 결정적 요소로 간주되어 왔으며, 군사 선진국들 역시 이러한 가치를 군사교리와 교육의 중심에 배치하고 있다. 미군은 "합동군은 단지 구조가 아니라 가치 기반의 조직"임을 강조하며, 합동군의 핵심가치를 군사기본교리와 군사교육에 적극적으로 통합하고 있다.

본서는 이와 같은 이론적 배경과 국내외 사례를 기반으로, 합동군의 핵심가치 네 가지를 다음과 같이 제안하였다:

- **상호이해와 존중:** 각 군의 문화와 전통, 능력 및 특성, 작전개념을 이해하고, 각 군의 독립적 위상과 국가방위에 대한 노력과 헌신을 인정하며, 구성원의 인권과 명예를 존중하고 배려하는 것을 의미
- **헌신:** 개인의 이익보다 국가의 안위와 국민을 우선하여 충성을 다하고, 부여된 책임을 완수하는 것을 의미
- **명예:** 합동군의 일원이라는 자부심을 바탕으로, 이에 걸맞은 사고와 행동을 실천할 때 형성되는 내적 긍지와 자부심을 의미
- **팀워크:** 합동군 구성원들이 공동의 목표달성을 위해 각자

역할에 책임을 다하고 협력하며, 연대의식을 형성하는 것을 의미

이 네 가지 가치는 단순히 '표어'로 정해질 수 있는 것이 아니다. 조직 전체가 인식하고, 내면화하며, 일상적으로 실천할 수 있어야 한다. 이를 위해서는 인식·이해 → 신념화 → 실천이라는 단계적 접근이 요구된다.

■ 합동 리더십: 핵심가치 실천의 구심점

아무리 훌륭한 가치가 제시되었더라도, 그것을 조직 내에서 실현 가능하게 만드는 것은 결국 리더의 역할이다. 합동군의 리더는 단지 명령을 지시하는 행정가나 관리자가 아니라, 구성원들이 공동의 정체성과 방향성에 동참하도록 이끄는 문화적 촉진자여야 한다.

합동 리더십은 가치 기반의 리더십이다. 그것은 말보다 행동을 통해 신뢰를 쌓고, 다양한 구성원 간의 관점을 조율하며, 조직이 하나의 비전을 향해 나아가도록 심리적 공통분모를 형성하는 것이다. 즉, 합동 리더십은 가치를 실현하는 실천적 영향력이다. 본서는 이를 '핵심가치 실천의 구심점'으로 정의하고, 합동군 리더들이 다음과 같은 세 가지 역할을 자각할 것을 강조한다:

- **핵심가치 솔선수범**
- **소통과 공감의 책임**
- **합동성과 각 군 전문성에 대한 깊은 이해**

이러한 합동 리더십 없이는 심리적 합동성의 정착도 불가능하며, 핵심가치 또한 공허한 이상에 그치고 말 것이다.

■ **정책적 제언: 합동성 강화를 위한 과제**

지금까지의 논의를 종합하여, 우리 군의 합동성 강화를 위한 정책적 제언은 다음과 같다.

첫 번째 정책제언은 '합동군(Joint force)' 용어의 공식화와 제도화가 필요하다는 것이다. 이것은 단순한 명칭의 문제가 아니라, 우리 군이 나아가야 할 작전 수행체계와 조직 정체성을 통합적으로 설정하는 작업이다. '합동군' 용어가 공적으로 제도화되면 각 군이 개별적으로 존재하되, 공동의 목표 아래 협력하고 통합된 형태로 작전을 수행한다는 점이 분명해진다. 이는 국내외 군사전문가, 대중과의 소통에서도 일관된 의미를 전달하는 데 도움이 된다. 아울러, 다영역 작전환경이 일반화된 현대 전장에서 '합동군'이라는 개념은 통합적 작전 접근을 자연스럽게 설명할 수 있으며, 우주·사이버 등 확장된 전장을 고려할 때도 적합한 용어가 된다. 나아가 이 용어는 연합 및 다국적 작전에서도 혼선을 줄이고 상호이해를 도모하는 데 효과적이며, **합동성 중심의 혁신적 문화와 사고를 확산시키는 데도 상징적 역할**을 할 수 있다. 따라서 합동군 개념은 군사용어사전에 등재되어야 하며, 우리 군의 작전계획, 교범, 훈련 및 정책 문서 전반에서 적극적으로 활용되어야 한다.

두 번째 정책제언은 합동군의 핵심가치 선정과 신념화 전략 수립이다. 합동성은 단지 지휘체계나 무기 통합만으로 완성되지 않으며, 구성원 개개인이 공유하는 가치관과 행동 양식에 의해 뿌리내릴 수 있다. 따라서 합동군이 하나의 유기체로 기능하기 위해서는 구성원 모두가 공감하고 실천할 수 있는 핵심가치가 반드시 필요하다. 이 핵심가치는 합참을 중심으로 전략 TF를 구성하여 체계적으로 선정되어야 하며, 군 내부 구성원과 외부 전문가의 의견을 반영하는 상향식·하향식의 혼합된 접근방식이 바람직하다. 핵심가치는 단지 선언에 그쳐서는 안 되며, 교육훈련, 리더십 평가, 인사관리 등 군의 실질적 제도와 연결되어야 한다. 예를 들어 장교 양성과정이나 간부 리더십 평가체계에 핵심가치를 반영하고, 각 부대 단위에서 운영되는 워크숍을 통해 그 의미와 실천 방향을 교육함으로써 가치 기반의 조직문화를 만들어 가야 한다. 이를 통해 핵심가치는 단순한 표어가 아니라 실제 의사결정과 행동 기준으로 작용하게 된다.

세 번째 정책제언은 선정된 핵심가치는 군사기본교리에 반영하고 체계적인 교육을 실시하는 것이다. 군사기본교리는 군(軍)의 최상위 교범이며, 군사작전의 공인된 기본원칙과 포괄적 지침을 제공한다. 아울러, 통합적 작전수행과 우리가 합동팀으로 싸우는 능력 발휘의 틀을 제공해준다. 미국, 영국 등 군사 선진국에서는 핵심가치를 그 조직의 고유한 철학, 영혼처럼 생각하여 이를 명확히 정립하여 가장 상위 교범인 군사기본교리에 반영하였으며, 이를 신념화하기 위해 노력하고 있다. 핵심가치 적용을 통해 구성원들의 정체성, 연대의식을 고취하고 이를 통하여 합동성 강화와 전투력 향상을 도모하고 있다. 합동군의 최고 리더들은 그들의 메시지를 통해 합동군은 가치 기반의 조직이며, 그들의 가치를 수호해야 함을 강조하고 있다. 향후, 군사기본교리 개정 시에 합동군의 핵심가치 내용이 연구되고 반영되어야 할 것이다.

군사기본교리에 반영된 핵심가치는 우리 군의 양성 및 보수교육 기관에서 교육해야 한다. 합동군 핵심가치 교육은 단순한 지식 전달을 넘어 현장토의 및 실습, 팀 학습을 통해 합동군의 정신, 합동문화를 형성할 수 있도록 보수교육 단계별로 교육 중점을 설정하고 체계적인 프로그램을 발전시켜야 한다.

이 세 가지 정책적 제언은 우리 군이 단순히 합동군제를 유지하는 데 그치지 않고, 합동성에 대한 공감과 실천이 조직문화로 정착되는 체계적 기반을 마련하는 데 핵심이 될 것이다.

마무리하며

우리 민족은 오랜 역사 속에서 다양한 문화를 갈등이 아닌 융합의 자산으로 삼아 고유한 정체성과 문화를 창조해왔다. 대륙문화와 해양문화가 만나는 반도라는 지리적 조건 속에서 우리는 이질적인 요소들을 충돌이 아닌 조화로 끌어내는 문화적 역량을 축적해왔다. 우리의 음식문화, 특히 비빔밥처럼 서로 다른 재료를 하나의 조화로운 음식으로 완성하는 전통은, 그러한 융합의 상징이라 할 수 있다.

이러한 문화적 융합의 능력은 합동성 실현에도 중요한 자산이 된다. 합동성이란 단순한 기능적 통합이 아니라, 서로 다른 군종의 역사와 전통, 조직문화를 존중하면서도 공동의 목적 아래 하나로 융합되는 과정이다. 우리 군이 지향해야 할 합동성은 바로 이러한 '다양성 속의 조화'를 실현하는 통합적 리더십과 문화적 역량에서 비롯된다.

대한민국은 2025년 글로벌파이어파워(GFP) 기준, 세계 5위의 군사력을 보유한 국가로 평가받고 있다. 첨단무기와 지휘구조는 분명한 경쟁력이지만, 그것이 실질적인 전투력으로 이어지기 위해서는 군종 간의 유기적 협력과 연대의식이 필수적이다. 다시 말해, 다양한 군종과 전력 요소들이 신뢰와 공동의 가치를 기반으로 유기적으로 작동하는 '하나의 팀'이 되는 것이다.

이 책은 바로 그 정신적 기반으로서 '합동군의 핵심가치'를 제안하고, 이를 중심으로 한 심리적 합동성 강화를 위한 방안을 논의해왔다. 핵심가치는 단순한 선언이 아니라, 위기 속에서도 조직이 방향을 잃지 않게 하고, 구성원 간 신뢰와 연대를 형성하며, 전투력 이상의 팀워크를 만들어내는 중심축이다.

또한, 이 책은 지금까지의 합동성 논의가 물리적 구조와 무기체계 중심에 머물러 있었다는 한계를 인식하고, 이를 심리적·문화적 영역으로 확장하고자 하였다. 지휘 및 부대구조, 무기체계 중심의 물리적 통합에서 심리적·문화적 통합으로의 전환을 제시하고, 이를 위한 핵심가치 기반의 개념틀과 정책방안을 구체적으로 제안했다는 점에서, 이 책의 논의는 학문적·실천적 의의를 갖는다.

우리는 합동성이 단순한 작전 효율성의 문제가 아니라, 사람과 조직문화, 그리고 공유된 가치에서 비롯되는 깊은 통합의 문제임을 직시해야 한다. 진정한 합동성은 지휘구조나 무기체계만으로는 완성될 수 없다. 구성원 간의 신뢰와 연대, 핵심가치를 중심으로 한 심리적 통합이 함께 이루어질 때, 비로소 조직 전체가 하나로 움직이는 '합동군'이 완성된다.

그 변화의 중심에는 합동군 리더가 있어야 한다. 이들이 먼저 가치를 실천하고 문화를 이끄는 주체가 될 때, 합동성은 제도가 아닌 공동체의 힘으로 자리 잡을 수 있다.

이제 우리 군은 단지 합동군제를 운용하는 것을 넘어, '가치 기반의 합동군 문화'를 창조해야 할 시점에 서 있다. 지금까지의 논의가 그 전환의 첫걸음이자, 함께 고민하고 실천할 수 있는 출발점이 되기를 기대한다.

주(註)

1. 윌 듀런트, 아리엘 듀런트. 천희상(역).『역사의 교훈』(서울: 범우사, 1991), p. 105.
2. Alvin and Heidi Toffler. *WAR AND ANTI-WAR*(Boston: Little Brown, 1993), p. 14.
3. 김홍석. "러시아-우크라이나 전쟁: 공중우세의 재고찰."『국방정책연구』통권 제139호(2023), pp. 92~97.
4. 이 내용은 아이젠하워가 1958년 4월 3일 미국 의회에『국방재조직법』을 제출할 때 함께 제출한 특별 메시지의 일부 내용임(Special Message to the Congress on Reorganization of the Defense Establishment, 3 April 1958).
5. 차동길. "합동성 강화를 위한 국방개혁의 새로운 방향: 상부지휘구조를 중심으로."『한일군사문화연구』제24권(2017), pp. 197~224.
6. 선동익, 노명화. "합동성과 전문성, 그리고 조직설계."『국방정책연구』2024년 통권 제143호(2024), pp. 5~33.
7. 김동삼. "한국군의 미래 군구조 개편에 관한 연구."『한국보훈논총』21권 제4호(2022), pp. 9~40.
8. 권ோ근, 노영구. "한국군 합동전 수행구조의 문제점과 발전방향."『국방연구』제62권 제1호(2019), pp. 99~125.
9. 장재규. "한국군의 합동성 문제 고찰: 인식에 기초한 평가와 해결책."『국가전략』제28권 4호(2022), pp. 89~116.
10. 김종하, 김재엽. "합동성에 입각한 한국군 전력증강 방향 : 전문화와 시너지즘 시각의 대비를 중심으로."『국방연구』제54권 3호(2011), pp. 191~210.
11. 김인태. "한국군의 합동성 강화방안 연구" 경기대학교 박사학위 논문(2004).
12. 서길원. "NCW 시대 한국군의 합동성 강화를 위한 소요기획 대안적 접근법에 관한 연구." 아주대학교 박사학위 논문(2016).
13. 윤세권. "한국군 합동성 차원의 군사력 건설 및 유지를 위한 발전과제 연구."『군사발전연구』(2007), pp. 147~176.
14. 박휘락. "한국군의 합동성 수준과 과제."『군사논단』제68호(2011), pp. 96~118.
15. 김영래. "한국군의 합동성 강화를 위한 합동군사교육체계 발전방안에 관한 연구." 목원대학교 박사학위 논문(2019).
16. 두진호. "우크라이나 사태 전훈 분석 : 합동성 강화를 위한 군사적 담론."『국방정책연구』통권 제138호, (2022), pp. 39~66
17. 모티머 J. 애들러 지음. 김인수(역).『모두를 위한 아리스토텔레스』(의정부 : 마인드큐브, 2018), pp. 165~168.
18. 정동섭, 송경수, 이희옥.『현대경영조직론』(서울 : 탑북스, 2017), pp. 27~28.
19. 국방부. "국방조직 및 정원관리 훈령."(국방부 훈령 제2620호, 2022).
20. 합참.『주요국가 군구조 편람(2023)』p. 10.
21. 민진.『한국의 군사조직』(서울 : 대영문화사, 2017), pp. 20~22.
22. 표준국어대사전(검색일: 2024. 10. 21).
23. 합참.『합동·연합작전 군사용어사전(2024)』p. 51.
24. 상부지휘구조는 정책을 수립하고 전략을 개발하며 군사력 건설을 담당하는 국방부와 합참, 각 군 본부 간의 지휘 관계를 설정한 체계이며, 하부지휘구조는 군사전략 수립, 연합·합동작전의 수행 등을 담당하는 합참, 각 군 본부 이하 제대 간의 지휘관계를 설정한 체계(출처: 공본.『외국 군구조 편람(2022)』p. 6).

25 배이현. "한국군 군제발전에 관한 연구." 대전대학교 박사학위 논문(2015), pp. 6~7.
26 윤우주.『한국군의 군제 개혁사』(서울 : 한성애드컴, 2010), p. 58.
27 윤우주.『한국군의 군제 개혁사』(서울 : 한성애드컴, 2010), p. 59.
28 합참.『주요국가 군구조 편람(2023)』p. 19.
29 합참.『주요국가 군구조 편람(2023)』pp. 19~20.
30 배이현 논문(2015), p. 23, 합참.『주요국가 군구조 편람(2023)』p. 20, 공군.『외국 군구조 편람(2022)』p. 10 내용을 참고.
31 합참.『주요국가 군구조 편람(2023)』p. 20.
32 김갑진. "한국군 군구조 정책 결정요인과 특징" 경남대학교 박사학위 논문(2022), p. 25.
33 합참.『주요국가 군구조 편람(2023)』p. 21, 윤우주(2010), p. 60 내용을 재구성.
34 윤우주.『한국군의 군제 개혁사』(서울: 한성애드컴, 2010), p. 62, 합참.『주요국가 군구조 편람(2023)』p. 21 내용을 재구성.
35 표준 국어대사전(검색일: 2024. 11. 23).
36 합참.『합동·연합작전 군사용어사전(2024)』p. 377.
37 WESLEY FRANK CRAVEN, JAMES LEA GATE. "THE ARMY AIR FORCES In World War I1" *MEN AND PLANES* Volume Six(New Imprint by the Office of Air Force History Washington, D.C., 1983), pp. 5~6, p. 81.
38 US. Joint Chiefs Staff(1990). CM-344-90, *Military Education Policy*(1 May 1990), p. Ⅷ., 합동대.『합동성 연구 총서1: 미래합동전장에서 전영역시너지 창출을 위한 합동성 이론과 실제』(2023), p. 11에서 재인용.
39 US The Joint Forces Staff College, *JFSC Student Text1* 7th Edition (합동대, 2018), p. 1-84.
40 이란 주재 미 대사관 인질구출 작전(Operation Eagle Claw)에서는 최초 육군과 공군의 합동작전으로 계획했으나, 각 군의 경쟁의식으로 해군·해병대까지 4개 군종이 참여하는 작전으로 확대됨. 단일 지휘계통이 확립되지 못했으며 사전 합동훈련 미실시, 조종사 훈련 미흡, 기상 악화 등의 이유로 해병대 헬기와 공군수송기가 충돌하여 사망자가 발생함. 그레나다 침공작전(Operation Urgent Fury)에서는 필요 이상의 대규모 부대가 투입(4개 군종)되었으며, 육군기동부대와 해병기동부대와의 협력 미흡으로 우군 간의 피해(Fratricide)가 많았다. 미군 전사자 19명과 부상자 120명 중에서 사망자 절대다수인 17명이 아군의 오인사격과 사고에 의한 것이었다(출처: 합동대.『합동작전 사례연구』, 2023).
41 법률 제19073호(2022.12.13. 일부개정, 약칭: 국방개혁법): 제3조 6항(합동성 용어의 정의), 제23조(군구조의 개선), 제29조(합동참모본부의 균형편성), 제30조(국방부 직할부대 등의 균형편성) 등의 내용이 반영되어 있다. (출처: 법제처 국가법령정보센터, 검색일: 2024. 12. 26).
42 조태근. "한국군의 합동성 강화를 위한 새로운 접근."『군사논단』통권 제115호(2023), p. 106.
43 조태근. "한국군의 합동성 강화를 위한 새로운 접근."『군사논단』통권 제115호(2023), p. 106.
44 David Deptula, Meeting Strategic Challenges: Balancing Capabilities With Priorities, HQ USAF Briefing, 2010. p. 6/11(슬라이드 자료, 검색일: 2025. 1. 5.)

45 윤대엽. "인공지능의 무기화 경쟁과 인공지능 군사혁신." 『국제정치논총』 제64집 제1호 (2024. 3.), p. 347.
46 DoD USA. "2008 National Defense Strategy" pp. 17~18.
47 "월드컵 신화 재현." 『주간경향. 뉴스메이커 679호(2006. 6. 20.)』.
48 권윤희. "한국, 요르단에 0-2 사상 첫 敗 64년 만 아시안컵 우승 무산." 『서울신문(2024. 2. 7.)』.
49 합참. 『합동·연합작전 군사용어사전(2024)』 p. 384.
50 C4I 체계(Command, Control, Communication, Computers and Intelligence System): 자동화된 정보 또는 정보체계를 운용하여 C4 체계와 정보체계를 유기적으로 연동·통합하고, 지휘관이 작전계획을 수립하여 지휘통제할 수 있도록 지원하는 체계(출처: 『합동·연합작전 군사용어사전(2024)』, p. 324).
51 조직 부서들이 서로 다른 부서와 담을 쌓고 내부 이익만을 추구하는 현상을 일컫는 말. 곡식 및 사료를 저장해두는 굴뚝 모양의 창고인 사일로(silo)에 빗대어 조직 장벽과 '부서 이기주의'를 의미하는 경영학 용어로 사용됨(출처: 한경 경제용어사전, 검색일: 2024. 11. 26.).
52 조태근, 윤대엽. "합동군의 핵심가치 제정을 통한 합동성 강화방안." 『국방연구』 제67권 3호(국방대 안보문제연구소, 2024), p. 93. 내용을 재구성.
53 Charles Davis and Kristian E. Smith. "The Psychology of Jointness." JFQ issue98, 3rd Quarter 2020, p. 69.
54 국군조직법 제1장 총칙 제2조(국군의 조직, 전문개정 2010. 3. 17.).
55 고려대 한국어대사전(검색일: 2024. 11. 27.).
56 합참. 『2012~2026 합동개념서』 p. 42.
57 Joint force: A force composed of elements, assigned or attached, of two or more Military Departments operating under a single joint force commander. (US DOD. DOD Dictionary of Military and Associated Terms, 2021, p.116).
58 합참. 『합동·연합작전 군사용어사전(2024)』 p. 387.
59 합참. 『합동작전(2015)』 p.1~2.
60 KRIS 정책보고서. 『육군 핵심가치 실천수칙(가칭)에 대한 연구』(2020), p.181-7.
61 공군. 『공군 핵심가치 지침서(2014)』 p. 9 내용을 참고하여 작성.
62 황인경. "핵심가치를 살아 숨 쉬게 하라." 『LG 주간경제』(2003), p.30 내용을 참고하여 작성.
63 해군. 『해군 핵심가치 지침서(2015)』 p. 10.
64 공군. 『공군 핵심가치 지침서(2014)』 pp. 9~10.
65 오석홍. 『조직이론 (제9판)』(서울 : 박영사, 208) p. 191.
66 Edger H. Schein. "Organizational Culture." American Psychologist 45, 1990, pp. 109~119.
67 정동섭, 송경수, 이희옥. 『현대경영조직론』(서울 : 탑북스, 2017) p. 316.
68 해군. 『해군 핵심가치 지침서(2015)』 p.14.
69 정동섭, 송경수, 이희옥. 『현대경영조직론』(서울 : 탑북스, 2017) p. 318.
70 고든 설리번, 마이클 하퍼 지음, 김영식 옮김. 『전쟁과 경영: 세계 최강의 군을 만든 장군의 실전 경영 이야기』(서울: 지식노마드, 2019), p. 147.
71 김성건, 이재진. "소비자 만족과 지속 가능 경영을 위한 기업의 핵심가치 역할과 중요성." 『The Journal of Digital Policy & Management』(2013 May), p. 213에서 재인용.

72 황인경. "핵심가치를 살아 숨 쉬게 하라."『LG 주간경제』(2003), p.31.
73 LawrenceB.Wilkerson,"WhatExactlyisJointness?."JFQ,16, (Summer 1997),p.66.
74 Charles Davis and Kristan E. smit. "The Psychology of Jointness" JFQ 98, 3rd Quarter(2020), p.3.
75 송재익. "한국군의 합동성 강화를 위한 리더십: 미국의 이라크전 승리요인 합동성."『국방리더십저널』제50호(2011), p. 45.
76 조태근, 윤대엽. "합동군의 핵심가치 제정을 통한 합동성 강화방안."『국방연구』제67권 3호(국방대 안보문제연구소, 2024), p. 100 재구성.
77 정동섭, 송경수, 이희옥.『현대경영조직론』(서울: 탑북스, 2017) p. 29.
78 강진구. "조직 장벽을 극복하는 비결."『LG 주간경제』(2007. 5. 9.), p. 3 내용을 재구성.
79 서로 기능이 같거나 유사한 업무들을 묶어 조직 단위를 구성해야 한다는 원리 (출처: 행정학사전, 검색일: 2024. 12. 30.).
80 권한과 책임의 정도에 따라 조직 내의 직무를 등급화하여 구성원들 사이에 수직적 구조를 설정해야 한다는 조직 설계의 원리(출처: 우리말샘, 검색일: 2024. 12. 30.).
81 김윤곤, 오시영. "조직 칸막이 형성요인과 극복 방안에 관한 연구."『한국조직학회보』제17권 3호(2020), p. 34.
82 김윤곤, 오시영. "조직 칸막이 형성요인과 극복 방안에 관한 연구."『한국조직학회보』제17권 3호(2020), p. 39.
83 질리언 테트 지음. 신예경(역).『Silo Effect: 무엇이 우리를 눈멀게 하는가』(서울: 어크로스, 2017), pp. 95~113.
84 최중락.『조직행동과 조직설계』(서울: 상경사, 2022), pp. 566~567 내용을 재구성.
85 Mohammad Mehdi Ravanfar. "Analyzing Organizational Structure Based on 7s Model of Mckinsey" *Global Journal of Management and Business Research: A Administration and Management* Volume 15 Issue 10 Version 1.0 Year 2015, Publisher: Global Journals Inc. (USA), p. 7~3
86 톰 피터스, 로버트 워터먼 공저. 이동현(역).『초우량 기업의 조건』(서울: 더난, 2005), pp. 39~40.
87 Edgar H. Schein 저. 김세영(역).『조직문화와 리더십』(서울: 교보문고, 1990), pp. 40~42.
88 Edgar H. Schein 저. 김세영(역).『조직문화와 리더십』(서울: 교보문고, 1990), pp. 42~43 재구성.
89 Edgar H. Schein 저. 김세영(역).『조직문화와 리더십』(서울: 교보문고, 1990), pp. 42~52 재구성.
90 『표준국어대사전』(검색일 : 2024. 12. 27.)
91 조태근, 윤대엽. "합동군의 핵심가치 제정을 통한 합동성 강화방안."『국방연구』67권 3호(2024), p. 95.
92 조태근, 윤대엽. "합동군의 핵심가치 제정을 통한 합동성 강화방안."『국방연구』67권 3호(2024), p. 96.
93 조태근, 윤대엽. "합동군의 핵심가치 제정을 통한 합동성 강화방안."『국방연구』67권 3호(2024), p. 96.
94 안정화 작전(Stability operations): 다양한 군사적 임무와 과업, 활동을 포괄하는 용어로

안전을 재확립 또는 유지하고 환경을 안정시키며, 필수적인 정부의 지원기능을 제공하고, 긴급한 기반시설의 재건과 인도적 지원을 하는 작전을 의미함(출처: 美 국방부.『군사용어사전(2014)』, p. 237).
95 육군.『육군(2019)』, p. 2-6.
96 육군정훈공보실.『육군문화(대전: 육군인쇄창, 1999)』, pp. 60~62.
97 합참.『합동작전(2015)』p.1-43.
98 해군.『군사기본교리(2017)』p. 26.
99 이승준. "육·해·공군의 문화적 특성 이해."『E-저널』2020년 제42호(12-1월), (검색일 : 2024.12.3, komsf.or.kr/bbs/board.php bo-table=m477wr-id).
100 해군문화연구위원회.『해군문화』(해군본부, 1998), pp. 126~127.
101 합참.『합동작전(2015)』p.1-44.
102 문광건. "합동성의 이론과 실제."『국방정책연구』54권(2001. 12), p. 232.
103 이승준. "육·해·공군의 문화적 특성 이해."『E-저널』2020년 제42호(12-1월), (검색일 : 2024.12.3, komsf.or.kr/bbs/board.php bo-table=m477wr-id)
104 조태근. "한국군의 합동성 강화를 위한 새로운 접근."『군사논단』제115호(2023), p.110.
105 교호작용: 둘 이상의 사물이나 현상이 서로 원인과 결과가 되는 작용(=상호작용) (출처: 한국어대사전).
106 오석홍.『조직이론』(서울: 박영사, 2018), p.65.
107 할거주의: 자신이 속한 부서나 집단이 최고라는 식의 생각이나 행동(출처: 우리말샘).
108 민 진.『한국의 군사조직』(서울: 대영문화사, 2017), pp. 108~109.
109 조태근. "한국군의 합동성 강화를 위한 새로운 접근."『군사논단』제115호(2023), p.110.
110 민 진.『한국의 군사조직』(서울: 대영문화사, 2017), p.115.
111 조태근. "한국군의 합동성 강화를 위한 새로운 접근."『군사논단』제115호(2023), p.112.
112 조태근. "한국군의 합동성 강화를 위한 새로운 접근."『군사논단』제115호(2023), p.112.
113 조태근. "한국군의 합동성 강화를 위한 새로운 접근."『군사논단』제115호(2023), p.112.
114 문광건. "합동성의 이론과 실제."『국방정책 연구』제54권(2001. 12), p.233.
115 조태근. "한국군의 합동성 강화를 위한 새로운 접근."『군사논단』제115호(2023), p.113.
116 집단이 구성원들을 집단에 남아 있도록 하는 동력으로서 집단에 느끼는 매력, 구성원 간의 친밀도 등을 포함한다(출처: 두산백과, 검색일: 2024. 12. 4.).
117 이덕로,『조직행동론』(서울: 피앤시미디어, 2018), p. 205.
118 국방부.『2008 국방백서』p. 78.
119 국방부.『2006 국방백서』p. 37.
120 국방부.『2006 국방백서』p. 75~83, 정성희. "한국 국방개혁에 미치는 전략적 영향요인에 관한 연구." 원광대 박사학위 논문, 2023, p. 43 내용을 재구성.
121 합동개념(Joint Concept) : 합동작전을 수행하게 될 개념을 제시해 주는 개략적인 틀로

서, 합동 작전개념을 포괄하는 의미(출처 : 『합동·연합작전 군사용어사전 2024』).
122　국방부. 『2012 국방백서』 p. 117.
123　국방부. 『2012 국방백서』 p. 118.
124　국방부. 『2012 국방백서』 p. 118, p. 127.
125　국방부. 『2012 국방백서』 pp. 117~119.
126　군사편찬연구소. 『국방 100년의 역사 1919~2018』 pp. 303~306, 정성희. "한국 국방개혁에 미치는 전략적 영향요인에 관한 연구." 원광대 박사학위 논문, 2023, p.64 내용을 재구성.
127　네트워크 중심 작전환경(NCOE) 하에서 공세적 사고를 견지하고, 지상과 해상·공중·우주·사이버 등 모든 영역에서 선제적·능동적·주도적으로 능력과 활동을 통합하여 적 중심을 마비시켜 전쟁에서 승리하는 개념(출처: 『2016 국방백서』).
128　국방부. 『2016 국방백서』 p. 87.
129　국방부. 『2016 국방백서』 pp. 87~88.
130　정성희. "한국 국방개혁에 미치는 전략적 영향요인에 관한 연구." 원광대학교 박사학위 논문, 2023, p. 84 내용과 『2016 국방백서』를 참고하여 작성.
131　국방부. 『국방개혁 2.0』 pp. 20~21.
132　국방부. 『국방개혁 2.0』 pp. 22~23.
133　정성희. "한국 국방개혁에 미치는 전략적 영향요인에 관한 연구." 원광대학교 박사학위 논문, 2023, p. 100.
134　총수명주기관리(TLCSM : Total Life Cycle Systems Management) : 체계와 장비의 소요, 획득, 운영, 처분에 이르는 전체 수명주기 과정에서 성능, 비용, 기술, 정보 등을 통합적인 관점에서 관리하는 것을 말한다(출처 : 국방부 총수명주기관리업무훈령, 시행 2023. 3. 15.).
135　국방부. 『국방개혁 2.0』 pp. 36~42.
136　국방부. 『2020 국방백서』 pp. 96~127, 정성희. "한국 국방개혁에 미치는 전략적 영향요인에 관한 연구." 원광대학교 박사학위 논문, 2023, p. 102. 내용을 참고하여 작성.
137　국방부. 『2020 국방백서』 p. 106.
138　국방부. 『2020 국방백서』 p. 84.
139　윤홍규. "국방개혁과 지휘통제체계의 발전; 818 계획에서 307 계획까지." 대전대학교 박사학위 논문(2020), p. 133.
140　"국방개혁의 중심은 합동성 강화." 『YTN』(2011.3.7.)
141　국방부. 『2012 국방백서』 pp. 149~150.
142　윤홍규. "국방개혁과 지휘통제체계의 발전; 818 계획에서 307 계획까지." 대전대학교 박사학위 논문 (2020), pp. 160~161.
143　국방부. 『2016 국방백서』 p. 124.
144　"박 대통령, 3년 연속 합동임관식 참석…이유는?" 『연합뉴스』(2015. 3. 12.)
145　무기 및 전력지원체계 개발 과정에서 상호운용성 요구사항 반영 여부와 구현 여부를 평가하여 국방부가 인증하는 제도(출처: 『2016 국방백서』).
146　국방부. 『2016 국방백서』 p. 87, p. 120.
147　김갑진. "한국군 군구조 정책 결정요인과 특징.", 경남대 박사학위 논문, 2022, pp. 17~18 내용을 재구성.

148 국방부.『2020 국방백서』pp. 181~182.
149 국방부.『국방백서』, 김열수, 김경규.『한국안보 위협과 취약성의 딜레마』(서울: 법문사, 2019), 김동삼. "한국군의 미래 군구조 개편에 관한 연구."『한국보훈논총』제21권 4호(2022) 내용 등을 참고하여 재구성.
150 합참.『2023년 합동성 강화 종합추진 평가회의(2023.6.30.)』p. 84-4 재구성.
151 이 그림은 美 합참이 2012년 새롭게 정립한 합동작전접근개념(JOAC: Joint Operational Access Concept)과 그 핵심 개념인 교차영역 시너지(Cross-Domain Synergy)를 설명하기 위해 제작한 개념도이다(출처: 장재규. "한국군의 합동성 문제 고찰: 인식에 기초한 평가와 해결책."『국가전략』제28권 4호(2022), p. 97).
152 합참.『2023년 합동성 강화 종합추진 평가회의(2023.6.30.)』p. 84-4, US JCS.『Joint Operational Access Conccept(JOAC)』pp. 14~17, 장재규. "한국군의 합동성 문제 고찰 : 인식에 기초한 평가와 해결책."『국가전략』제28권 4호(2022), pp. 97~98 내용을 재구성.
153 한국국가전략연구원.『정책연구보고서 : 우리 군의 합동성 진단 및 합동성 강화 발전방안』, 2016, p. 47, 합참. 2023년 합동성 강화 종합추진 평가회의 p. 84-3 내용을 근거로 작성.
154 한국국가전략연구원(2016), p. 48, 합참.『2023년 합동성 강화 종합추진 평가회의(2023. 6. 30.)』pp. 84-5~6 내용을 근거로 작성.
155 한국국가전략연구원(2016), p. 49, 합참.『2023년 합동성 강화 종합추진 평가회의(2023. 6. 30.)』pp. 84-9~10. 내용을 근거로 작성.
156 https://ko.tradingeconomics.com/aapl:us:market-capitalization(검색일: 2024. 12. 14).
157 https://www.visualcapitalist.com/most-valuable-brands-in-2024/(검색일:2024.12.14).
158 천만봉. "애플의 경쟁우위에 관한 연구."『경영사학』제26집 제2호(2011), p. 231.
159 천만봉. "애플의 경쟁우위에 관한 연구."『경영사학』제26집 제2호(2011), p. 234.
160 천만봉. "애플의 경영활동과 스티브 잡스의 기업가적 활동."『경영사학』제27집 제3호(2012), pp. 23.
161 천만봉. "애플의 경영활동과 스티브 잡스의 기업가적 활동."『경영사학』제27집 제3호(2012), pp. 24~26.
162 두산백과 두피디아(검색일 : 2025. 1. 23.).
163 1974년, 19세의 스티브 잡스는 비디오 게임회사인 아타리에 입사하여 게임 디자인을 개선하고 게임 프로그램을 개발하는 일을 했으며 1977년 아타리를 떠나 애플 컴퓨터를 설립했음.
164 이영원. "자본주의와 혁신기업 : 애플과 아마존을 성공으로 이끈 핵심가치"『오피니언 뉴스』(2021. 2. 23).
165 위키백과. https://ko.wikipedia.org/wiki/Think_different(검색일: 2024. 12. 15.).
166 https://vizologi.com/"Exploring Apple's Core Values and Their Impact", January 11, 2024, vizologi (검색일: 2024. 12. 15.).
167 https://www. apple.com (검색일: 2024. 12. 14.).

168 https://vizologi.com/ "Exploring Apple's Core Values and Their Impact", January 11, 2024, vizologi (검색일: 2024. 12. 15.).
169 한미희. "애플이 테러범 아이폰 잠금해제 거부한 이유." 『연합뉴스』(2016. 2. 17).
170 Wikipedia. "Apple University" https://en.wikipedia.org/wiki/Apple_University (검색일: 2024. 12. 16).
171 "애플의 철학은 단순화된 본질 …… 피카소와 마찬가지." 『SBS News』(2014. 8. 12).
172 "애플의 철학은 단순화된 본질 …… 피카소와 마찬가지." 『SBS News』(2014. 8. 12).
173 Heedong-Kim "2024년 최고의 경영기업: 애플이 1위에 오른 이유(검색일: 2024. 12. 16.)."
174 이채윤. 『삼성전자 3.0 이야기』(서울: 북오션, 2011), p. 43.
175 SAMSUNG. 『삼성전자 지속가능경영보고서 2024: A Journey Towards a Sustainable Future』 p. 5.
176 유지한. "삼성전자, 애플 등 제치고 미래 가치 높은 브랜드 1위." 『조선일보』(2024. 12. 21).
177 허욱. 『핵심가치: 위기를 헤쳐나갈 조직의 힘』(파주: 이콘출판, 2016), pp. 218~219.
178 삼성전자. 『2008~2009 지속가능성 보고서』 p. 13.
179 삼성전자 홈페이지 https://www.samsung.com/sec/about-us/company-info/ (검색일: 2024. 12. 24.).
180 이진구, 박순원, 전기석. "국내 대기업의 핵심가치 교육 사례연구." 『한국콘텐츠학회논문지』 Vol. 15 No. 6(2015), p. 553.
181 이진구, 박순원, 전기석. "국내 대기업의 핵심가치 교육 사례연구." 『한국콘텐츠학회논문지』 Vol. 15 No. 6(2015), p. 553.
182 https://rnc.samsungcnt.com/careers/education/index.html(검색일: 2025. 1. 24.) 사이트와 교육 참석자의 인터넷 후기 등을 근거로 작성함.
183 이진구, 박순원, 전기석. "국내 대기업의 핵심가치 교육 사례연구." 『한국콘텐츠학회논문지』 Vol. 15 No. 6(2015), p. 553.
184 이진경. "인재 제일 핵심가치로 잠재력 키운다." 『세계일보』(2024. 5. 29.).
185 이진경. "인재 제일 핵심가치로 잠재력 키운다." 『세계일보』(2024. 5. 29.).
186 이진구, 박순원, 전기석. "국내 대기업의 핵심가치 교육 사례연구." 『한국콘텐츠학회논문지』 Vol. 15 No. 6(2015), pp. 553~554.
187 위키백과. ko.wikipedia.org/wiki/스타벅스(검색일 : 2024. 12. 20.).
188 스타벅스 홈페이지.www.starbucks.co.kr/footer/company/starbucks_story.do(검색일 : 2024. 12. 20).
189 조셉 미첼리 지음. 강유리(역). 『스타벅스 웨이』(서울: 현대지성, 2019), p. 35.
190 https://careers.starbucks.com/culture/mission-and-values/(검색일 : 2025. 1. 6).
191 김진혁. "역사 속 위기를 극복한 스타벅스 리더십." 『파이낸셜 리뷰』(2022. 12. 22.) 재구성.
192 박선미. "꺼져가던 스타벅스를 살려낸 CEO." 『아시아경제』(2014. 8. 30.).
193 서반석. "기본에 충실한 프리미엄 기업, 스타벅스." 『THE VALUE CHAIN TIMES』(2023. 12. 9).

194 스세권: 스타벅스와 역세권의 합성어로 스타벅스 매장이 자신의 주거지 근처에 있는 지역을 의미하며 스타벅스 브랜드 가치와 편리성을 상징적으로 나타내는 용어임.
195 서반석. "기본에 충실한 프리미엄 기업, 스타벅스." 『THE VALUE CHAIN TIMES』 (2023. 12. 9.).
196 송영권. "스타벅스, 세계에서 가장 가치 있는 레스토랑 7년 연속 1위." 『포인트 경제』 (2023. 3. 21).
197 조셉 미첼리 지음. 강유리(역). 『스타벅스 웨이』 (서울 : 현대지성, 2019), pp. 40~41.
198 미국 통합전투사령부(UCC: Unified Combatant Command): 1947년 국가안보법에 따라 창설되었으며 단일지휘관이 지휘하는 육·해·공군 및 해병대 중 2개 군 이상의 부대로 구성되며, 7개의 지역사령부와 4개의 기능사령부로 편성되어 있음(공본. 『2022 외국군구조 편람』을 참고하여 작성).
199 영국 합동군사령부(JFC: Joint Forces Command): 영국국방부의 주요 조직으로 2012년 4월 각 군 협력을 강화하고 합동작전 수행능력을 발전시키기 위해 창설됨. 2019년 12월, 합동군사령부는 전략사령부로 재창설되었고 임무가 확장되었다. 이것은 사이버·우주 등의 전장 영역에서도 능력을 발전시키고 있다(공본. 『2022 외국군구조 편람』과 인터넷 자료를 참고하여 작성).
200 https://history.army.mil/(검색일: 2024. 12. 23.).
201 https://www.navy.mil/About/Our-Core-Values/(검색일: 2024. 12. 23.).
202 https://www.airforce.com/vision(검색일 : 2024. 12. 24.).
203 노양규. "손자병법으로 보는 경영 리더십." 『월간 자유』 2024년 7월호, pp. 73~74
204 노양규. "손자병법으로 보는 경영 리더십." 『월간 자유』 2024년 7월호, pp. 73~74.
205 US JCS. JP 1 *Joint Warfare of the US Armed Forces* 1991. 11, p. ii.
206 US JCS. JP 1 *Joint Warfare of the US Armed Forces* 1991. 11, pp. 7~9.
207 Martin E. Dempsey. America's Military-A Profession of Arms White Paper 2012, p.3.
208 US JCS. JP 1 *Doctrine for the Armed Forces of the United States* 2013, p.B-1.
209 US JCS. JP 1 *Doctrine for the Armed Forces of the United States* 2017, p.B-1.
210 US JCS. JP 1 *Doctrine for the Armed Forces of the United States* 2017, p. B-1~2.
211 *US JCS. JP 1 Doctrine for the Armed Forces of the United States* 2013, p.B-2.
212 美 JFSC. 합동대(역). *The Joint Staff Officer's Guide Joint Forces Staff College Student Text1* 7th Edition, 01 January 2018, pp. xiii~xvi.
213 김영래. "한국군의 합동성 강화를 위한 합동군사교육체계 발전방안에 관한 연구." 목원대학교 박사학위 논문(2019), pp. 125~128.
214 CJCS Milley's Messageto the Joint Force(Oct. 1. 2019.) (출처:http://www.jcs.mil/Media/News/-Display/Article/1977200/cjcs-milleys-message-to-the-joint-force/, 검색일 : 2025. 1. 13.).
215 전기석, 길병옥, 설현주. "영국의 창의적 국방인재 육성"『한국방위산업학회지』(2017), p. 92 내용을 참고하여 재작성.
216 한국국가전략연구원. 『정책연구보고서: 우리 군의 합동성 진단 및 합동성 강화 발전방안 (2016)』, pp. 35~37.

217 https://www.army.mod.uk/media/5219/20180910-values_standards _2018_ final.pdf(검색일 : 2024. 12. 29.).
218 https://www.royalnavy.mod.uk/organisation/our-people/our-values(검색일 : 2025. 1.)
219 Air Media Centre, HQ Air Command. Royal Air Force Ethos, Core Values and Standards Air Publication 1 3rd Revision. October 2019.
220 Development, Concepts and Doctrine Centre. JDP 0-01(5th) *UK Defence Doctrine* (2017. 12), pp. 25~40.
221 Development, Concepts and Doctrine Centre. JDP 0-01(5th) *UK Defence Doctrine* (2017. 12), p. 33.
222 Development, Concepts and Doctrine Centre. JDP 0-01(5th) *UK Defence Doctrine* (2017. 12), pp. 33~36
223 전기석, 길병옥, 설현주. "영국의 창의적 국방인재 육성." 『한국방위산업학회지』(2017), p. 130 내용을 재구성
224 Ministry of Defense. JSP 898 Defense Direction and Guidance on Training, Education and Skills Part1: Directive, V1. 1 Nov 14, pp. 67~68.
225 https://www.da.mod.uk/study-with-us/colleges-and-schools (검색일 : 2024. 12. 27.).
226 https://www.da.mod.uk/study-with-us/colleges-and-schools/joint-services-command-and-staff-college(검색일: 2025. 1. 21.).
227 Ministry of Defense. JDP 1 UK *Joint Operation Doctrine* 2014, p. vi.
228 흩어진 사람들이라는 뜻으로, 팔레스타인을 떠나온 세계에 흩어져 살면서 유대교의 규범과 생활 관습을 유지하는 유대인을 이르던 말(출처 : 표준국어대사전, 검색일 : 2025. 1. 17.).
229 제2차 세계대전 중 나치독일이 자행한 유대인 대학살(출처: 두산백과, 검색일 : 2025. 1. 17.).
230 최병욱. "군 인성교육 진흥의 방향과 전략." 『국방정책연구』 통권 111호(2016), p. 168. 내용을 재구성.
231 에드워드 러트윅, 에이탄 샤미르 지음. 정홍용(역). 『이스라엘의 군사혁신』(서울 : 플래닛미디어, 2024), p. 119.
232 공본. 『외국 군구조 편람(2022)』 p. 356.
233 조우찬. "이스라엘 군대의 정신전력 연구: 지속과 변화를 중심으로." 『정신전력연구』 제59호(2019), p. 93.
234 이영찬. "군인정신의 역사적 고찰과 외국군의 정신과 비교 연구." 『정신전력연구』 제69호 (2022), pp. 96~97.
235 이스라엘 방위군 홈페이지(https://www.idf.il/en/mini-sites/our-mission-our-values/검색일: 2025. 1. 17.).
236 이스라엘 방위군 홈페이지(https://www.idf.il/en/mini-sites/our-mission-our-values/검색일 : 2025. 1. 17.)와 KRIS 정책연구보고서. "육군 핵심가치 실천수칙(가칭)에 관한 연구." 2020, p. 112 내용을 근거로 작성.
237 최병욱. "군 인성교육 진흥의 방향과 전략." 『국방정책연구』통권 111호(2016), p. 170.

238 이스라엘방위군홈페이지(https://www.idf.il/en/mini-sites/military-colleges/(검색일 : 2025. 1. 18.).
239 영혼(靈魂): 육체 속에 깃들어 생명을 부여하고 마음을 움직인다고 여겨지는 무형의 실체(출처: 고려대학교 한국어사전, 검색일 : 2025. 1. 19.).
240 존 W. 베리 지음, 이대희 옮김. 『ACCULTURATION』(서울: 에코리브르, 2020), p. 31.
241 민두식. "스포츠를 통한 이주민의 사회통합과 문화변용 스트레스, 사회문화적응.", 한양대학교 박사학위 논문(2017), p. 11, p. 69.
242 https://open.maricopa.edu/culturepsychology/chapter/berrys-model-of-acculturation/(검색일: (2025. 1. 22).
243 존 W. 베리 지음. 이대희(역)(2020), pp. 53~56, 민두식(2017), p. 11, p. 70 내용 재구성.
244 Charles Davis and Kristian E. Smith. "The Psychology of Jointness."JFQ 98, 3rd Quarter 2020, pp. 70~71.
245 Charles Davis and Kristian E. Smith. "The Psychology of Jointness."JFQ 98, 3rd Quarter 2020, p. 71.
246 Martin E. Dempsey General, US Army Chairman of the Joint Chiefs of Staff. *America's Military - A Profession of Arms* p. 5.
247 미군의 합동전문군사교육(JPME: Joint Professional Military Education): 미군의 합동전문군사교육은 합참의장의 장교 전문군사교육정책에 의거 엄격하게 통제되며 1, 2, 3단계(JPME PhaseⅠ, JPME PhaseⅡ, JPME PhaseⅢ)로 구분됨. JPMEⅡ는 합동참모대학 예하 합동 및 교육을 실시함.(출처: https://jfsc.ndu.edu/, 김영래(2019), p. 126).
248 Ted G. Roberts. *Joint Leadership: Leading in a joint and combined military organization* (BookBaby, 2022), p. 19.
249 Ted G. Roberts. *Joint Leadership: Leading in a joint and combined military organization* (BookBaby, 2022), p. 19.
250 Ted G. Roberts. *Joint Leadership: Leading in a joint and combined military organization* (BookBaby, 2022), pp. 20~21.
251 JFSC. *Joint Forces Staff College Student Text1* 7th Edition 2018, pp. xvi~xvii.
252 고든 설리번, 마이클 하퍼 지음. 김영식(역). 『전쟁과 경영: 세계 최강의 군을 만든 장군의 실전 경영 이야기』(서울: 지식노마드, 2019), p. 149.
253 공군. 『공군 핵심가치 지침서(2007)』 p. 8, p. 27 내용 재구성.
254 표준국어대사전(검색일 : 2005. 1. 09.).
255 허욱. 『핵심가치』(파주 : 이콘출판, 2016), pp. 159~160.
256 허욱. 『핵심가치』(파주 : 이콘출판, 2016), pp. 162~165.
257 SNS: Social Network Service(소셜 네트워크 서비스)의 약자. 온라인상에서 타인과 소통하거나 관계를 맺을 수 있는 서비스. 관심사나 활동을 공유하는 사람들 사이의 관계망을 구축해주는 형태이다. (출처 : 네이버 오픈사전, 검색일: 2025. 1. 23.).
258 Z세대: 1990년대 중반부터 2010년대 후반에 출생한 세대로 어렸을 때부터 IT 기술을 많이 접하고 자유롭게 사용하는 세대. 알파세대 : 2010년부터 2020년대 중반까지 출생하여, 스마트폰이 없는 시대를 경험하지 않은 세대(출처 : 국제언어대학원대학교 신어사

	전, 검색일 : 2025. 1. 9.).
259	조태근, 윤대엽. "합동군의 핵심가치 제정을 통한 합동성 강화방안."『국방연구』제67권 3호(2024) p. 106 내용을 참고하여 작성.
260	합참.『2012~2026 합동개념서』(2010), pp.42~43에 있는 내용을 토대로 합동군 역할에 관한 내용을 재구성.
261	평화유지작전(PKO : Peace Keeping Operations): 국제사회와 협력하여 평화적인 방법으로 분쟁을 해결하거나 분쟁 후유증을 완화하기 위해 분쟁 당사자들의 동의하에 수행하는 작전(출처 :『합동·연합작전 군사용어사전 2020』).
262	조태근, 윤대엽. "합동군의 핵심가치 제정을 통한 합동성 강화방안."『국방연구』제67권 3호(2024) pp. 107~108 내용을 보완하여 작성.
263	조태근, 윤대엽. "합동군의 핵심가치 제정을 통한 합동성 강화방안."『국방연구』제67권 3호(2024) p. 106 내용을 보완하여 작성.
264	US JCS. JP 1 *Joint Warfare of the US Armed Forces* 1991, pp. ⅱ~ⅲ.
265	합참.『합동작전(2015)』p.1-2~3 내용을 재구성.
266	조태근, 윤대엽. "합동군의 핵심가치 제정을 통한 합동성 강화방안."『국방연구』제67권 3호(2024) p. 107 내용을 보완하여 작성.
267	대한민국헌법 제1장 총강 제5조(시행 1988. 2. 25. 헌법 제10호, 1987. 10. 22, 전면개정).
268	군인의 지위 및 복무에 관한 기본법(약칭: 군인복무기본법 법률 제20189호, 시행 2024. 8. 7., 2024. 2. 6. 일부개정) 제1장 총칙 제5조 국군의 강령, 제4장 군인의 의무 제20조, 21조, 22조, 23조, 25조 등에 관련 내용이 명시되어 있음(검색일 : 2025. 1. 10.).
269	조태근, 윤대엽. "합동군의 핵심가치 제정을 통한 합동성 강화방안."『국방연구』제67권 3호(2024) p. 108 내용을 보완하여 작성.
270	육군 홈페이지(https://www.army.mil.kr/army/322/subview.do, 검색일: 2025. 1. 10.).
271	해군.『해군 핵심가치 지침서(2015)』pp. 37~41.
272	공군 홈페이지(https://rokaf.airforce.mil.kr/airforce/348/subview.do, 검색일: 2025. 1. 10.).
273	조태근, 윤대엽. "합동군의 핵심가치 제정을 통한 합동성 강화방안."『국방연구』제67권 3호(2024) p. 108 내용을 보완하여 작성.
274	육군 홈페이지(https://www.army.mil.kr/army/322/subview.do, 검색일 : 2025. 1. 22.).
275	해군.『해군 핵심가치 지침서(2015)』pp. 42~44.
276	공군.『공군 핵심가치 지침서(2014)』pp. 9~11.
277	정민호·기민경.『가치관으로 경영하라』(서울 : 생각지도, 2019), pp. 223~224.
278	조태근, 윤대엽. "합동군의 핵심가치 제정을 통한 합동성 강화방안."『국방연구』제67권 3호(2024) pp. 109~110 내용을 보완하여 작성.
279	백의종군(白衣從軍) : 벼슬 없이 군대를 따라 싸움터로 감(표준국어대사전, 검색일: 2025. 01. 10), 조선 시대의 무관직의 징계 처분 중 하나로 '백의'란 현 직책이 없는 한마디로 현대의 보직해임이나 마찬가지인 처벌이다(나무위키, 검색일: 2025. 1. 10.).
280	정진호. "한국 6대 기업의 조직문화를 만든 경영철학과 핵심가치 : 삼성, 현대차, SK,

LG, 두산, 포스코."『월간인사관리』제9월호, 2013.
281 조태근, 윤대엽. "합동군의 핵심가치 제정을 통한 합동성 강화방안."『국방연구』제67권 3호(2024) p. 111 내용을 재구성.
282 해군.『해군 핵심가치 지침서(2015)』pp.55~56.
283 김성회. "조직핵심가치 뿌리 내리려면 마르고 닳도록 700번은 말하라."『이코노믹리뷰』, 2012.
284 윤리행동강령(Ethical Code of Conduct): 단체나 기업 등이 그 구성원으로서 마땅히 지켜야 할 도리를 명시해 놓은 것(출처 : 우리말샘, 검색일 : 2025. 01. 13.). 예를 들면 '공무원 행동 강령' 등이 있음.
285 기본역량 8개는 개인, 팀, 조직으로 구분하여 제시했으며 개인은 의사소통, 업무 전문성, 솔선수범이며 팀은 목표설정, 문제해결, 동기부여이며 조직은 비전/이슈 창출, 혁신이다. 합동역량 6개는 "안보 환경과 국력 요소의 이해, 안보위협 인식과 적의 기습 거부 및 대응, 변화 인식과 변혁 주도, 임무 지휘에 기초한 합동작전 수행, 국군의 이념과 사명, 군인정신에 기초한 도덕적 결심, 합동작전 원칙과 개념 적용 시 비판적·전략적 사고 견지"이다(출처 : 장재규. "한국군의 합동 리더십 개념과 교육방안"『한국군사학논집』제 79호 제2권(2023), p. 300).
286 장재규. "한국군의 합동 리더십 개념과 교육방안."『한국군사학논집』제79호 제2권 (2023), p. 300.
287 Ted G. Roberts. *Joint Leadership : Leading in a joint and combined military organization*(BookBaby, 2022), p. 25.
288 공군.『공군 핵심가치 지침서(2007)』p. 80 내용을 재구성.
289 Steopen R. Covey. *Principle Centered Leadership* (New York: Simon & Schuster, 1991), pp. 33~34.
290 Mark Cozad, Maria Mccollester, Jonathan Welch, Matthew Fay. *Rethinking Jointness?*(Santa Monica : Rand Corporation, 2023), pp. 1~2.

참고 문헌

1. 국내문헌

국가안보실.『국가안보전략』, 2018.
국가안보실.『희망의 새시대 국가안보전략』, 2014.
국방부.『2008 국방백서』
국방부.『2010 국방백서』
국방부.『2012 국방백서』
국방부.『2014 국방백서』
국방부.『2016 국방백서』
국방부.『2018 국방백서』
국방부.『2020 국방백서』
국방부.『국방개혁 기본계획(2006~2020)』, 2005.
국방부.『국방개혁 기본계획(2009~2020)』, 2009.
국방부.『국방개혁 기본계획(2012~2030)』, 2012.
국방부.『국방개혁 기본계획(2014~2030)』, 2014.
국방부.『국방개혁 2.0』, 2019.
국방부.『국방비전 2050』, 2021.
국방부.『국방혁신 4.0』, 2023.
국방부 군사편찬연구소.『국방 100년의 역사 1919~2018』, 2020.
강진구. "조직 장벽을 극복하는 비결",『LG 주간경제』, 2007.
고든 나서니얼 레더만 저. 김동기, 권영근(역).『미 국방개혁의 역사』, 연경문화사, 2015.
고든 설리번, 마이클 하퍼 지음. 김영식(역).『전쟁과 경영: 세계 최강의 군을 만든 장군의 실전 경영 이야기』, 지식노마드, 2019.
공군.『2022 외국 군구조 편람』, 2023.
공군.『공군 핵심가치 지침서』, 2014.
국방경영연구소. "공군조직 내 잠재갈등 분석 및 공군문화 발전방안 연구: 조종사 잠재갈등 중점으로", 국민대학교, 2020.
국방대학교.『한국 해군의 가치체계에 관한 연구』, 2006.
국정호.『세종과 이순신, K 리더십』, 해드림, 2022.
권영근.『한국군 국방개혁의 변화와 지속』, 연경문화사, 2013.
권영근, 노영구. "한국군 합동전 수행구조의 문제점과 발전방향"『국방연구』제62권 제1호, 2019.
김갑진. "한국군 군구조 정책 결정요인과 특징", 경남대 박사학위 논문, 2022.
김국헌. "합동성의 핵심, 조화와 협조의 리더십",『국방리더십저널』제50호, 2021.
김대원.『애플의 미래 팀 쿡』, 한스미디어, 2011.
김동삼. "한국군의 미래 군구조 개편에 관한 연구",『한국보훈논총』21권 제4호, 2022.

김윤곤, 오시영. "조직 칸막이 형성요인과 극복 방안에 관한 연구", 『한국조직학회보』 제17권 3호, 2020.
김성회. "조직 핵심가치 뿌리 내리려면 마르고 닳도록 700번은 말하라", 『이코노믹리뷰』, 2012.
김열수, 김경규. 『한국안보: 위협과 취약성의 딜레마』, 법문사, 2019.
김영수. "역대 정권의 군구조 분야 국방개혁: 평가와 대안", 『신아세아』 25권 4호, 2018.
김영래. "한국군의 합동성 강화를 위한 합동군사교육체계 발전방안에 관한 연구", 목원대학교 박사학위 논문, 2019.
김오민, 최근하. 『부대구조』, 국방대학교, 2003.
김인태. "한국군의 합동성 강화방안 연구", 경기대학교 박사학위 논문, 2011.
김재균, 양동우. "이스라엘 군사제도 분석에 의한 대한민국 국군에의 시사점: 군 인력의 충원 및 양성 중심으로", 『국가전략』 제26권 3호, 2020.
김정남. 『애플, 성공 신화의 비밀』, 황금부엉이, 2010.
김정익. 『한국군, 어떻게 싸울 것인가』, 황금알, 2015.
김종하, 김재엽. "합동성에 입각한 한국군 전력증강 방향: 전문화와 시너지즘 시각의 대비를 중심으로", 『국방연구』 제54권 3호, 2011.
노석조. 『강한 이스라엘 군대의 비밀』, 메디치미디어, 2019.
노양규. "손자병법으로 보는 경영 리더십", 『월간 자유』, 2024.
두석주, 이종하, 김대영 등. 『미래전과 전자기전』, 황금소나무, 2024.
두진호. 우크라이나 사태 전훈 분석, 『국방정책연구』 통권 제138호, 2022.
딕 디보 지음. 김한석(역). 『성장하는 리더의 핵심가치』, 아름다운 사회, 2020.
마틴 반 크레펠트 지음. 김구섭 등(역). 『Command in War』, 연경문화사, 2001.
맥스 부트 지음. 송대범 등(역). 『MADE IN WAR, 전쟁이 만든 신세계』, 플래닛 미디어, 2008.
모티머 J. 애들러 지음. 김인수(역). 『모두를 위한 아리스토텔레스』, 마인드큐브, 2018.
문광건. "합동성의 이론과 실제: 한국군의 합동성 발전을 위한 교훈 도출", 『국방정책연구』 54권, 2011.
민두식. "스포츠를 통한 이주민의 사회통합과 문화변용 스트레스, 사회문화적응", 한양대학교 박사학위 논문, 2017.
민진. 『한국의 군사조직』, 대영문화사, 2017.
박경원, 김희선. 『조직이론 강의: 구조, 설계 및 과정』, 대영문화사, 2002.
박선미. "꺼져가던 스타벅스를 살려낸 CEO", 『아시아경제』, 2014.
박휘락. "한국군의 합동성 수준과 과제", 『군사논단』 제68호, 2011.
배이현. "한국군 군제발전에 관한 연구", 대전대학교 박사학위 논문, 2015.
벤 호로위츠 지음. 김정혜(역). 『최강의 조직: 성공하는 조직의 문화는 무엇이 다른가?』, 한국경제신문, 2021.
뱅상 데포르트 저. 최석영(역). 『프랑스 장군이 바라본 미국의 전략문화』, 21세기군사연구소, 2013.

삼성.『삼성전자 지속가능경영보고서 2024: A Journey Towards a Sustainable Future』.
사무엘 P. 헌팅턴 저. 허남성 등(역).『군인과 국가』, 신오성기획, 2011.
서길원. "NCW 시대 한국군의 합동성 강화를 위한 소요기획 대안적 접근법에 관한 연구", 아주대학교 박사학위 논문, 2016.
서반석. "기본에 충실한 프리미엄 기업, 스타벅스",『THE VALUE CHAIN TIMES』, 2023.
선동익, 노명화. "합동성과 전문성, 그리고 조직설계"『국방정책연구』통권 제143호, 2024.
손경호. "걸프전쟁과 이라크 전쟁 사이의 전쟁 패러다임 변화 고찰",『세계 역사와 문화연구』33호, 2014.
송병락.『전략의 신』, 샘앤파커스, 2015.
송영권. "스타벅스, 세계에서 가장 가치있는 레스토랑 7년 연속 1위",『포인트 경제』, 2023.
송재익. "한국군의 합동성 강화를 위한 리더십: 미국의 이라크전 승리요인 합동성",『국방리더십 저널』제50호, 2011.
스티븐 코비 지음. 김경섭(역).『성공하는 사람들의 7가지 습관』, 김영사, 2022.
스티븐 코비 지음. 김경섭, 박창규(역).『원칙중심의 리더십』, 김영사, 2006.
수잔 쿠즈마스키, 토마스 쿠즈마스키 공저. 홍기원(역).『가치 중심의 리더십』, 학지사, 1999.
앨빈 토플러, 하이디 토플러 지음. 김원호(역).『전쟁 반전쟁』, 청림출판, 2011.
에드가 샤인 지음, 김세영(역).『조직문화와 리더십』, 교보문고, 1990.
에드워드 러트웍, 에이탄 샤미르 지음. 정홍용(역).『이스라엘의 군사혁신』, 플래닛미디어, 2024.
오석홍.『조직이론』, 박영사, 2018.
윌 듀런트, 아리엘 듀런트 지음. 천희상(역).『역사의 교훈』, 범우사, 1991.
월터 아이작슨 지음. 안진환(역).『스티브 잡스 Steve Jobs』, 민음사, 2011.
육군.『육군리더십』, 2023.
육군정훈공보실.『육군문화』, 1999.
윤대엽. "인공지능의 무기화 경쟁과 인공지능 군사혁신",『국제정치논총』제64집 제1호, 2024.
윤대엽. "우주공간의 군사화와 우주군사혁신",『21세기정치학회보』34권 3호, 2024.
윤세ီ. "한국군 합동성 차원의 군사력 건설 및 유지를 위한 발전과제 연구",『군사발전연구』, 2007.
윤우주.『한국군의 군제 개혁사』, 한성애드컴, 2010.
윤홍규. "국방개혁과 지휘통제체계의 발전 : 818계획에서 307계획까지", 대전대학교 박사학위 논문, 2020.
이덕로,『조직행동론』, 피앤시미디어, 2018.
이민수.『지휘통솔의 철학적 원리: 바람직한 리더의 윤리와 덕목』, 철학과 현실사, 2010.
이승준. "육·해·공군의 문화적 특성 이해",『E-저널』제42호, 2020.
이영원. "자본주의와 혁신기업: 애플과 아마존을 성공으로 이끈 핵심가치",『오피니언 뉴스』, 2021.

이영찬. "군인정신의 역사적 고찰과 외국군의 정신과 비교 연구", 『정신전력연구』 제69호, 2022.
이진구, 박순원, 전기석. "국내 대기업의 핵심가치 교육 사례연구", 『한국콘텐츠학회논문지』 15권 6호, 2015.
이진경. "인재 제일 핵심가치로 잠재력 키운다", 『세계일보』, 2024.
이채윤. 『삼성전자 3.0 이야기』, 북오션, 2011.
이택호. 『정보화 사회에 있어서 군대의 핵심 가치관 연구』, 육사화랑대연구소, 1999.
임창희. 『조직행동 (8판)』, 비앤엠북스, 2024.
장재규. "한국군의 합동성 문제 고찰: 인식에 기초한 평가와 해결책", 『국가전략』 제28권 4호, 세종연구소, 2022.
장재규. "한국군의 합동 리더십 개념과 교육방안" 『한국군사학논집』 제79호 제2권, 2023.
전기석, 길병옥, 설현주. "영국의 창의적 국방인재 육성", 『한국방위산업학회지』, 2017.
전성철. 『가치관 경영』, 쌤앤파커스, 2013.
정동섭, 송경수, 이희옥. 『현대경영조직론』, 탑북스, 2017.
정성희. "한국 국방개혁에 미치는 전략적 영향요인에 관한 연구", 원광대학교 박사학위 논문, 2023.
정연봉. "경영혁신이론으로 본 국방개혁의 방향", 『국방연구』 제64권 1호, 2021.
정윤재, 박병련, 이익주 등. 『세종 리더십의 핵심가치』, 한국학중앙연구원, 2014.
정진호. "한국 6대 기업의 조직문화를 만든 경영철학과 핵심가치: 삼성, 현대차, SK, LG, 두산, 포스코"『월간인사관리』 제9월호, 2013.
정진호, 기민경. 『가치관으로 경영하라』, 생각지도, 2019.
조관행· 홍성표. 주변국의 군사적 위협 대비 이스라엘 공군의 군사력 운용과 건설", 『軍史』 제128호, 2023.
조셉 미첼리 지음, 강유리(역). 『스타벅스 웨이』, 현대지성, 2019.
조우찬. "이스라엘 군대의 정신전력 연구: 지속과 변화를 중심으로", 『정신전력연구』 제59호, 2019.
조태근. "한국군의 합동성 강화를 위한 새로운 접근", 『군사논단』 제115호, 2023.
조태근, 윤대엽. "합동군의 핵심가치 제정을 통한 합동성 강화방안", 『국방연구』 67권 3호, 2024.
조한규. 『합동성의 미래』, 북코리아, 2022.
존 W. 베리 지음. 이대희(역). 『ACCULTURATION: 문화변용과 적응』, 에코리브르, 2020.
지효근. "미국의 새로운 전투수행 개념 발전과 한국군에 대한 함의: 다영역작전(Multi-Domain Operation)을 중심으로", 『군사연구』 제147집, 2019.
질리언 테트 지음. 신예경(역). 『Silo Effect: 무엇이 우리를 눈 멀게 하는가』, 어크로스, 2017.
짐 콜린스, 제리 포라스 지음. 워튼 포럼(역). 『성공하는 기업들의 8가지 습관』, 김영사, 2002.
짐 콜린스 지음. 이무열(역). 『좋은 기업을 넘어 위대한 기업으로』, 김영사, 2001.
찰스 핸디 지음. 노혜숙(역). 『최고의 조직은 어떻게 만들어지는가?』, 위즈덤하우스, 2011.
채주락. 『삼성이 철학하는 이유』, 쏭북스, 2021.

천만봉. "애플의 경쟁우위에 관한 연구", 『경영사학』 제26집 2호, 2011.
천만봉. "애플의 경영활동과 스티브 잡스의 기업가적 활동", 『경영사학』 제27집 3호, 2012.
최병욱. "군 인성교육 진흥의 방향과 전략", 『국방정책연구』 통권 111호, 2016,
최중락. 『조직행동과 조직설계』, 상경사, 2022.
카를 폰 클라우제비츠 지음. 김만수(역). 『전쟁론 제1권』, 갈무리, 2006.
톰 피터스, 로버트 워터먼 공저. 이동현(역). 『초우량 기업의 조건』, 더난, 2005.
프라이탁-로링호벤 지음. 정토웅(역). 『전쟁과 리더십』, 황금알, 2006.
하워드 슐츠, 조앤 고든 지음. 안진환, 장세현(역). 『Onward』, 정민인쇄, 2011.
한국국가전략연구원. 『우리 군의 합동성 진단 및 합동성 강화 발전방안』, 2016,
한국전략문제연구소 정책보고서. 『육군 핵심가치 실천수칙(가칭)에 대한 연구』, 2020.
합참. 『2012~2026 합동개념서』, 2010.
합참. 『합동작전』, 2015.
합참. 『합동·연합작전 군사용어사전』, 2022.
합동대. 『합동전력용어해설집』, 2022.
합동대. 『2023년 합동성 발전 세미나』, 2023.
합동대. 『합동성 이론과 실제』, 2023.
합동대. 『합동작전 사례연구』, 2023.
해군. 『해군 핵심가치 지침서』, 2015.
해군. 『군사기본교리(2017)』
해군문화연구위원회. 『해군문화』, 1998.
허욱. 『핵심가치: 위기를 헤쳐나갈 조직의 힘』, 이콘출판, 2016.
황인경. "핵심가치를 살아 숨쉬게 하라", 『LG 주간경제』, 2003.

2. 국외문헌

Abby Doll, Yvonne K. Crane, Gian Gentile et al. "The Backbone of U.S. Joint Operations: Army Roles in the Indo-Pacific", RAND Corporation, 2023.
Air Media Centre, HQ Air Command. *Royal Air Force Ethos, Core Values and Standards*, Air Publication 1 3rd Revision. October 2019.
Alvin and Heidi Toffler. *WAR AND ANTI-WAR*, Little Brown, 1993.
Benjamin H. Friedman. "Bad Idea: Management Jointness in DoD." Center for Strategic and International Studies, December 2019.
Breena E. Coates. "Why jointness is so hard to achieve?", 2016.
Brett A. Friedman. *ON OPERATIONS: operational art and military disciplines*, Naval Institute Press, 2021.

Charles Davis and Kristan E. Smit. "The Psychology of Jointness", *JFQ* 98 3rd Quarter, 2020.

Charles Mark Davis. *Jointness, Culture, and Inter-Service Prejudice: Assessing the Impact of Resident, Satellite, and Hybrid Joint Professional Military Education II Course Delivery Methods on Military Officer Attitudes,* Old Dominion University, August 2017.

Congressional Research Service. "Joint All Domain Command and Control: Background and Issues for Congress", March 18, 2021.

Dan Sukman, Charles Davis. "Divided We Fall", Military Review, March-April 2000-1.

David Deptula. "Meeting Strategic Challenges: Balancing Capabilities With Priorities", HQ USAF Briefing, 2010.

David Deptula and Harold Adams. "Joint's True Meaning," *Armed Forces Journal*, April 1, 2009.

Development, Concepts and Doctrine Centre. *JDP 0-01(5th) UK Defence Doctrine*, 2017.

Dominika Kunertova. "The war in Ukraine shows the game-changing effect of drones depends on the game", *Bulletin of the Atomic Scientists 79*, 2023.

Don M. Snider. "Jointness, Defense Transformation, and the Need for a New Joint Warfare Profession", *Parameters* 33 No.3, 2003.

Don M. Snider. "The US Military in Transition to Jointness", *Airpower Journal*, Fall 1996.

Douglas A. Macgregor. "The Joint Force: A Decade, No Progress." *JFQ* Winter 2000-01, 2001.

Edgar H. Schein. 『Organizational Culture and Leadership(Third Edition)』 Jossey-Bass, 2004.

Elinor C. Sloan. *Modern Military Strategy: an introduction,* Routledge, 2012.

H.P.Willmott, Michael B. Barrett. *Clausewitz Reconsidered,* ABC CLIO, 2010.

James Black, Alice Lynch, Kristian Gustafson et al. *Multi-Domain Integration in Defence,* RAND Corporation, 2022.

Kobi Michael, David Siman-Tov, and Oren Yoeli. "Jointness in Intelligence Organizations: Theory Put into Practice." *Cyber, Intelligence, and Security,* Volume 1 No. 1, January 2017.

Lawrence B. Wilkerson. "What Exactly is Jointness?", *JFQ* No. 16, Summer 1997.

Lederman, Gordon Nathaniel. Reorganizing the *Joint Chiefs of Staff: the Goldwater-Nichols Act of 1986*, Greenwood Press, 1999.

Mark Cozad, Maria McCollester, Jonathan Welch, Matthew Fay. *Rethinking Jointness?*, Rand Corporation, 2023.

Martin E. Dempsey. "America's Military – A Profession of Arms White Paper", 2012.
Michael C. Vitale, "Jointness by Design, Not Accident", *JFQ*, Autumn 1995.
MG Lew Irwin. "JCS Vision and Guidance for PME & Talent Management, and Optimizing Joint Leader Development", 23 October 2019.
Mohammad Mehdi Ravanfar. "Analyzing Organizational Structure Based on 7s Model of McKinsey" *Global Journal of Management and Business Research: A Administration and Management* Volume 15 Issue 10 Version 1.0, Year 2015, Publisher: Global Journals Inc. (USA).
Owens, William A. "Living Jointness." *JFQ* winter 1993-1994, 1994.
Owen Connelly. *ON WAR AND LEADERSHIP*, Princeton University Press, 2005.
Powell, Colin L. "Message from the Chairman", *Joint Warfare is Team Warfare*, NDU Press, 11 November 1991.
Paul R. Birch, Lina M. Svedin. *The collaborative fight : pursuing jointness in the US military*, University Press of Kansas, 2024.
Regeena Kingsley, "The Fundamental Principle of 'Unity of Effort' in Multinational Operations", 2017.
Robert C. Rubel. "Principles of Jointness", *JFQ*, winter 2001.
Sam Tangredi(Captain, U.S. Navy[Retired]). "Joint Versus Strategy: How Joint Ideology Distorts US National Security", *Proceedings*, Vol. 148, No. 6(1,432), US NAVAL INSTITUTE, 2022.
Stephen R. Covey. Principle Centered Leadership, Free Press, 1992.
Ted G. Roberts. *Joint Leadership: Leading in a Joint and Combined Military Organization*, BookBaby, 2022.
UK JESIP. *JOINT DOCTRINE: The Interoperability Framework*, October 2021.
UK Ministry of Defence. *The basic principles of working in Defence*, May 2011.
UK Ministry of Defence. *UK Joint Operations Doctrine*, 2014.
UK Ministry of Defence. *Personnel Support for Joint Operations*, 2022.
UK Ministry of Defence. *Understanding and Decision-making*, 2016.
UK Ministry of Defence. *UK Defence Doctrine*, 2014.
UK Ministry of Defence. *UK Defence Doctrine*, 2022.
US Army. *An Army White Paper The Profession of Arms*, 2010.
US Army. *The US Army in multi-Domain Operations 2028*, 6 December 2018.
US Congressional Research Service. "Joint All Domain Command and Control: Background and Issues for Congress", March 18, 2021.
US DoD Office of Force Transformation. "The Implementation of Network-Centric Warfare", 2005.

US JCS. Developing Today's Joint Officers for Tomorrow's Ways of War, 01 May 2020.
US JCS. *Cross Domain Synergy in Joint Operations,* 2016.
US JCS. Doctrine for the Armed Forces of the United States, 2013.
US JCS. *Doctrine for the Armed Forces of the United States,* 2017.
US JCS. Joint Operations, 2017.
US JCS. Joint Planning, 2020.
US JCS. Joint Warfare of the US Armed Forces, 1991.
US JCS. *Joint Warfighting,* 2020.
US JCS. *Joint Campaign and Operations,* 2022.
US JCS. *Joint Operational Access Concept (JOAC),* 2012.
US JCS. *The Joint Force,* 2020.
US Joint Chiefs of Staff(1990), CM-344-90, Military Education Policy, 1 May 1990.
US Joint Staff Joint Force Development(J7)-Future Joint Development. Cross-Domain Synergy in Joint Operations Planner's Guide, 2016.
US Secretary of Defense. DoD 5500.7-R, *Joint Ethics Regulation (JER),* Washington, 1993.
US The Joint Forces Staff College. JFSC Student Text 1, 7th Edition, JFMU, 2018.
WDCDR Clare Mooy. "Planned to Fail or Failed to Plan" War College Papers, 2022. (Retrieved from Australian War College, November 12, 2024).
Wesley Frank Craven, James Lea Cate. "THE ARMY AIR FORCES in World War II" *MEN AND PLANES,* Volume Six(New Imprint by the Office of Air Force History) Washington, D.C., 1983.
Whiteley, Alma. *Core Values and Organizational Change: Theory and Practice,* World Scientific Pub, 2006.
William O. Odom and Christopher D. Hayes, "Cross-Domain Synergy-Advancing Jointness" *JFQ* No. 73, 2014.
William Rajczak. "Jointness Becomes Key Focus in developing military capability", American Force Press Service, 2006.